lonely planet

ÉCOSSE

Susanne Arbuckle, Colin Baird, Kay Gillespie, Laurie Goodlad,
Mike MacEacheran, Joseph Reaney, Neil Robertson, Neil Wilson

Sommaire

Les Shetland 276
Îles Shetland
Unst
Lerwick
0 40 km
0 20 miles
Îles Shetland (voir agrandissement)
Fair Isle
Papa Westray
Westray
Mainland
Les Orcades 256
Stromness
Kirkwall
Aberdeen 6 heures
Cape Wrath
Thurso
Wick
The Minch
Ben Hope
Highlands du Nord 208
Harris
Stornoway
Ben More Assynt
Mer du Nord
Tarbert
Ullapool
An Teallach
Beinn Dearg
Moray Firth
Skye et les Hébrides extérieures 230
Lochmaddy
North Uist
Fraserburgh
Elgin
Le Nord-Est 136
Portree
Skye
Inverness
Édimbourg 3 heures
Highlands du Centre 186
Grantown-on-Spey
Huntly
Glasgow 5 heures
South Uist
Lochboisdale
Five Sisters of Kintail
Loch Ness
Aberdeen
Kingussie
Ben Macdui
Cairn Gorm
Mallaig
Braemar
Mer des Hébrides
Cairngorms National Park
Fort William
Ben Nevis
Coll
Highlands et îles du Sud 158
Tiree
Blairgowrie
Arbroath
Mull
Oban
Ben More
Stirling, Fife et Perthshire 112
Dundee
Perth
St Andrews
Loch Lomond & the Trossachs National Park
Colonsay
Stirling
Kirkcaldy
Édimbourg 36
Lochgilphead
Dunbar
Édimbourg
Océan Atlantique
Jura
Dumbarton
Greenock
Haddington
Glasgow 1 heure
Glasgow
Inverness 3 heures 30
Glasgow 66
Islay
Lochranza
Arran
Brodick
Kintyre
Kilmarnock
Melrose
North Channel
Firth of Clyde
Ayr
Moffat
Écosse du Sud 92
Merrick
IRLANDE DU NORD
Galloway Forest Park
Dumfries
0 100 km
0 50 miles
Stranraer

Traverser un paysage intemporel. Chanter en gaélique sur un air traditionnel. Trinquer au whisky *single malt*. Marcher sur les traces des dinosaures sur un escarpement volcanique. Pagayer sous une myriade d'étoiles jusqu'à une plage reculée. Faire du camping sauvage au sommet d'une montagne. Se régaler de fruits de mer pêchés à la main ou de bière artisanale dans une ville qui ne dort jamais. Partir à la rencontre de la faune locale – vaches Highland, dauphins, orques, cerfs élaphes, aigles royaux, loutres ou requins pèlerins. Mourir de rire au plus grand festival culturel du monde. Prendre la route, découvrir et… revenir.

Voici l'Écosse.

Ci-dessus *St Mungo* par l'artiste Smug (p. 79), Glasgow

PREVIOUS SPREAD:
D MACDONALD/SHUTTERSTOCK ©

QUELQUES CHIFFRES

- L'Écosse compte plus de 130 distilleries de whisky de malt ou de grain, largement plus que tout autre pays du monde.
- Fondée en 1786, Strathisla est la plus ancienne distillerie des Highlands encore en activité.
- Les exportations de whisky ont rapporté 4,9 milliards de livres en 2019.

LE PAYS **DU WHISKY**

Peu d'endroits au monde doivent autant à une boisson que l'Écosse au whisky. La terre en offre généreusement les ingrédients, de l'eau de source qui jaillit des montagnes aux champs d'orge qui poussent dans la tourbe des Highlands, le tout créant un paysage parfait pour l'exploration. Les silhouettes pittoresques des distilleries et les festivals consacrés au whisky promettent arômes, rencontres et longues soirées.

À gauche Distillerie Strathisla
À droite Alambics en cuivre de la distillerie Glenfiddich (p. 156)
Ci-dessous Dégustation de whisky

→ LE MALT WHISKY TRAIL

Si la pléthore de distilleries ouvertes à la visite vous laisse perplexe, sachez que le Malt Whisky Trail (p. 149) constitue une parfaite introduction. Cet itinéraire vous ouvrira les portes de Glenlivet, Glenfiddich, Glen Moray et Glen Grant, entre autres, ainsi que de Cardhu, seule distillerie fondée par une femme.

WHISKIES D'ISLAY

Neuf distilleries – bientôt 10, grâce à la réouverture de Port Ellen – sur une île de 40 km de long : on peut dire qu'Islay met le whisky à l'honneur (p. 168). La plupart des distilleries proposent des visites guidées et des dégustations, éventuellement à l'occasion d'un dîner.

↑ COMMENT BOIRE UN *SINGLE MALT*

Il y a autant de whiskies que de vins, et il convient de traiter un *single malt* avec autant de respect qu'un *blended* (mélange de whiskies d'origines variées). Le whisky peut se boire sec à température ambiante, ou avec un peu d'eau plate afin d'en relever le goût et l'arôme. Avant de boire, prenez une grande inspiration et portez le toast traditionnel : *slainte mhath !*

Notre sélection de distilleries

- **Dégustation sur la plage de sable de Machir Bay pour tout savoir sur la seule ferme-distillerie d'Islay.** (p. 169)
- **La plus haute distillerie d'Écosse, dont la grande cheminée d'origine se repère à des kilomètres à la ronde.** (p. 205)
- **Le Speyside Cooperage, où les seuls tonneliers de Grande-Bretagne exercent leur art.** (p. 156)

TERRE D'ÎLES

Harris

Plages photogéniques

Cette île superbe du nord de la mer des Hébrides est célèbre pour ses vastes plages, ses montagnes impressionnantes et ses créations en laine. Le sable fin et le *machair* piqueté de primevères font de Seilebost (photo à gauche) une vraie plage de carte postale.

1 heure 40 en ferry de Uig (sur Skye) à Tarbert

▶ p. 253

Les 900 îles écossaises s'égrènent comme autant de petits paradis, entre plages de sable et monts escarpés, charmants villages agricoles et faune et flore d'exception. Miraculeusement, malgré les nombreuses liaisons par ferry, la plupart restent des territoires reculés où s'échapper du monde et se rêver en naufragé.

Skye

L'Écosse en miniature

L'île de Skye est dotée de tous les attraits imaginables : deux châteaux riches de l'histoire des clans, des hôtels-restaurants étoilés, des fossiles de dinosaures du jurassique, d'éblouissantes plages corail, les paysages lunaires de la péninsule de Trotternish, les monts volcaniques déchiquetés du Cuillin et le whisky fumé de la distillerie Talisker.

En voiture par le Skye Bridge depuis Kyle of Lochalsh

▶ p. 232

Mull

Étape sauvage vers d'autres îles

Porte des Hébrides intérieures, Mull offre un mixte de plages, de montagnes et de villages côtiers chaleureux, sans oublier les cinq grandes espèces animales écossaises – l'aigle royal, le cerf élaphe, la loutre, le phoque commun et le marsouin commun. L'aventure se poursuit sur les îles d'Iona et d'Ulva, ou lors d'une excursion d'un jour à Staffa ou aux îles Treshnish.

50 min en ferry depuis Oban

▶ p. 182

Les Orcades néolithiques

L'archéologie en action

Mystérieux cercles de pierres, cairns funéraires plongés dans le noir et anciennes habitations nimbées de secret : la visite des Orcades est une remontée dans le temps et un voyage à travers les époques, de l'âge du fer et du bronze à celui des Vikings. Ici, l'histoire devient tangible.

1 heure 30 en ferry de Scrabster à Stromness

▶ p. 264

Faune et flore d'Unst

La nature à l'état sauvage

Tout au nord de l'archipel des Shetland, sur l'île de Unst, la richesse de la géologie n'a d'égale que l'abondance de la vie sauvage. Certes, le chemin pour y arriver est long, mais les souvenirs resteront bien plus longtemps encore. Guettez les orques et les loutres dans la Hermaness National Nature Reserve ; ne manquez pas les macareux (photo à gauche) et les baleines de passage près du phare de Muckle Flugga.

2 heures depuis Lerwick, par deux traversées en ferry

▶ p. 286

Jura

L'aventure loin de tout

Alors que les distilleries de whisky de sa voisine Islay attirent de nombreux visiteurs, Jura offre un visage plus sauvage. On y trouve un hôtel, un magasin, un pub, une distillerie de gin et 6 000 cerfs élaphes.

2 heures 30 en ferry jusqu'à Islay, puis 10 min en ferry depuis Port Askaig

▶ p. 182

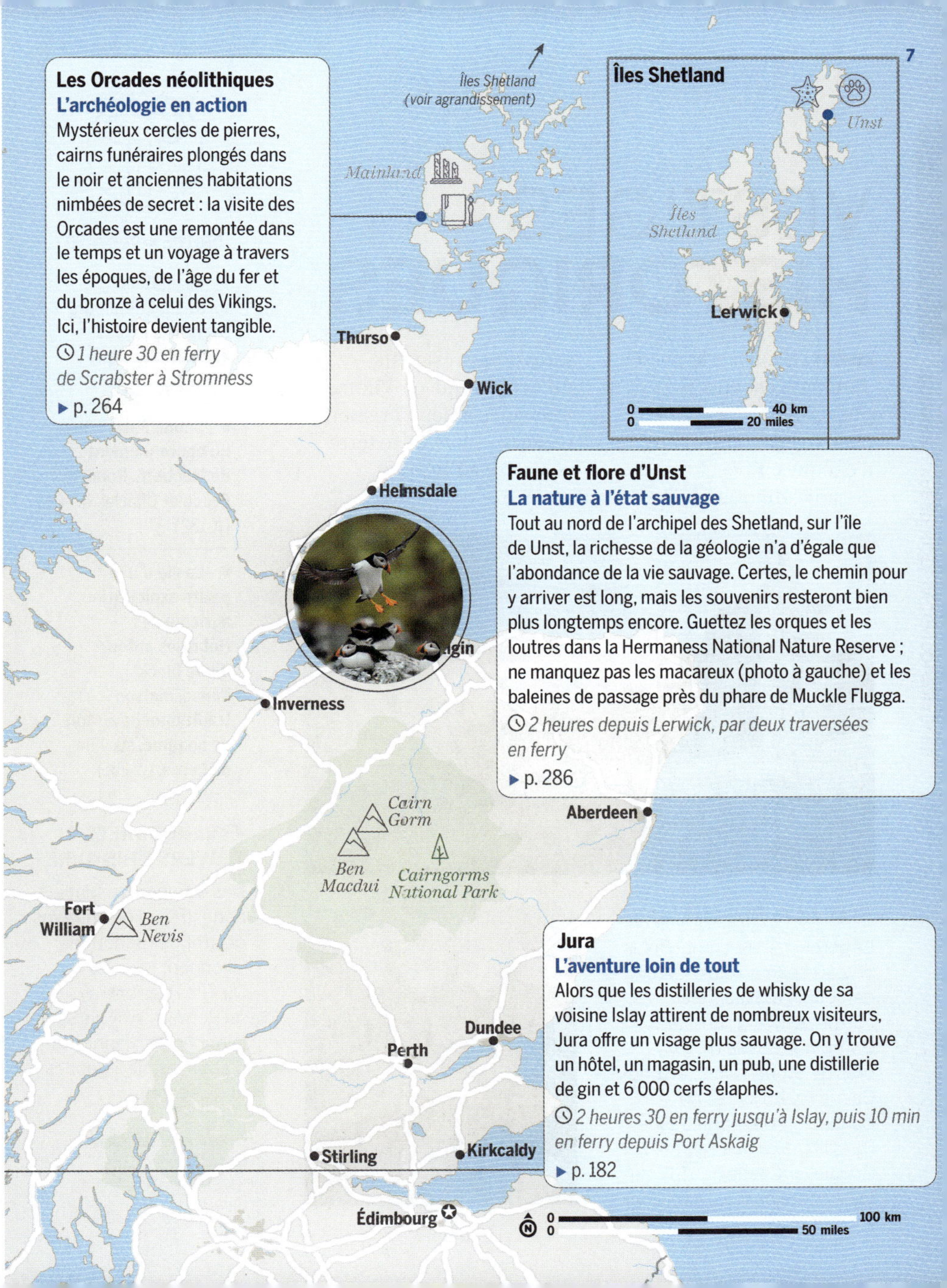

VESTIGES HISTORIQUES

Découvrir le passé d'un pays est encore plus excitant lorsque l'on peut voyager entre tant d'époques. Rois et reines de jadis, dinosaures du jurassique, résidents du néolithique ou Vikings – tous nous aident à remettre en perspective cette terre écossaise à l'histoire si riche.

→ LE PAYS DES CHÂTEAUX

L'Aberdeenshire compte plus de 260 châteaux forts, grandes demeures et palais élégants. Parmi les incontournables : Dunnottar Castle (p. 157), près de Stonehaven ; Crathes Castle (p. 151), près de Banchory ; Balmoral Castle (p. 203), près de Braemar ; et Craigievar Castle (p. 151), au style conte de fées, à Ballater.

Notre sélection

▸ **Le château fortifié d'Édimbourg fut le site le plus assiégé d'Europe.** (p. 60)

▸ **Scone Palace, lieu du couronnement de Macbeth, Robert Bruce et Charles II.** (p. 132)

▸ **La vie d'une petite exploitation agricole des Hébrides autour d'une black house, maison traditionnelle au toit de chaume, sur l'île de Lewis.** (p. 251)

← RANDONNÉES À TRAVERS L'HISTOIRE

Des dizaines de sentiers pédestres et de chemins de grande randonnée sillonnent le pays. Du Fife Pilgrim Way au Rob Roy Way, ils sont jalonnés de menhirs et d'abbayes, de légendes et de secrets.

En haut à gauche St Andrews Castle (p. 134)
À gauche Dunnottar Castle (p. 157)

TANTZ/13/SHUTTERSTOCK ©

↘ GOURMANDISES CELTES

Ne manquez pas ces spécialités purement écossaises :

Tablet Confiserie rappelant le fudge, en plus sucré (photo).

Cranachan Coupe composée de framboises, flocons d'avoine, crème et whisky.

Cullen Skink Soupe épaisse aux pommes de terre et poisson fumé.

SAVEURS **LOCALES**

L'Écosse recèle des produits convoités : langoustines, moules et homards ultra-frais, viande de cerfs d'élevage, coquilles Saint-Jacques ramassées à la main, saumon fumé au feu de bois, bœuf Aberdeen Angus, boudin noir de Stornoway, cheddar d'Ayrshire, *fudge* au sel de mer (photo), *oatcake* (gâteau aux flocons d'avoine) croustillants, *haggis* et *stovies* (plat à base de pommes de terre) végans, *Arbroath smokie* (haddock), *Dundee cake*, Irn Bru (soda orange vif) et le meilleur whisky *single malt* du monde. Bref, un pays où il fait bon vivre quand on est gourmet et gourmand !

Notre sélection

▸ **Envie de crabe, de curry, de whisky ? Rendez-vous dans le quartier le plus tendance de Glasgow pour une soirée inoubliable.** (p. 71)

▸ ***Fish and chips*, marchés de producteurs, restaurants étoilés et homard local – desserrez votre ceinture, vous êtes dans le Fife !** (p. 117)

▸ **Dégustation de produits issus de la pêche artisanale à Oban, "capitale écossaise des fruits de mer".** (p. 163)

South Harris
Circuit littoral
Cette boucle à vélo au départ de Tarbert n'est pas de tout repos, mais au gré du relief et des lacets de la côte est, vous serez récompensés par les plages magnifiques, un chapelet de lochs (à l'est) et, à l'arrivée, une distillerie de gin.

83 km/2 jours

▸ p. 248

Trotternish
Merveilles géologiques
Trois saisissantes randonnées d'une journée : la boucle du Quiraing (photo à gauche), spectaculaire ; l'aller-retour jusqu'à l'Old Man of Storr, court mais pentu ; et le circuit Scorrybreac, plus facile. Toutes traversent des paysages découpés, nés de glissements de terrain, qui semblent dessiner un autre monde.

1 jour

▸ p. 238

Dalriada Heritage Trail
Randonnée préhistorique
Parcourir Kilmartin Glen, dans l'Argyll, c'est remonter 5 000 ans en arrière à la découverte d'une histoire passionnante.

11 km/½ journée

▸ p. 178

À PIED OU À VÉLO

Respirer l'air marin depuis le sommet d'une falaise, emprunter un sentier historique menant au cœur d'un massif montagneux, pédaler dans des contrées reculées – tout cela est possible en Écosse. Sentiers de randonnée ou itinéraires cyclables, de quelques heures ou plusieurs jours – ces périples combinent toujours à merveille histoire, culture et nature sauvage.

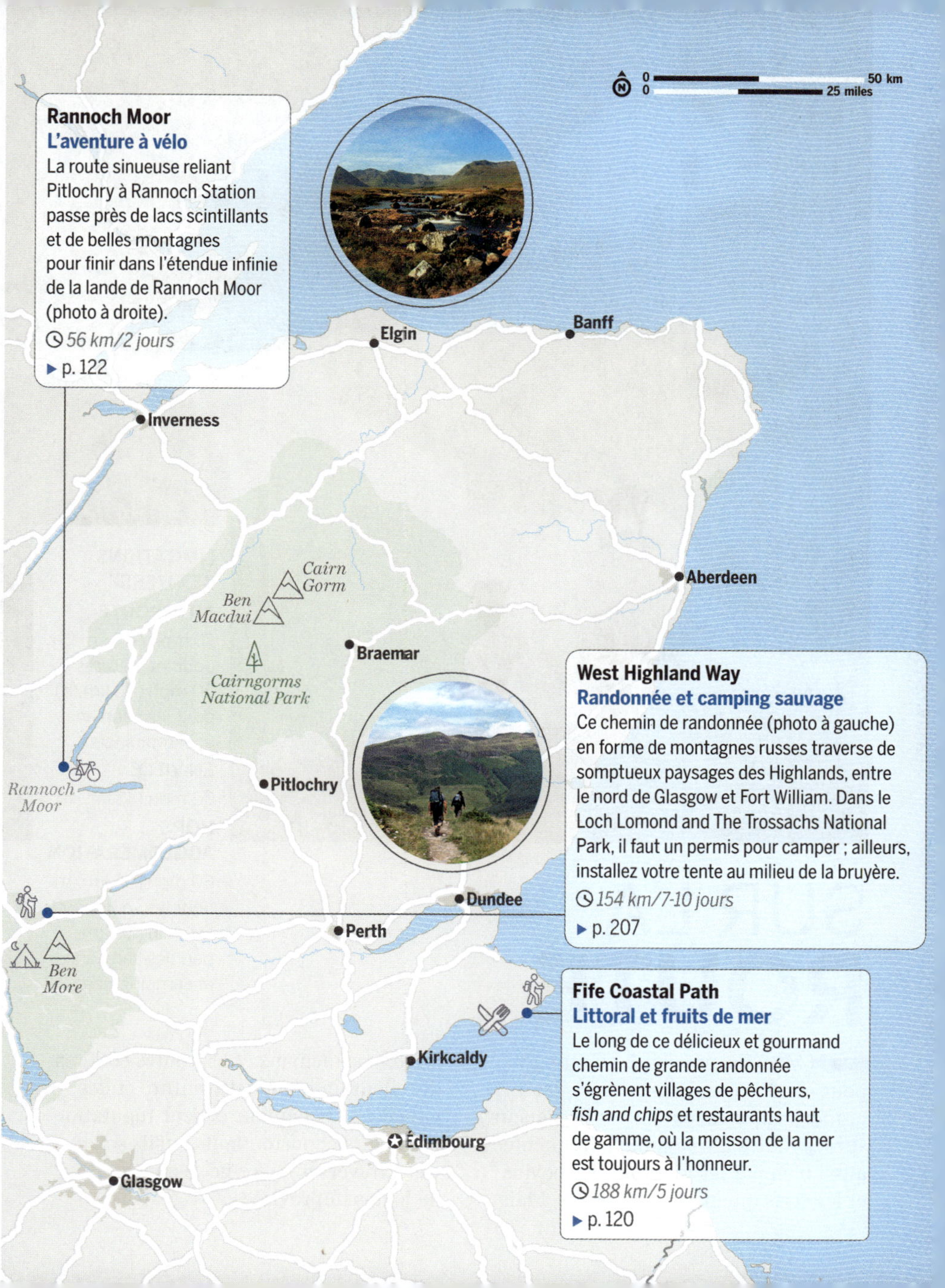

Rannoch Moor

L'aventure à vélo

La route sinueuse reliant Pitlochry à Rannoch Station passe près de lacs scintillants et de belles montagnes pour finir dans l'étendue infinie de la lande de Rannoch Moor (photo à droite).

56 km/2 jours

▸ p. 122

West Highland Way

Randonnée et camping sauvage

Ce chemin de randonnée (photo à gauche) en forme de montagnes russes traverse de somptueux paysages des Highlands, entre le nord de Glasgow et Fort William. Dans le Loch Lomond and The Trossachs National Park, il faut un permis pour camper ; ailleurs, installez votre tente au milieu de la bruyère.

154 km/7-10 jours

▸ p. 207

Fife Coastal Path

Littoral et fruits de mer

Le long de ce délicieux et gourmand chemin de grande randonnée s'égrènent villages de pêcheurs, *fish and chips* et restaurants haut de gamme, où la moisson de la mer est toujours à l'honneur.

188 km/5 jours

▸ p. 120

LIMITATIONS DE VITESSE

AUTOROUTE

70 mph (112 km/h) pour les voitures / 60 mph (96 km/h) pour les caravanes et camping-cars

EN VILLE

30 mph (48 km/h)

HORS AGGLOMÉRATION

60 mph (96 km/h) pour les voitures / 50 mph (80 km/h) pour les caravanes et camping-cars

SUR LA ROUTE

Mieux vaut avoir l'œil attentif pour conduire en Écosse. Hors des grandes villes, la lenteur est de rigueur sur les routes à voie unique fréquentées aussi bien par les moutons, les bovins et les cerfs que par les véhicules. Mais les axes principaux et les routes côtières dévoilent un monde d'aventure et des paysages à la hauteur de leur réputation – toujours époustouflants, qu'ils soient vus à travers un pare-brise ou lors de haltes improvisées.

À gauche Moutons sur une route écossaise
À droite Kylesku Bridge, sur la North Coast 500 (p. 226)
Ci-dessous Panneau signalant une *single track road*

→ ROAD TRIPS

De nombreuses routes ont été balisées suite au succès de la North Coast 500. Citons la K66, qui dessine une boucle dans la péninsule du Kintyre ; la South West Coastal 300, qui fait le tour du Dumfries and Galloway ; la Deeside Tourist Route, reliant Perth à Aberdeen ; The Coig, qui sillonne l'Ayrshire et les îles du Firth of Clyde.

LA BANDE-SON IDÉALE

Il est indispensable d'avoir la bande-son appropriée aux paysages que vous traverserez ! Les mélodies d'ambiance aux accents folk d'Erland Cooper et de Kris Drever sont parfaites pour les Orcades, tandis que Runrig reste le groupe de rock le plus populaire de Skye. Les rythmes celtiques de Mànran, Skipinnish et Julie Fowlis seront de bons compagnons de route dans les Hébrides extérieures, tandis que sur la M8, rien de tel que de chanter en chœur avec The Proclaimers, Chvrches et Franz Ferdinand.

▶ Pour des conseils d'albums écossais, voir p. 34

← L'ART DÉLICAT DE LA CONDUITE EN ÉCOSSE

Comme partout au Royaume-Uni, on roule à gauche ! Expérience aussi déroutante que ludique, les *single track roads* sont des petites routes à une seule voie mais pourtant à double sens de circulation. On ne peut doubler et se croiser qu'à l'aide des aires de dépassement (*passing places*). La prudence est de mise !

Notre sélection

Phares crayeux, sable fin et ports accrochés aux falaises le long de l'Aberdeenshire Coastal Trail. (p. 144)

Hors des sentiers battus, la péninsule de Cowal garde secrets ses chemins forestiers, ses plages et ses trésors gastronomiques. (p. 176)

Dans l'est des Cairngorms, la Snow Roads Scenic Route passe par un palais royal, des demeures claniques et des distilleries. (p. 205)

Les paysages spectaculaires de l'île de Skye abritent des châteaux et nombre d'espèces sauvages. (p. 232)

ART ET CULTURE

Tout autant qu'à ses paysages sauvages, l'Écosse est profondément attachée à ses multiples cultures – *scots*, gaélique et celte. De Hogmanay aux Highland Games en passant par le plus grand festival d'art vivant du monde (celui d'Édimbourg), les occasions ne manquent pas de découvrir la culture du pays sous toutes ses formes – arts visuels, chants, design, poésie, littérature, théâtre ou cinéma.

À GAUCHE : DOUBLECLIX/SHUTTERSTOCK ©, EN BAS : JAN KRANENDONK/SHUTTERSTOCK ©

★ FESTIVALS EN FOLIE

On dénombre chaque année plus de 200 événements, comme l'Edinburgh Festival Fringe, Celtic Connections (à Glasgow) ou le Tartan Heart Festival de Belladrum.

▶ Plus d'informations sur scotland.org/events

Notre sélection

▶ **Les premières inattendues et avant-gardistes de l'Edinburgh Festival Fringe.** (p. 65)

▶ **Une visite street art pour découvrir les fresques démesurées ornant les murs de Glasgow.** (p. 78)

▶ **Les sculpteurs, graveurs, peintres, fileurs et tisserands du Creative Orkney Trail.** (p. 266)

← À NE PAS MANQUER

Le V&A Museum de Dundee résume l'identité de cette ville en plein essor. Consacré au design, il présente d'impressionnantes collections de mode, d'art et d'architecture qui bousculent les idées reçues.

▶ Suivez l'itinéraire design p. 152

En haut à gauche V&A Dundee (p. 154)
À gauche Artistes de rue, Edinburgh Festival Fringe (p. 65)

↘ LOIN DE LA FOULE

Quelques destinations peu fréquentées à privilégier :

Île de Raasay Plus sauvage que Skye. (p. 244)

Angus Glens Préférez les Grampians à Glencoe.

East Lothian Restez sur la côte plutôt qu'à Édimbourg.

ÉTENDUES **SAUVAGES**

En Écosse, rien de plus facile que de s'échapper loin de tout. Sur ces gigantesques étendues de nature, on s'isole, on se perd dans le paysage, on se déconnecte. Que vous choisissiez de randonner sur la péninsule sans route de Knoydart (l'un des derniers espaces sauvages européens) ou de sillonner le Flow Country (plus vaste tourbière d'Europe), les terres sauvages vous ouvrent les bras.

Notre sélection

- **Camping sauvage et observation des étoiles au Galloway Forest Park, pour goûter à la beauté surnaturelle et au silence absolu.** (photo ci-dessus ; p. 108)
- **La nature sauvage du Cape Wrath, ses oiseaux et sa plage où camper.** (p. 226)
- **Le Loch Ness, pour ses landes vallonnées, ses montagnes et ses eaux claires.** (p. 196)

La demande d'hébergements atteint son pic en été, surtout pendant les vacances scolaires en juillet et août. Réservez les circuits guidés et les logements à l'avance.

World Pipe Band Championships

Attention aux oreilles : joueurs de tambour et de cornemuse s'affrontent dans cette compétition internationale.

Glasgow

▶ theworlds.co.uk

Belladrum Tartan Heart Festival

Sorte de Woodstock de l'Inverness-shire, ce festival de rock alternatif a lieu chaque année en juillet.

Beauly

▶ tartanheartfestival.co.uk

C'est la saison du golf : la patrie du golf possède plus de parcours qu'il n'y a de jours dans l'année (550, exactement), mais on profite mieux des 18 trous sous le soleil.

JUIN

Température maximale moyenne : 17°C
Nombre de jours de pluie : 10

JUILLET

L'Écosse en ÉTÉ

↓ Edinburgh Festival Fringe

En août, la capitale vit au rythme du plus grand festival culturel du monde.

Édimbourg

▶ edfringe.com

↑ Royal Highland Show

La plus grande foire agricole du pays – vitrine de la vie rurale, des produits de la ferme et de l'artisanat.

Édimbourg

▶ royalhighlandshow.org

↑ Le Hebridean Whale Trail

La meilleure période pour observer les baleines (*whales*) s'étend de juin à septembre, lorsque les soirées sont assez longues pour les voir depuis la côte ouest du pays.

AOÛT

Température maximale moyenne : 19°C
Nombre de jours de pluie : 10

Température maximale moyenne : 19°C
Nombre de jours de pluie : 10

Dans la valise

Tenue de plage et crème solaire, mais aussi imperméable et parapluie ! Éventuellement des clubs de golf. Répulsif anti-*midges* indispensable.

Le ciel automnal est propice à l'observation des étoiles, et les étoiles filantes illuminent le Galloway Forest Park, premier Dark Sky Park (réserve de ciel étoilé) britannique.

↘ Braemar Gathering

Lancer de tronc, de pierre ou de marteau, tir à la corde et danses traditionnelles – ces *Highland Games* réputés dans le monde entier ont lieu sur une journée en septembre. Toujours un grand succès.

▶ p. 204

C'est la période du brame du cerf, à écouter à l'aube ou au crépuscule. Les Highlands abritent la plus importante population de cerfs élaphes (*red deers*) d'Europe.

↘ Halloween

Les racines celtiques de l'effrayante fête du 31 octobre sont célébrées à travers le pays. Participez à un *ghost tour*, sinistre circuit, à Édimbourg, ou empruntez le Scotland's Ghost Trail.

▶ visitscotland.com/blog/attractions/ghost-trail

SEPTEMBRE

Température maximale moyenne : 16°C
Nombre de jours de pluie : 10

OCTOBRE

L'Écosse en AUTOMNE

↘ St Andrews Day

Le saint patron de l'Écosse est à l'honneur lors de la fête nationale, tout comme le *haggis* (panse de brebis farcie), le whisky et l'hymne *Auld Lang Synev* (*Ce n'est qu'un au-revoir*) entonné joyeusement.

Royal National Mòd

Cette grande célébration de la littérature, des arts, des chansons et de la culture gaéliques a lieu en octobre, dans une ville différente chaque année.

▶ ancomunn.co.uk

Observation des phoques

Quelque 10 000 phoques gris – la plus grande population d'Europe – mettent bas sur les îles Monach, au large de North Uist.

Largs Viking Festival

Bien plus qu'une bonne excuse pour porter un casque à cornes, ce festival commémore la dernière grande bataille qui opposa les Scots aux Vikings.

Largs

▶ largsvikingfestival.org

Température maximale moyenne : 9°C
Nombre de jours de pluie : 11

NOVEMBRE

Température maximale moyenne : 12°C
Nombre de jours de pluie : 12

Dans la valise

Un sac à dos et des chaussures de randonnée pour parcourir les forêts, une polaire ou un anorak pour les soirées fraîches.

↘ Sports d'hiver

Faire du ski sur l'un des six domaines écossais est un autre moyen de découvrir les paysages époustouflants du pays. Préférer Glenshee ou Cairngorm pour les skieurs débutants, Glencoe pour les plus expérimentés.

Glencoe

▶ p. 207

Le jour de Noël, le Boxing Day (26 décembre), le jour de l'An et le 2 janvier sont fériés. L'ambiance est festive et particulièrement accueillante dans les pubs et les restaurants.

↘ Burns Night

Le 25 janvier, tout le pays fête l'anniversaire de Robert Burns (1759-1796) en célébrant la vie et l'œuvre du grand poète et barde national lors de soupers. Au menu : *haggis*, whisky et lectures de poèmes.

DÉCEMBRE — **JANVIER**

Température maximale moyenne : 3°C
Nombre de jours de pluie : 12

L'Écosse en HIVER

Celtic Connections

Le plus grand festival de musique celtique du pays rassemble des sensibilités musicales variées (folk, roots ou jazz) et programme aussi bien des concerts intimistes que des stars remplissant les stades.

Glasgow

▶ celticconnections.com

↘ Up Helly Aa

Cette fête viking spectaculaire et débridée, qui se tient fin janvier, culmine dans le spectacle d'un drakkar incendié par 1 000 hommes.

Îles Shetland

▶ uphellyaa.org

Hogmanay à Édimbourg

Entre *ceilidhs* (bal traditionnel), processions aux flambeaux et grande fête de rue, Hogmanay est la célébration écossaise de la nouvelle année. Marquant la fin des fêtes de Noël en apothéose, ce réveillon est particulièrement superbe à Édimbourg.

Édimbourg

▶ edinburghshogmanay.com

Vous aurez peut-être la chance, par une nuit claire, d'assister à une aurore boréale. Le Sutherland, le Caithness et les îles Shetland sont les régions les plus indiquées pour les observer.

FÉVRIER

Température maximale moyenne : 4°C
Nombre de jours de pluie : 12

Température maximale moyenne : 5°C
Nombre de jours de pluie : 9

Snow Roads Scenic Route

Cette route de 145 km qui sillonne le Cairngorms National Park est la plus haute route de montagne du Royaume-Uni.

Dans la valise

Bonnet, gants, manteau bien chaud : prévoyez le nécessaire pour affronter le froid et, probablement, la neige.

Spirit of Speyside

Ce festival du whisky, qui se déroule dans la région du Speyside, épicentre de l'industrie du whisky avec plus de 50 distilleries, promet dégustations, visites guidées et (peut-être) lendemains difficiles. *Slainte !*

Speyside

▸ spiritofspeyside.com

Beltane

Fête du feu celtique annonçant fin avril l'arrivée de l'été. Ne manquez pas le feu de joie sur Calton Hill.

Édimbourg

▸ beltane.org

→ Tournoi de rugby des Six-Nations

Ce prestigieux tournoi européen soulève l'enthousiasme chaque printemps. Obtenir un billet n'est pas toujours facile, mais les pubs proches de Murrayfield sont aussi bondés que le stade.

Édimbourg

▸ scottishrugby.org

La fin du mois d'avril et le mois de mai sont la meilleure période pour randonner sur le célèbre West Highland Way, car les hébergements sont très demandés en été.

▸ westhighlandway.org

MARS

Température maximale moyenne : 9°C
Nombre de jours de pluie : 10

AVRIL

L'Écosse au PRINTEMPS

↘ VTT

En mai, tous les yeux sont tournés vers Fort William, capitale britannique des sports en plein air, à l'occasion de la Coupe du monde, qui attire chaque année des milliers de participants de toute la planète.

📍 Fort William

▶ fortwilliamworldcup.co.uk

La saison de la pêche au saumon commence en février, mais c'est en avril et en mai que l'on fait les meilleures prises, notamment dans la Spey, la Tay et la Tweed.

Température maximale moyenne : 12°C
Nombre de jours de pluie : 9

MAI

Température maximale moyenne : 15°C
Nombre de jours de pluie : 10

Les longues vacances de Pâques (pour les élèves et de nombreux travailleurs) durent deux à trois semaines.

World Whisky Day

Le zénith du Scotland's Whisky Month, mois du whisky, en mai (encore une occasion de prendre un verre).

▶ worldwhiskyday.com

Dans la valise

Pulls en laine, vêtements imperméables, écharpe et bonnet. Les plus courageux tenteront le short à Pâques.

LES VILLES ET LE SUD
à la carte

INCONTOURNABLES ET TRÉSORS CACHÉS

Deux facettes de l'Écosse en un voyage : la scène culturelle, gastronomique et nocturne animée de ses deux plus grandes villes, puis le calme des paysages et littoraux moins fréquentés d'Arran, de l'Ayrshire, des Borders, et du Dumfries and Galloway.

Feuille de route

Villes principales Édimbourg, Glasgow

Durée 10 à 12 jours

Se déplacer En bus ou en train pour rejoindre les villes, puis en voiture de location pour visiter à son propre rythme. La région est bien desservie par les transports publics, hormis les destinations les plus reculées.

À savoir Prévoir large pour ce qui est du temps : châteaux, criques et sites historiques retiennent souvent les voyageurs. Par ailleurs, les routes ne sont pas prévues pour la vitesse.

Islay
Respirez l'air tourbé avant de découvrir les célèbres whiskies *single malt* de cette île des Hébrides du Sud.
2 jours

Arran
Randonnée, vélo, faune sauvage, distillerie, plages : cette île de la côte ouest a la réputation de plaire à tous les visiteurs, et ne déçoit pas.
2 jours

Glasgow
Entre art contemporain, musique, musées, Mackintosh et nuits blanches, la ville la plus animée du pays laisse peu de temps pour reprendre son souffle.
2 jours

Édimbourg
Le Royal Mile et ses sites envoûtants – le château, Holyrood Palace, Greyfriars Kirkyard – ont encore un parfum d'Écosse médiévale.
2 jours

Rosslyn Chapel
Visitez cette célèbre chapelle lors d'une excursion d'une journée au cœur du Midlothian, où survit la mystérieuse légende des Templiers.
1 jour

Alloway
Le village bucolique d'Alloway détient la clé de l'histoire de Robert Burns, le grand barde national.
1 jour

Vallée de la Tweed
Baignés dans l'atmosphère des romans de Walter Scott, domaines ancestraux et majestueuses demeures jalonnent la vallée de la Tweed, où l'on peut s'adonner à la pêche au saumon et au VTT sur d'excellents parcours nature.
1 jour

Galloway Forest Park
Large territoire parsemé de lacs et de collines sauvages et peuplé de cerfs. Premier Dark Sky Park du Royaume-Uni, c'est un lieu d'exception pour observer les étoiles.
1 jour

L'OUEST DES HIGHLANDS ET LES ÎLES
à la carte

INCONTOURNABLES ET TRÉSORS CACHÉS

Les paysages envoûtants de la région promettent des aventures toute l'année et recèlent également des trésors gastronomiques. C'est l'Écosse merveilleuse et rêvée : d'impressionnantes montagnes, des fjords sauvages et de fascinants paysages marins se conjuguent pour un voyage inoubliable.

Feuille de route

Villes principales Fort William, Oban, Portree, Stornoway

Durée Deux semaines

Se déplacer Disposer d'une voiture permet de découvrir la région à son rythme. Les liaisons par train ou bus sont limitées, mais les îles sont bien desservies par ferry. Le vélo est aussi un bon moyen d'explorer les îles.

À savoir L'été est la haute saison touristique sur la côte ouest. Ceux qui préfèrent la solitude éviteront juillet et août au profit de mai, juin ou septembre.

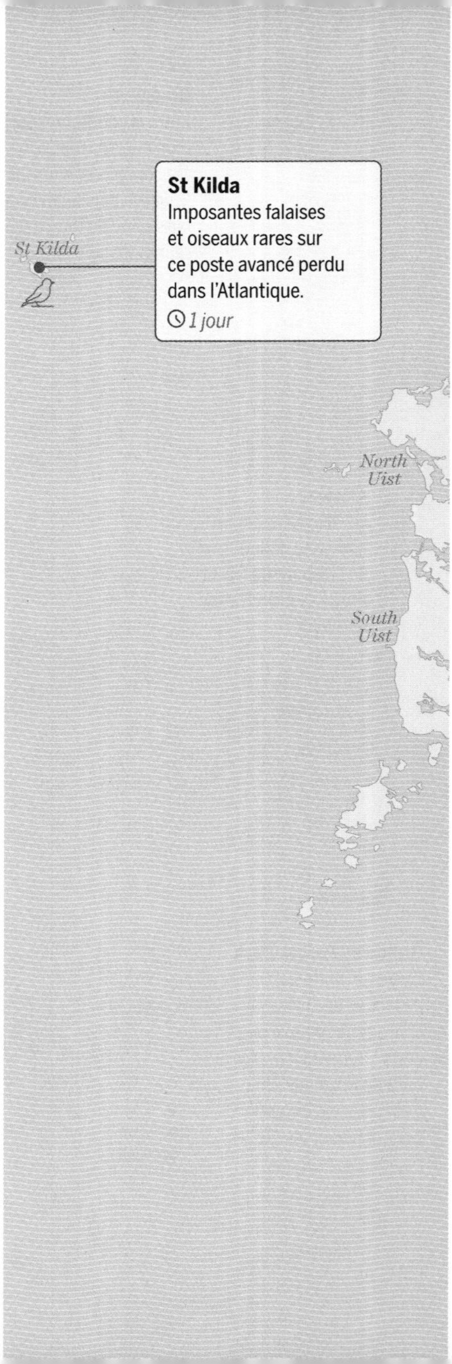

St Kilda
Imposantes falaises et oiseaux rares sur ce poste avancé perdu dans l'Atlantique.
1 jour

Harris
Après avoir acheté des vêtements Harris Tweed tissés à la main à Tarbert, rendez-vous sur les superbes plages de sable de Luskentyre et Seilebost.
2 jours

Loch Ness
Que ce soit pour guetter le monstre ou non, un détour s'impose par ce lac aux eaux claires dans lequel plongent des montagnes plantées de pins.
1 jour

Skye
Randonnée dans le paysage remarquable du Quiraing, repérage de fossiles de dinosaures du jurassique à Staffin et immersion dans l'h stoire des clans à Dunvegan Castle.
2-3 jours

Les îles Small
Point de départ d'excursions pour observer des baleines et des dauphins, ces îles recèlent aussi un château victorien (sur Rum) et un projet de communauté écologiquement durable (sur Eigg).
2 jours

Glen Nevis
Pour prendre la mesure du Ben Nevis (point culminant des îles britanniques) et s'attaquer aux sentiers de VTT difficiles de Nevis Range.
2 jours

Glencoe
Le trajet en voiture de votre vie, à travers les paysages légendaires des Highlands – de Rannoch Moor à Glencoe en passant par Glen Etive.
1 jour

Oban
Après une assiette de fruits de mer près du port, embarquement pour les îles : de Mull à Iona et Ulva, sans oublier une visite aux macareux de Staffa.
2-3 jours

LE NORD DE L'ÉCOSSE
à la carte

INCONTOURNABLES
ET TRÉSORS CACHÉS

Le nord de l'Écosse constitue l'une des étendues les plus sauvages d'Europe, un ensemble énigmatique de massifs en grès, de fjords oubliés par l'histoire et d'archipels isolés. Entre montagnes et littoraux, les routes se déploient comme autant de chances à saisir.

Feuille de route

Villes principales Inverness, Kirkwall, Lerwick

Durée Deux semaines

Se déplacer Le mieux est de louer une voiture à Inverness. En revanche, pour visiter les Orcades et les Shetland, on peut opter pour le ferry et les transports en commun.

À savoir Au volant, on a parfois l'impression d'être au bout du monde. Prenez votre temps, utilisez les *passing places* (zones de croisement) et prenez garde en conduisant aux cerfs, moutons et vaches des Highlands.

Westray
Falaises et plages de sable sur la “reine des îles”. L'île voisine de Papa Westray mérite un petit détour.
1 jour

Fair Isle
Sur la plus reculée des îles habitées d'Écosse, on tricote, on randonne, on observe les oiseaux et on prend le soleil.
2 jours

Sites néolithiques des Orcades
Témoignages de la richesse du passé des Orcades, les trésors archéologiques que sont Skara Brae et le cercle de Brodgar sont plus anciens que les pyramides d'Égypte.
1 jour

North Coast 500
La North Coast 500 est à l'Écosse ce que la Route 66 est aux États-Unis. Au fil du chemin : sommets, plages et distilleries.
3 jours

Lerwick
Île des Shetland à visiter en janvier pour les folles réjouissances de Up Helly Aa, entre processions aux flambeaux et reconstitutions vikings.
2 jours

Torridon
Randonner sur les pics escarpés de Beinn Eighe, puis explorer en canoë ou en kayak le Loch Maree ou le Loch Torridon avec le superbe massif du Liathach en arrière-plan.
2 jours

LE CENTRE ET L'EST
à la carte

INCONTOURNABLES ET TRÉSORS CACHÉS

Le nord-est de l'Écosse est une terre d'histoire et d'aventure, dotée à la fois de villes et de paysages inoubliables. Ses cités en plein essor raviront les amateurs de culture, tandis que ses côtes et ses montagnes recèlent des richesses en tous genres – architecture et sites historiques, gastronomie et plages.

Feuille de route

Villes principales Aberdeen, Dundee, Perth, St Andrews

Durée 10 à 12 jours

Se déplacer En bus et en train, toutes les villes, petites ou grandes, étant bien reliées entre elles. Pour s'aventurer dans les Cairngorms ou le Speyside, mieux vaut louer une voiture.

À savoir C'est une terre de festivals : prévoyez de venir au moment de la St Andrews Golf Week (avril et octobre), du Spirit of Speyside (mai), de l'East Neuk Festival (juillet) ou du Braemar Gathering (septembre).

Cairngorms National Park
Le plus vaste parc national britannique offre pléthore d'opportunités pour randonner (à pied ou à vélo), observer la vie sauvage, s'adonner au canoë ou aux sports d'hiver.
2-3 jours

Stirling
Explorez les châteaux, les édifices gothiques et les champs de bataille de la ville de Stirling.
1 jour

Speyside
Découvrez la boisson nationale au gré des sept distilleries du Malt Whisky Trail, et prévoyez un peu de repos pour récupérer le lendemain.
2 jours
Elgin
Banff
Fraserburgh
Côte de l'Aberdeenshire
Falaises abruptes, ports historiques, criques et plages paradisiaques : un road trip mémorable.
2 jours
Craigellachie
Peterhead
Forvie National Nature Reserve
Grantown-on-Spey
Cairngorms National Park
Aviemore
Cairn Gorm
Kingussie
Ben Macdui
Aberdeen
Braemar
Braemar
Somptueux châteaux royaux, demeures claniques et distilleries princières.
1 jour
Stonehaven
Forfar
Blairgowrie
Dundee
Découvrez le meilleur du design écossais au V&A Dundee, musée phare du pays.
1 jour
Dundee
St Andrews
Ses parcours de golf sont réputés dans le monde entier, mais cette ville universitaire recèle également de superbes plages, un château, un cloître et une cathédrale.
1 jour
Cupar
St Andrews
East Neuk
Randonnez sur le Fife Coastal Path en dégustant des fruits de mer entre chaque étape.
2 jours
Anstruther
Stirling
Firth of Forth
Falkirk
Dunbar
Édimbourg
Haddington
0 20 km
0 10 miles

7 choses à savoir sur L'ÉCOSSE

CONSEILS D'INITIÉS POUR PARTIR DU BON PIED

1 Quatre saisons en un jour

Il y a du vrai dans ce vieil adage écossais. En Écosse, il n'y a pas de mauvais temps, juste de mauvais vêtements ! Ne sortez jamais sans un vêtement imperméable, même par un jour ensoleillé à Glasgow. Édimbourg est très venteuse, et des prévisions optimistes dans les Highlands ne vous mettront pas à l'abri de pluies diluviennes. Le secret : être prêt à tout et s'habiller en conséquence.

▶ Sur le climat, voir aussi p. 16

2 Parler politique

L'Écosse est entrée dans une période décisive. Alors que le mouvement indépendantiste s'est vu renforcé par le Brexit, un nouveau référendum sur la sortie du Royaume-Uni a été promis. Toutefois, certains souhaitent maintenir le statu quo. Des bouleversements sans précédent pourraient avoir lieu au cours des cinq prochaines années, et comprendre l'histoire de l'Écosse, en plus d'augmenter le plaisir du voyage, vous rappellera que vous visitez un lieu inscrit pleinement dans l'actualité contemporaine.

3 Wi-fi et réseau téléphonique

La couverture 4G et haut débit s'améliore dans la campagne écossaise, surtout dans les Highlands et sur les îles, mais ne vous étonnez pas de vous retrouver sans réseau ! Il peut être utile de télécharger quelques cartes ou documents avant de voir vos plans tomber à l'eau.

▶ Voir aussi p. 300

4 Mise au point géographique

Pays indépendant, l'Écosse (Scotland) fait partie du Royaume-Uni (United Kingdom) aux côtés de l'Angleterre (England), du pays de Galles (Wales) et de l'Irlande du Nord (North Ireland). Il est fortement déconseillé de faire l'erreur de parler de l'Angleterre pour désigner l'Écosse ou le Royaume-Uni…

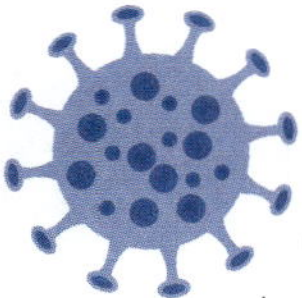

5 Covid-19

Lors de nos recherches, les voyageurs en provenance de l'étranger devaient se conformer à des règles différentes selon leur statut vaccinal. Sachez qu'un déplacement depuis une autre partie du Royaume-Uni, l'Irlande ou l'une des dépendances de la Couronne n'est pas considéré comme un déplacement international. Consultez les conseils communiqués par votre gouvernement ainsi que le site gov.scot avant votre départ.

▶ Voir aussi p. 304

6 Dialecte local

Rien de tel que d'apprendre un peu de scots pour demander des conseils et se faire des amis.

Munro bagging – escalade des sommets d'Écosse

gutties – chaussures

banter – discuter

fizzy juice, ginger – boisson sans alcool ou soda

scran – nourriture

dreich – froid, humide et déprimant

gie it laldy – donne tout ce que tu as

roaster, rocket, walloper – un idiot

blootered, bladdered, hammered, steamin', smashed, wrecked – ivre

Quelques mots de gaélique particulièrement utiles pour les Highlands et les Hébrides extérieures (la plupart des panneaux indicateurs sont en anglais et en gaélique) :

madainn mhath – bonjour

ciamar a tha sibh? – Comment vas-tu ?

slainte mhath – (prononcer slanj-a-va) Santé !

Alba – Écosse

uisge beatha – le whisky (littéralement "eau de vie")

7 Les *midges*

Bien que minuscules, ces moucherons piqueurs peuvent facilement gâcher une soirée d'été. De mai à septembre, ils sont les pires ennemis des visiteurs, envahissant les bords de lacs et de rivières, les campings et tous les lieux protégés du vent. Emportez du répulsif et couvrez-vous afin d'éviter les boutons rouges et les démangeaisons. S'ils sont trop agressifs, enfilez un bas sur la tête et courez vous mettre à l'abri (sans rire).

▶ Voir aussi p. 304

Inspirations

À LIRE

Trainspotting (Irvine Welsh, 1993) Assaut littéraire de tous les sens sur les lugubres exploits d'un groupe d'héroïnomanes dans l'Édimbourg des années 1980.

Lanark (Alasdair Gray, 1981) Distillation dystopique et surréaliste de Glasgow en quatre longues parties.

Les Belles Années de Mlle Brodie (Muriel Spark, 1961) Histoire de trahison dans une école de filles et lettre d'amour à Édimbourg.

Sunset Song (Lewis Grassic Gibbon, 1932) La vie rurale dans le Nord-Est avant et pendant la Première Guerre mondiale.

À ÉCOUTER

Bandwagonesque (Teenage Fanclub, 1991) Mélodies pop-grunge entêtantes qui ont valu aux "Fannies" de Bellshill d'être qualifiés de meilleur groupe du monde par Kurt Cobain.

Screamadelica (Primal Scream, 1991) La rencontre de la rave, du rock, du gospel et de l'acid house psychédélique en 11 titres qui ont révolutionné la musique britannique.

Sunshine on Leith (The Proclaimers, 1988) Album dans lequel figure *I'm Gonna Be (500 Miles)*, sorte d'hymne national non officiel.

The Boy with the Arab Strap (Belle and Sebastian, 1998) Troisième album et premier grand succès des troubadours pop-folk de Glasgow.

Sings the Songs of Robert Burns (Eddi Reader, 2003) Un vibrant hommage folk au barde et poète du XVIIIe siècle, Robert Burns.

Still As Your Sleeping (Karine Polwart, 2021) Le dernier album de la talentueuse autrice-compositrice-interprète.

TOM ROSE/SHUTTERSTOCK ©

Divinely Uninspired to a Hellish Extent (Lewis Capaldi, 2019) Après avoir commencé à chanter dans la rue, le chanteur-compositeur aux mélodies mélancoliques et sentimentales a fini en tête du hit-parade.

Gach sgeul (Julie Fowlis, 2014) La voix enivrante de la chanteuse gaélique originaire de l'île de North Uist, dans les Hébrides extérieures.

TAMARA KULIKOVA/SHUTTERSTOCK ©

À VOIR

Harry Potter (2001-2011) La saga fantasy de J. K. Rowling lui a été inspirée par son pays natal, où ont aussi été tournés les films.

Braveheart (1995) Mel Gibson manie la claymore (épée des Highlands) et endosse le costume du héros guerrier William Wallace dans ce classique multi-oscarisé.

Gregory's Girl (1981) Comédie romantique qui met en scène des ados au lycée et n'a rien perdu de son charme.

Brave (2012) L'Écosse vue par Disney – des kilts, des enchantements et une princesse fougueuse.

Whisky Galore ! (1949) Comédie sur une communauté des Hébrides qui détourne la cargaison de whisky d'un navire naufragé.

TOP: INGUS KRUKLITIS/SHUTTERSTOCK ©, BOTTOM: 20TH CENTURY FOX/GETTY IMAGES ©

À SUIVRE

bbc.com/scotland
Actualités, sport et culture par le principal radiodiffuseur du pays.

scottishrugby.org
Suivez les grandes journées de matchs #AsOne.

list.co.uk
Agenda d'évènements culturels.

★★★★
@VisitScotland
Compte officiel de l'Écosse.

gigsinscotland.com
Concerts, vente de billets et actualités musicales.

ÉDIMBOURG

CULTURE | HISTOIRE | FESTIVALS

DUGALD STEWART

ÉDIMBOURG
à la carte

Chargée d'histoire et convivale, cette ville qui se déploie au gré de ses collines est à la fois envoûtante et terriblement attachante. Entre ses châteaux et ses cathédrales serpentent des ruelles dignes d'un conte de fées, qui ont inspiré les plus grands scientifiques, philosophes et écrivains. L'art, le design et la culture y sont en pleine effervescence.

Longez la **Water of Leith** jusqu'à **Stockbridge** pour un aperçu de la vie quotidienne édimbourgeoise (p. 52)
1 jour

Soyez malin : prenez des billets pour le plus grand **festival culturel** du monde (p. 65)
2-3 jours

Découvrez la vie comme au Moyen Âge au **château d'Édimbourg** (p. 60)
½ journée

Excursion à **Rosslyn Chapel**, dont l'architecture divine est nimbée de mystère (p. 60)
½ journée

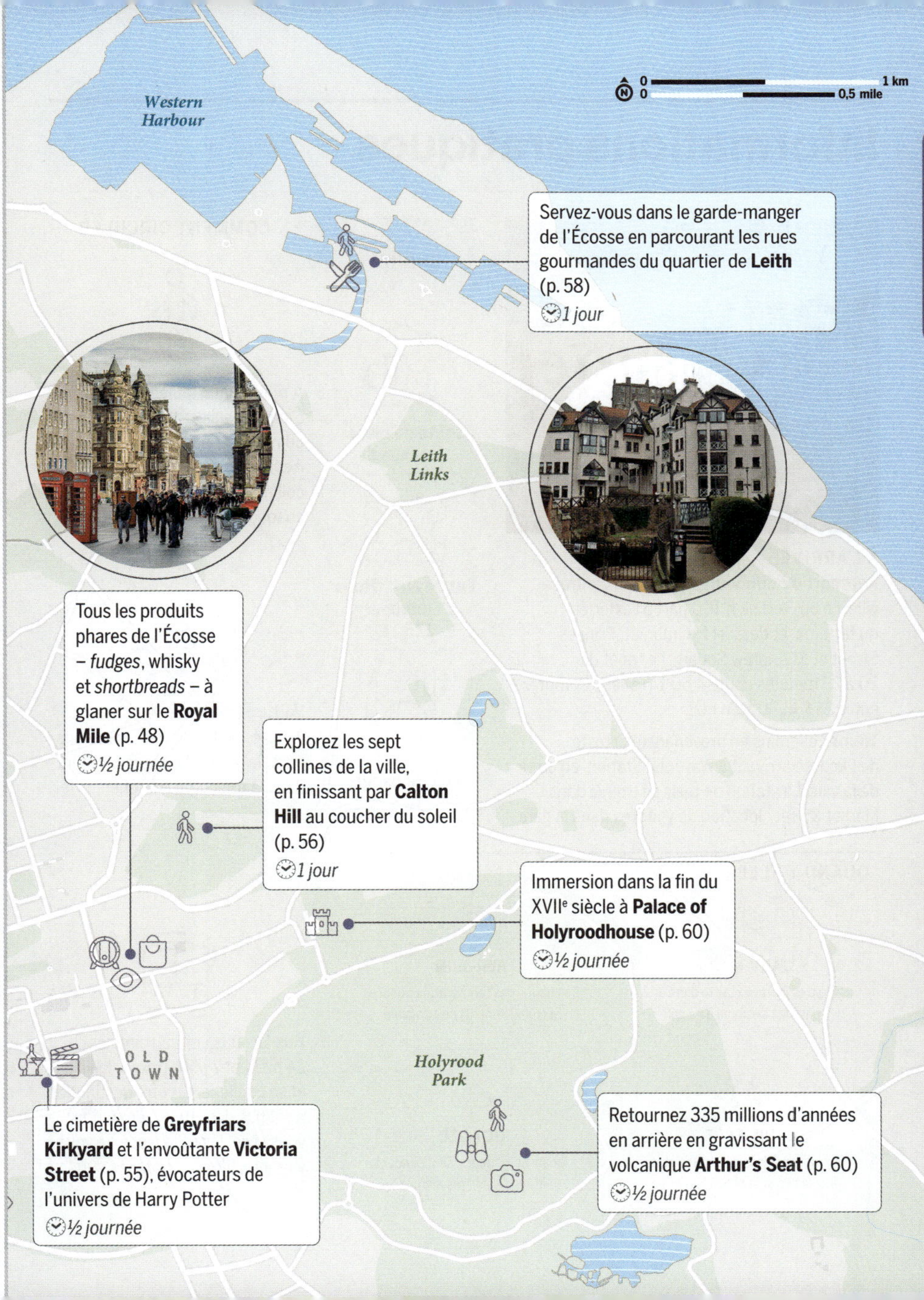

Servez-vous dans le garde-manger de l'Écosse en parcourant les rues gourmandes du quartier de **Leith** (p. 58)
1 jour

Tous les produits phares de l'Écosse – *fudges*, whisky et *shortbreads* – à glaner sur le **Royal Mile** (p. 48)
½ journée

Explorez les sept collines de la ville, en finissant par **Calton Hill** au coucher du soleil (p. 56)
1 jour

Immersion dans la fin du XVIIe siècle à **Palace of Holyroodhouse** (p. 60)
½ journée

Le cimetière de **Greyfriars Kirkyard** et l'envoûtante **Victoria Street** (p. 55), évocateurs de l'univers de Harry Potter
½ journée

Retournez 335 millions d'années en arrière en gravissant le volcanique **Arthur's Seat** (p. 60)
½ journée

Informations pratiques

NITSAWAN KATERATTANAKUL/SHUTTERSTOCK ©

À L'ARRIVÉE

Aéroport d'Édimbourg À 13 km du centre-ville. Le bus Airlink n°100 part à l'extérieur du terminal et dessert Haymarket, Princes Street et St Andrew Square. Le trajet de 20 à 25 minutes coûte 4,50 £ (l'aller). Comptez entre 25 £ et 30 £ en taxi.

Trains Les trains en provenance du reste de l'Écosse arrivent à Waverley Station, au cœur de la ville. La station de taxis se trouve dans Market Street ; location de voitures dans la gare.

BUDGET

Pinte de bière locale 5 £

Entrée au château d'Édimbourg 17,50 £

Plat de haggis 14 £

QUAND Y ALLER

JANV-MARS
Froid et journée courte dans un paysage de boule à neige.

AVR-JUIN
Des fleurs, des températures douces et (relativement) peu de pluie.

JUIL-SEPT
La saison des festivals – la plus ensoleillée et la plus fréquentée.

OCT-DÉC
Moins de visiteurs, sauf pendant les festivals, très animés.

COMMENT CIRCULER

À pied Confortablement chaussé, c'est le meilleur moyen d'explorer Édimbourg, ville compacte et où il est facile de s'orienter. Ses sept collines offrent des perspectives chaque fois uniques.

Voiture Inutile de louer une voiture, sauf pour des excursions hors de la ville. Le stationnement dans la rue coûte très cher.

Bus Les bus Lothian circulent 24 h/24 et 7 j/7 à travers la ville et sa banlieue. Si votre destination n'est pas desservie… demandez-vous si cela vaut la peine de vous y rendre. Plans et horaires sur le site internet.

SE RESTAURER ET PRENDRE UN VERRE

Étoilés Michelin Édimbourg rassemble plus de restaurants étoilés et d'établissements gastronomiques que tout le reste de l'Écosse. Si l'addition ne vous fait pas peur, tentez le menu dégustation avec vins appariés au Little Chartroom, au Fhior ou au Wedgwood (p. 63).

Cafés et gâteaux Artisan Roast (p. 61) séduira les amateurs de cafés avec ses trois adresses disséminées dans la ville.

Incontournable The Bow Bar (p. 62)

Côté whisky Edinburgh Gin Distillery (p. 62)

SE CONNECTER ET S'ORIENTER

Wi-Fi Tous les hôtels, bars et cafés proposent une connexion Wi-Fi gratuite, ainsi que la ville, qui dispose de son propre réseau (edinburghfreewifi.com), accessible librement.

Déplacements Le centre-ville se visite facilement à pied. Utilisez votre portable ou procurez-vous un plan gratuit au VisitScotland Edinburgh iCentre, sur le Royal Mile.

OÙ LOGER

Quartiers	Pour/contre
Old Town	Centre-ville animé avec restaurants, boutiques, pubs et hôtels. Très bien desservi. De beaux points de vue. Hébergement cher.
West End	Quartier chic entre maisons de ville et hôtels, boutiques et bars à cocktails. Très calme le soir.
Stockbridge	Banlieue embourgeoisée, coincée entre les Royal Botanic Gardens et la Water of Leith. Excellents restaurants, cafés et pubs ; marchés familiaux.
Leith	Quartier hipster rassemblant auberges de jeunesse, restaurants branchés et vie nocturne animée.
Bruntsfield	Banlieue sud aux allures de village, dominant l'étendue verte des Meadows.
Newington	Ce quartier niché dans l'ombre d'Arthur's Seat a le vent en poupe. Très apprécié des étudiants ; au cœur de l'animation pendant le festival Fringe en août.

FESTIVALS

La capitale écossaise se met sens dessus dessous en août, et en décembre pour Hogmanay, où elle accueille jusqu'à 3 millions de visiteurs. Privilégiez le milieu de semaine, la foule est moins dense.

ARGENT

La plupart des sites de la ville sont gratuits : le National Museum of Scotland, la Scottish National Gallery, la Scottish National Gallery of Modern Art (p. 64)… Pensez à faire un don, ils le méritent.

Les grands classiques

Pour les infos pratiques de chaque site, reportez-vous au carnet d'adresses p. 60.

Château d'Édimbourg

Ce château a joué un rôle central dans l'histoire écossaise, à la fois en qualité de résidence royale – depuis le règne du roi Malcolm Canmore (1058-1093) et de la reine Marguerite, au XIe siècle – et de forteresse militaire. Il vécut sa dernière bataille en 1745. Ensuite, et jusque dans les années 1920, il servit de base principale à l'armée britannique. Aujourd'hui, ce site évocateur est l'un des plus visités d'Écosse.

Yacht royal Britannia

Désormais amarré de façon permanente en face d'Ocean Terminal, le *Britannia* accompagna les vacances de la famille royale à l'étranger de 1953 à 1997. La visite lève le rideau sur la vie quotidienne des têtes couronnées et offre un aperçu des goûts personnels de la reine.

Real Mary King's Close

Ce labyrinthe de ruelles souterraines offre un aperçu intéressant de la vie quotidienne à Édimbourg au XVIIe siècle. La visite, qui exploite au maximum le potentiel obscur des lieux, avec anecdotes de fantômes, tableaux macabres et détails du même acabit, fait frissonner.

SYAHIR RAHIM/SHUTTERSTOCK ©

Rosslyn Chapel

Cadre du célèbre roman de Dan Brown, *Da Vinci Code*, la plus belle et la plus énigmatique des chapelles d'Écosse attire du monde. Construite au milieu du XVe siècle à la demande du troisième prince des Orcades, elle est un monument à la gloire de la franc-maçonnerie, riche en images symboliques.

ESSEVU/SHUTTERSTOCK ©

JAROSLAV MORAVCIK/SHUTTERSTOCK ©

Charlotte Square

À l'extrémité ouest de George Street, ce joyau architectural de la nouvelle ville a été conçu par Robert Adam peu avant sa mort, en 1791. Le côté nord de la place, chef-d'œuvre de l'architecte, est un très bel exemple d'architecture georgienne. La Bute House, au n°6, est la résidence officielle du Premier ministre écossais.

Palace of Holyroodhouse

Résidence de la famille royale britannique en Écosse, ce palais est célèbre pour avoir hébergé Marie Stuart, de 1561 à 1567. Six années durant lesquelles elle eut l'occasion de débattre avec John Knox, d'épouser son deuxième et son troisième mari, et d'assister au meurtre de son secrétaire...

RICHIE CHAN/SHUTTERSTOCK ©

Parlement écossais

Inauguré le 9 octobre 2004 par la reine Élisabeth II, cet édifice aux formes étranges et symboliques est ouvert à la visite. Un parcours mène du Grand Hall, assez sombre, à la Chambre des Débats, qui s'impose comme un palais de la lumière – celle de la démocratie.

T.W. VAN URK/SHUTTERSTOCK ©

Scottish National Portrait Gallery

Ce musée est l'un des plus visités de la ville. Le style Arts & Crafts trouve sa plus belle expression dans le Great Hall où, dominant la colonnade gothique, une frise peinte par William Hole en 1898 décline de manière chronologique une "encyclopédie visuelle" d'Écossais célèbres, du chef Calgacos jusqu'à l'écrivain Thomas Carlyle (1795-1881).

MINKA GUIDES/SHUTTERSTOCK ©

SUSANNE POMMER/SHUTTERSTOCK ©

St Giles Cathedral

L'imposante structure grise de la cathédrale Saint-Gilles domine High St. Plus justement nommée High Kirk (elle ne fut cathédrale, c'est-à-dire siège d'un évêché, que de 1633 à 1638 et de 1661 à 1689), elle porte le nom du saint patron des invalides et des mendiants.

ANTON_IVANOV/SHUTTERSTOCK ©

EDINBURGHCITYMOM/SHUTTERSTOCK ©

National Museum of Scotland

Derrière l'austère façade grise du musée victorien d'origine (1861) se cache une immense galerie d'exposition sur trois niveaux coiffée d'une verrière. Sa collection éclectique couvre divers domaines tels que l'archéologie, le design et la mode, les technologies scientifiques, ainsi que les arts décoratifs du monde entier.

Royal Botanic Garden

Le jardin botanique d'Édimbourg est le plus ancien de Grande-Bretagne après celui d'Oxford, et sa renommée est internationale. Cet espace de 28 ha magistralement dessiné comprend de splendides serres victoriennes, des massifs colorés de rhododendrons et d'azalées, ainsi qu'une superbe rocaille.

01 Le festival FRINGE

ARTS | CULTURE | FOLLES SOIRÉES

Entre représentations dans les pubs et les théâtres, et évènements hors catégorie dans des caravanes ou des toilettes, l'Edinburgh Festival Fringe transforme la capitale en un temple de la culture étourdissant, chaque année en août. Un festival imbattable en termes de spectacle, de mise en scène et d'étrangeté. L'abondance de spectacles peut désorienter.

KENNY TELFER/SHUTTERSTOCK ©

En pratique

Quand Au mois d'août. Prévoyez du temps sur place ; trois jours est la durée idéale.

Tarifs Certains spectacles sont gratuits ; les plus renommés peuvent dépasser les 40 £. Les avant-premières sont souvent vendues à deux pour le prix d'une le premier week-end. La Half Price Hut (située dans The Mound) offre des réductions de dernière minute.

À emporter Un parapluie ou un imperméable ; la météo est capricieuse en août.

Soyez malin Quelque 3 500 spectacles, 1 900 premières et 55 000 évènements dans 300 sites à travers la ville : s'y retrouver est une gageure ! Pour dénicher les perles rares, lisez les critiques dans *The Scotsman*, fiez-vous au bouche-à-oreille et faites-vous confiance. La recette d'un jour parfait : choisir l'un des quatre sites principaux, réserver au moins un spectacle avant l'heure du déjeuner, puis se laisser porter par le vent.

Les sites Le Pleasance privilégie les célébrités et le registre comique.

En haut à gauche Le Royal Mile pendant le Fringe
En haut à droite Un artiste de rue au festival
À droite Un musicien de rue joue pour le public du Fringe

YATZEK PHOTOGRAPHY/SHUTTERSTOCK ©

POWEROFFLOWERS/SHUTTERSTOCK ©

D'autres festivals

Hogmanay Tous les 31 décembre, une foule en tartan afflue au château d'Édimbourg pour participer au *ceilidh* en buvant du whisky.

Edinburgh International Film Festival Entre tapis rouges et avant-premières, ce festival du film organisé fin juin est aussi l'occasion de rencontres avec des stars.

Edinburgh International Book Festival Rassemble un millier d'écrivains pour des rencontres et des débats, dans la seconde moitié du mois d'août.

Prévoyez un pique-nique de rue à Assembly, sur George Square, où se dresse la célèbre Spiegeltent. L'Underbelly lorgne du côté du cabaret. Enfin, le Gilded Balloon programme des spectacles comiques et des pièces de théâtre d'actualité.

Bon à savoir À partir de la deuxième ou troisième semaine, la plupart des spectacles encensés par les critiques affichent complets. À l'inverse, les nouveaux talents distribuent des billets gratuits (ou presque) devant les salles. Vous pouvez mal tomber, mais sachez qu'avant d'être célèbres, Stephen Fry, Mike Myers et Flight of the Conchords ont joué ici à moins de 5 £.

02 L'histoire au fil du ROYAL MILE

HISTOIRE | CULTURE | PROMENADE

Avec son paysage étagé composé d'édifices gothiques, de tourelles georgiennes et de flèches élevées, Édimbourg possède un héritage historique intact. Ses dizaines de sites remarquables offrent un voyage à travers les siècles, du Moyen Âge à aujourd'hui.

ESSEVU/SHUTTERSTOCK ©

En pratique

Circuler On accède facilement aux principaux sites en parcourant à pied les charmantes ruelles pavées de la ville. Pour se rendre à Rosslyn Chapel, il faut prendre le bus Lothian n°37 ou louer un vélo pour parcourir les 16 km aller-retour, le long de la Route 61 (surnommée le Rosslyn Chapel Way).

Quand En été, les sites les plus prisés sont très fréquentés ; privilégiez le printemps ou le mois de septembre.

Meilleure photo Depuis les hauteurs escarpées de Salisbury Crags, au crépuscule.

FOTOKON/SHUTTERSTOCK ©

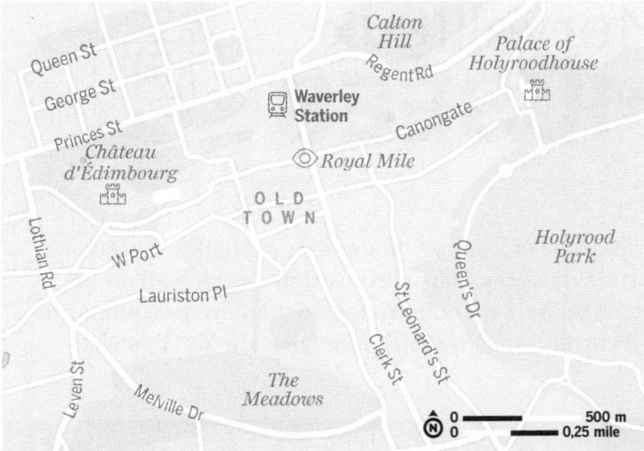

À gauche Le Royal Mile
En bas à gauche Canongate Tolbooth

Vues sur la ville Le château d'Édimbourg (p. 42) convoque tout l'imaginaire écossais. Dépassez les maquilleurs à la Braveheart et les joueurs de cornemuse pour gagner le sommet de Castle Rock et découvrir les dix siècles de guerre qui ont forgé la nation. Pour éviter la foule, rendez-vous directement aux Honours of Scotland, les plus anciens joyaux de la Couronne britannique, et profitez d'un temps calme dans St Margaret's Chapel, plus ancien édifice d'Édimbourg.

Histoire vivante Passé et présent se rencontrent dans le Royal Mile, l'imposante grand-rue de la ville. Commencez devant la Castle Gate House avant de vous diriger vers l'est, en passant devant Tolbooth Kirk, St Giles Cathedral (p. 61) et la Mercat Cross. Les principaux édifices de la rue jalonnée de 73 *closes* (ruelles médiévales) figées dans le temps sont le Canongate Tolbooth, John Knox House et le Parlement écossais (p. 60).

Rois et reines Le Royal Mile s'arrête brusquement aux portes du Palace of Holyroodhouse (p. 60), résidence officielle de Sa Majesté la reine d'Écosse. Les visites privées du matin révèlent les secrets de la salle du trône et des appartements d'État avant l'ouverture du palais pour la journée.

Lieu saint Sanctuaire vénéré depuis 1446, la mystérieuse Rosslyn Chapel (p. 60) a connu une seconde heure de gloire grâce à son apparition dans le film *Da Vinci Code*. Après avoir tenté de trouver des signes des Templiers dans la crypte, admirez les plus de 200 sculptures de la voûte couvrant la nef, l'abside et l'autel.

Les forteresses d'Édimbourg

Si vous disposez de plus de temps, voici trois autres sites médiévaux qui captureront votre imagination.

Craigmillar Castle (p. 65) L'autre grand château de la capitale, situé 4 km au sud-est du Royal Mile, fut jadis un refuge pour Marie Stuart. De nombreux recoins à explorer.

Lauriston Castle (p. 65) Réputée hantée, cette maison-tour du XVIe siècle est dotée d'un jardin japonais, d'un musée et d'une boulangerie familiale.

Blackness Castle (p. 64) Située 25 km à l'ouest d'Édimbourg, près de Linlinthgow, cette forteresse jouit d'une vue imprenable sur le Firth of Forth (estuaire du Forth).

03 Merveilleux MUSÉES

ARTS | HISTOIRE | CULTURE

Au gré des intempéries et de vos envies, poussez la porte des musées d'Édimbourg. Vous découvrirez dans ces lieux d'exposition des chefs-d'œuvre européens et des artistes écossais hors du commun. Une manière passionnante de parcourir la capitale et d'entrer dans l'histoire écossaise, du XVIIIe siècle à nos jours.

JAROSLAV MORAVCIK/SHUTTERSTOCK ©

En pratique

Circuler À l'exception de la Scottish National Gallery of Modern Art, les principaux musées sont dans Old Town et New Town, à deux pas de la gare ferroviaire de Waverley. Les visites peuvent donc se faire facilement à pied.

Quand Les musées et galeries présentés ici sont généralement ouverts tous les jours de 10h à 17h (voir informations pratiques p. 40).

Budget Les musées sont accessibles gratuitement, mais les dons sont bienvenus.

ALIZADA STUDIOS/SHUTTERSTOCK ©

À gauche Scottish National Gallery
En bas L'enseigne du People's Story
Ci-contre Modern One

L'Écosse vue par les peintres et les artistes

National Museum of Scotland L'élégante Chambers Street est dominée par la longue façade de ce musée, dont les importantes collections sont réparties dans deux édifices : l'un moderne, l'autre victorien. Avec sa pierre dorée et son architecture audacieuse, le nouveau bâtiment (1998) est l'un des sites les plus caractéristiques de la ville. Ses cinq niveaux retracent l'histoire de l'Écosse, des débuts géologiques jusqu'aux années 1990.

People's Story Cet étonnant musée d'Histoire populaire installé dans l'édifice du Canongate Tolbooth (1591) retrace la vie, le travail et les loisirs des habitants d'Édimbourg.

Scottish National Portrait Gallery Les salles de ce palais néogothique vénitien illustrent l'histoire écossaise à travers des portraits, photographies et sculptures de personnages célèbres de différentes époques. On y croise Robert Burns, Marie Stuart, Bonnie Prince Charlie, Sean Connery, Billy Connolly ou encore la poétesse Jackie Kay.

Scottish National Gallery of Modern Art Situé à 500 m à l'ouest de Dean Village, ce musée d'Art moderne se compose de deux impressionnants bâtiments néoclassiques, entourés d'un parc paysager. La galerie principale, connue sous le nom de **Modern One,** rassemble des œuvres du XXe siècle d'artistes aussi divers que Matisse, Picasso, Kirchner, Magritte, Miró, Mondrian et Giacometti. Anglais et Américains sont également représentés, mais la place d'honneur est réservée aux peintres écossais, tels Peter Howson et Ken Currie.

D'autres musées à explorer

Ces lieux d'exposition, moins connus, valent le détour.

Scotch Whisky Experience Ce centre multimédia retrace la fabrication du whisky, de l'orge à la bouteille. Vous y découvrirez aussi la plus grande collection au monde de whiskies de malt (3 384 bouteilles !).

Surgeons' Hall Museums Ce musée, à la vocation d'abord pédagogique, présente l'histoire de la chirurgie en Écosse ainsi qu'une série d'objets servant à l'extraction de dents, ou encore des organes et tumeurs monstrueuses conservés dans du formol.

Scottish National Gallery Les salles octogonales de cette imposante construction de style classique, réalisée dans les années 1850, ont retrouvé leur lustre victorien d'origine. À l'intérieur, une riche collection d'œuvres allant de la Renaissance au postimpressionnisme.

04 Water OF LEITH

PROMENADE | ART | GASTRONOMIE

Rien de tel pour avoir un aperçu de la vie locale qu'une balade sur les berges de la Water of Leith, qui traverse la ville de part en part. Enfilez des chaussures de marche pour découvrir cette gorge boisée qui serpente entre d'impeccables jardins, des galeries d'art et des adresses gastronomiques.

KORNELIJA CAKARUN/SHUTTERSTOCK ©

Faune sauvage

Les promeneurs et les joggeurs du dimanche ne sont pas les seuls à fréquenter les rives de Water of Leith. Ce sanctuaire urbain abrite aussi quelque 250 espèces sauvages. Guettez les hérons, martins-pêcheurs, visons et loutres, ainsi que les cygnes, renards, écureuils et chauves-souris.

En pratique

Circuler Choisissez un tronçon de cette promenade de presque 20 km ; pour rejoindre la section présentée ici, prenez le bus ou le tram de Princes Street à Murrayfield Stadium. Pour la parcourir en entier, louez un vélo à Cycle Scotland (voir p. 65).

Quand Toute l'année, mais préférez le dimanche pour le marché de Stockbridge.

Notre conseil La Scottish National Gallery of Modern Art (p. 60) est divisée entre Modern One et Modern Two : ravitaillez-vous au café de Modern One (p. 51).

01 Commencez au **Murrayfield Stadium**, plus grand stade d'Écosse, aux airs de forteresse. Le chemin sinueux part du nord du stade et vous emmène à travers une étendue oubliée de prairies au bord de l'eau.

02 Environ 1,5 km plus loin, votre chemin croisera la **Scottish National Gallery of Modern Art**, (p. 64) où des chefs-d'œuvre de Picasso et de Warhol côtoient des œuvres contemporaines d'artistes locaux.

03 Encore 800 m et voici **Dean Village**, village historique de carte postale avec ses ponts en pierre, ses anciennes fabriques, ses rues charmantes et ses chutes d'eau.

04 Après St Bernard's Well, source magique aux pouvoirs curatifs, s'étend **Stockbridge** et sa rue principale bordée d'inoubliables bars et restaurants. Un petit détour de moins d'un kilomètre vous conduit au **Royal Botanic Garden** (p. 60).

05 Les 4 derniers kilomètres serpentent jusqu'aux docks du quartier branché de **Leith**, réputé pour ses restaurants étoilés, ses tavernes et son histoire maritime. Amateurs de fruits de mer, réservez au Kitchin (p. 63).

05 Écrivains et MAGICIENS

CULTURE | HISTOIRE | FAMILLE

Tours funestes et château romantique : Old Town a tout du décor de conte de fées. Rien d'étonnant à ce qu'Édimbourg ait été la première cité nommée ville créative de littérature par l'Unesco. Découvrez les récits mythiques nés dans ce musée vivant de la littérature.

FOTOKON/SHUTTERSTOCK ©

En pratique

Circuler La marche est le meilleur moyen d'explorer Old Town.

Quand Toute l'année, mais les sites les plus populaires sont très fréquentés au mois d'août, en raison de l'affluence due au Fringe.

Notre conseil Au National Museum of Scotland (p. 60) sont visibles les figurines médiévales du jeu d'échecs de Lewis, qui figurent dans *Harry Potter à l'école des sorciers*.

Coup de pouce Le Potter Trail est une promenade guidée gratuite sur le thème de la saga.

Palace et pubs

Le Balmoral (p. 63), plus somptueux palace de la ville, abrite la J. K. Rowling Suite, où la romancière a achevé le dernier tome de son œuvre. À deux pas, on peut entendre des histoires haletantes au Oxford Bar (p. 61), où l'auteur de polars Ian Rankin vient régulièrement boire une bière.

01 Le départ se situe à la **statue de Greyfriars Bobby** (Candlemaker Row), petit chien de race Skye Terrier dont l'histoire a été racontée dans des albums illustrés, des romans et un film Disney.

02 Le repérage de tombes est une activité sérieuse au **Greyfriars Kirkyard** (p. 64) – c'est dans ce cimetière que J. K. Rowling a trouvé l'inspiration pour les noms de certains de ses personnages les plus appréciés. Ne manquez pas la tombe de la famille Potter.

03 J. K. Rowling a commencé à coucher Harry Potter sur le papier à **The Elephant House** (George IV Bridge), inspirée par des lieux proches comme **Victoria Street** (Diagon Alley) et le **George Watson's College** (Hogwarts).

04 Descendez les marches jusqu'au **Writers' Museum** (p 64) pour découvrir les écrivains illustres de la ville, dont Arthur Conan Doyle, J. M. Barrie et Robert Louis Stevenson.

05 Levez les yeux pour admirer le **Scott Monument**, mémorial néo-gothique érigé en l'honneur de l'auteur de *Rob Roy*, sir Walter Scott. Si l'escalier est propice à la claustrophobie, la vue d'en haut est incomparable.

06 Sept COLLINES

PROMENADE | HISTOIRE | AVENTURE

Au jeu de l'exploration de la capitale écossaise, Arthur's Seat et le château d'Édimbourg, perché sur l'éperon volcanique de Castle Rock, sont des incontournables. Mais la ville est bâtie sur cinq autres collines. Parcourir les sept monticules est peut-être le meilleur moyen d'explorer cette ville au relief spectaculaire et à la topographie si particulière.

MAKHH/SHUTTERSTOCK ©

En pratique

Circuler Pour relier les sept collines, prenez un Lothian Buses Day Ticket (4,50 £), forfait journalier donnant un accès illimité à tous les bus Lothian (lothianbuses.com).

Quand Comme les sept collines de Rome, elles sont à leur avantage toute l'année ! En juin, une course âprement disputée voit s'affronter des coureurs de tous âges (seven-hills.org.uk).

Le saviez-vous ? L'ultime défi à relever à Édimbourg : parcourir en marchant ou en courant les 22 km reliant les sept collines.

MIGUEL ALMEIDA/SHUTTERSTOCK ©

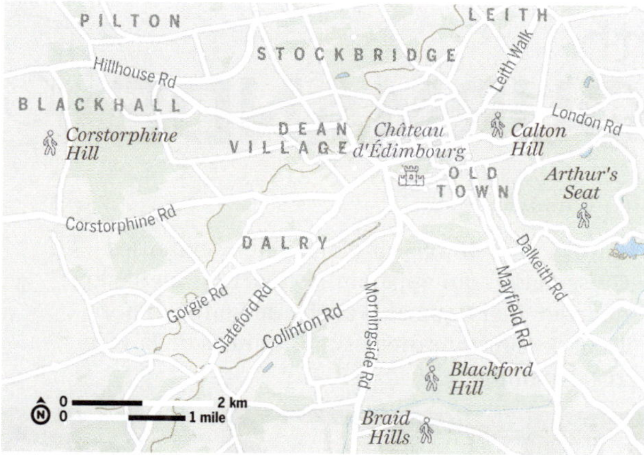

Choisissez votre colline !

Point de vue panoramique Située à 3 km au sud du centre-ville, **Blackford Hill** est très prisée des habitants en été. Après avoir parcouru une vallée boisée et dépassé Hermitage House, bel exemple d'architecture du XVIIIe siècle, on monte abruptement parmi les ajoncs jusqu'au sommet dénudé. De là se dévoile le trio composé du château d'Édimbourg, d'Old Town et d'Arthur's Seat – une vue somptueuse.

La familiale Classée au Patrimoine de l'Unesco et facilement accessible depuis le centre-ville, **Calton Hill** ouvre sur des points de vue particulièrement photogéniques au coucher du soleil. Vous pourrez aussi y explorer des mémoriaux et autres monuments crénelés. À la fin du printemps, le 30 avril, se tient le Beltane Fire Festival, entre feux de joie et danseurs masqués, dans la plus pure tradition gaélique.

Envie de golf ? L'Écosse est la patrie du golf, ce qui explique que **Braid Hills**, la plus méridionale des sept collines, soit couverte de fairways, de greens et de bunkers. On y trouve deux terrains de golf, 27 trous et un practice. Si tout cela ne vous parle guère, il y a aussi une boucle pédestre, accessible également aux cyclistes et aux cavaliers.

La sauvage Surplombant l'Edinburgh Zoo (p. 65), **Corstorphine Hill** est une arête boisée constituée en réserve naturelle. On y trouve quelques sentiers de forêt et la Corstorphine Hill Tower, monument dédié à Walter Scott. Un jardin clos y côtoie de belles étendues de chênes et de bouleaux, ainsi qu'une ancienne carrière de pierre et un abri anti-nucléaire reconverti en site touristique.

À gauche Royal Observatory (p. 61), Blackford Hill
En bas à gauche National Monument of Scotland, Calton Hill

Pentlands Hills

Situées au sud-ouest d'Édimbourg, ces collines offrent une abondance de distractions en plein air.

Threipmuir Reservoir Plan d'eau bordé de collines où pratiquer baignade, canoë et paddle.

Allermuir Hill Comptez 8 km pour l'aller-retour jusqu'au sommet ; points de vue sur la ville à la clé.

Scald Law Rejoignez à pied le sommet des Pentlands (579 m) depuis Flotterstone, à 12 km. Prévoyez une journée pour profiter pleinement de l'Himalaya d'Édimbourg coiffé de bruyère.

07 Leith GOURMANDE

PROMENADE | GASTRONOMIE | BOISSONS

Côté gastronomie – l'incarnation de l'esprit d'une ville –, évitez les pièges du Royal Mile et de Grassmarket qui appâtent les touristes au haggis ; rendez-vous plutôt dans le quartier énergique et branché de Leith, au nord-est de la ville. On y trouve les bars et restaurants les plus animés de la ville, ainsi qu'une communauté très dynamique.

LONELY PLANET/GETTYIMAGES ©

Fish & chips

La plupart des produits de la mer consommés à Édimbourg sont débarqués du port de pêche de Newhaven, à 10 min à pied au nord de Leith. Sur le front de mer se tiennent deux excellents restaurants de poisson. Tentez le *fish & chips* issu de produits durables du **Fishmarket** (p. 63).

Carnet de route

Circuler En attendant que Leith soit relié au reste de la ville par le tram (prévu au printemps 2023), il faut se débrouiller en bus, à vélo ou à pied. Côté circuit organisé, on recommande chaudement Eat Walk Edinburgh (eatwalkedinburgh.co.uk).

Quand Toute l'année, mais dans les salles de dégustation, les bars et les marchés estivaux, l'animation est à son comble le vendredi et le samedi.

Notre conseil Emportez un peu de Leith avec vous : Valvona & Crolla (p. 62, carte ci-contre) est le plus ancien traiteur et marchand de vins d'Écosse.

01 Commencez par un brunch végan à **Woodland Creatures** (p. 62), repaire tendance géré par quatre amis. Sortez dans l'artère animée de Leith Walk : il ne vous reste plus qu'à l'explorer.

02 C'est l'heure du déjeuner : choisissez entre **Eleanore** (p. 63), restaurant de la fameuse cheffe Roberta Hall-McCarron, et le **Fhior** (p. 63), situé non loin dans Broughton Street, où Scott Smith concocte de délicieux menus dégustation de 4 ou 7 plats.

03 Détendez-vous en parcourant Leith Walk jusqu'à The Shore, jolie rue au bord de la rivière, qui abrite plusieurs microbrasseries. Non loin dans Jane Street, vous trouverez la salle de dégustation et le *beer garden* de la **Campervan Brewery** (p. 61).

04 Pour dîner, deux possibilités à la fois gastronomiques et originales – il est indispensable de réserver. **The Kitchin** (p. 63), du chef Tom Kitchin, et le **Restaurant Martin Wishart** (p. 63), tous deux étoilés, restituent l'ambiance d'Édimbourg dans une assiette.

05 La dernière étape sera le **Teuchter's Landing** (p. 62), pour un dernier whisky – ou le **Roseleaf Bar Cafe** (p. 62), pour un cocktail servi en théière. Après un tel programme, dormez bien, et longtemps !

Carnet d'adresses

Les grands classiques (voir p. 42)

Château d'Édimbourg

(www.edinburghcastle.gov.uk ; tarif plein/5-15 ans/- 5 ans 19,50/11,50 £/ gratuit, audioguide 3,50/1,50 £ ; 9h30-18h avr-sept, 9h30-17h oct-mars, dernière entrée 1 heure avant la fermeture ; 23, 27, 41, 42, 67)

National Museum of Scotland

(0300 123 6789 ; www.nms.ac.uk/national-museum-of-scotland ; Chambers St, EH1 1JF ; gratuit ; 10h-17h ; 35, 45)

Palace of Holyroodhouse

(www.rct.uk/visit/palace-of-holyroodhouse ; Canongate, Royal Mile ; tarif plein/enfant avec audioguide 16,50/9,50 £ ; 9h30-18h, dernière entrée 16h30 avr-oct, 9h30-16h30, dernière entrée 15h15 nov-mars ; 35)

Parlement écossais

(ww.parliament.scot ; Horse Wynd ; gratuit ; pendant les sessions 9h-18h30, mar-jeu, 10h-17h, lun et ven-sam, hors session 10h-17h, mar-jeu ; 35)

Real Mary King's Close

(0131-225 0672 ; www.realmarykingsclose.com ; 2 Warriston's Close ; tarif plein/enfant 17,95/11,25 £ ; horaires variables ; 23, 27, 41, 42)

Royal Botanic Garden

(0131-248 2909 www.rbge.org.uk Arboretum Place Gratuit ; 10h-18h mars-sept, 10h-17h fév et oct, 10h-16h nov-jan ; 8, 23, 27)

Rosslyn Chapel

(Collegiate Church of St Matthew ; www.rosslynchapel.com ; Chapel Loan, Roslin ; tarif plein/enfant 9 £/gratuit ; 9h30-18h lun-sam et 12h-16h45 dim juin-août, 9h30-17h lun-sam et 12h-16h45 dim sept-mai ; 37)

Scottish National Portrait Gallery

(0131-624 6200 ; www.nationalgalleries.org ; 1 Queen St Gratuit ; 10h-17h ; ; tout bus pour York Pl ; St Andrew Sq)

St Giles Cathedral

(www.stgilescathedral.org.uk ; High St, EH1 1RE ; 9h-19h lun-ven, 9h-17h sam, 13h-17h dim avr-oct, 9h-17h lun-sam, 13h-17h dim nov-mars ; 23, 27, 41, 42)

Yacht royal *Britannia*

(www.royalyachtbritannia. co.uk ; Ocean Terminal, EH6 6JJ ; tarif plein/enfant avec audioguide 17/8,75 £ ; 9h30-18h avr-sept, 9h30-17h30 oct, 10h-17h nov-mars, dernière entrée 1 heure 30 avant fermeture ; 11, 22, 34, 36, 200)

Espace nature et points de vue

Arthur's Seat

Vestige d'un volcan endormi, ce piton de 251 m est à Édimbourg ce que le Pain de Sucre est à Rio de Janeiro. L'ascension à travers la bruyère mène à un saisissant point

Le paysage urbain d'Édimbourg vu depuis Arthur's Seat

de vue, malgré la modestie du sommet. (Holyrood Park ; 35)

Calton Hill

Pour beaucoup, cette colline à l'est de Princes Street est la carte postale par excellence de la capitale. Flèches, clochers et tourelles posent pour une photo de famille, tandis qu'Arthur's Seat fournit le théâtre naturel de ce panorama. (104, 113, 124)

Princes Street Garden

Ce joli parc s'étend dans un vallon autrefois occupé par le Nor' Loch (North Loch), dépression marécageuse asséchée au début du XIXe siècle. Il accueille aussi feux d'artifice et concerts en plein air, en été et pour Hogmanay (Princes St ; lever-coucher du soleil ; tous les bus pour Princes St, Princes St).

Royal Observatory

Cet endroit de choix pour observer les étoiles est perché sur Blackford Hill, à côté du parc du Hermitage of Braid. Rejoignez en bus le quartier de Morningside pour faire l'aller-retour en marchant. (www.visit.roe.ac.uk)

Entre burgers et bières

Artisan Roast £

Trois adresses où savourer un excellent café : à Stockbridge, Bruntsfield ou dans Broughton St près de Leith. Fraîchement torréfié et préparé par un personnel primé. (www.artisanroast.co.uk/stockbridge-cafe ; 100a Raeburn Pl, EH4 1HH ; 9h30-16h ; 24, 29, 42)

Bread Meats Bread £

Fabuleux burgers servis dans Lothian Road, rue qui est en train de faire oublier son passé terne. Les burgers au bœuf "écrasé" (*smashed*) sont cultes, tandis que le Lothian Wolf, à la 'nduja (saucisse italienne épicée) et au porc émincé, est la spécialité de la maison. (breadmeatsbread.com ; 2 adresses : 92 Lothian Road et 7-9 North Bridge)

Inchcolm Abbey

Cairngorm Coffee £

Sympathique communauté de spécialistes de la torréfaction, dotée de deux avant-postes minimalistes à Frederick Street et Melville Place. Également des sandwichs au fromage grillé et des gâteaux. (www.cairngormcoffee.com ; 1 Melville Pl ; 9h-15h ;)

Campervan Brewery

Voir p. 59 (1315-533373 ; www.campervanbrewery.com ; Bonnington Business Centre, 112 Jane St)

Oxford Bar (Young St)

Voir p. 54 (1312-537119 ; www.oxfordbar.co.uk ; 8 Young Street ; 12h-minuit lundi-ven, 11h-1h vend et sam, 12h30-23 h dim)

Scran and Scallie ££

Un concentré de cuisine de pub écossaise dans un établissement de quartier, dans Comely Bank. Le chef ébouriffé Tom Kitchin glane joyeusement les produits de saison. (0131-332 6281 ; www.scranandscallie.com ; 1 Comely Bank Rd, EH4 1DR ; plats 14-21 £ ; 12h-22h lun-ven, 8h30-22h sam-dim ; ; 24, 29, 42)

The Pitt £

Que le ciel soit bleu ou gris, on vend de la cuisine de rue – burgers sauce buffalo, glaces et bières artisanales – dans ce quartier d'entrepôts branché, à Leith. Uniquement

JEFF WHYTE/SHUTTERSTOCK ©

Scotch Whisky Experience

le week-end. (07534-157477 ; www.thepitt.co.uk ; 125 Pitt St, EH6 4DE ; entrée 2 £ ; 18h-22h ven, 12h-22h sam, 12h-20h dim mars-déc ; 7, 14, 21)

Valvona & Crolla

Voir p. 58 (1315-566066 ; www.valvonacrolla.co.uk ; 19 Elm Row ; fermé dim)

Woodland Creatures

Voir p. 59 (1316-295509 ; www.woodlandcreaturesleith.com ; 260-262 Leith Walk)

Whisky, gin et cocktails

Bramble £

Cette cave de Queen Street, toute petite et bien cachée, est réputée pour ses cocktails (élaborés par des spécialistes inventifs), sa musique et ses DJ résidents. (0131-226 6343 ; bramblebar.co.uk ; 16a Queen St ; 16h-1h ; 23, 27)

Edinburgh Gin Distillery £

Le gin écossais a le vent en poupe depuis quelques années, et cette modeste distillerie souterraine en a profité pour prospérer. Essayez les versions à la framboise, à la rhubarbe ou à la mûre lors d'une visite des coulisses de l'établissement, situé à l'angle de Lothian Road. (0131-220 5603 ; www.indigoyardedinburgh.co.uk ; 7 Charlotte Lane ; 8h-1h ; ; 19, 36, 37, 41, 47)

Roseleaf Bar Cafe

Voir p. 59 (0131-476-5268 ; www.roseleaf.co.uk ; 23/24 Sandport Place Leith, EH6 6EW ; 10h-23h tous les jours)

Scotch Whisky Experience

Voir p. 51 (www.scotchwhiskyexperience.co.uk ; 354 Castlehill, EH1 2NE ; adulte/enfant à partir de 17/8 £ ; 10h-18h avr-juil, 10h-17h août-mars ; 23, 27, 41, 42)

Teuchter's Landing

Voir p. 59 (0131-554-7427 ; https://teuchtersbar.co.uk/ ; 1a & 1c DockPlace ; plats 12-28 £ ; 9h15-1h, dernière commande déj à 12h45, dîner servi jusqu'à 21h)

The Bow Bar £

Ce pub convivial de Victoria Street possède une collection encyclopédique de *single malts* et de *cask ales* (bières servies directement depuis leur fût de fermentation) toujours renouvelées. Sans chichi, ni places assises – mais c'est ce qui attire les locaux.(www.thebowbar.co.uk ; 80WestBow ; 12h-0h ; 2,23, 27, 41, 42)

The Voyage of Buck ££

Dans une atmosphère digne du *Tour du monde en quatre-vingts jours,* ce pub très apprécié de William Street est une perle rare. Si la cuisine et les cocktails rappellent Delhi, Kyoto et Casablanca, le décor chic

ULMUS MEDIA/SHUTTERSTOCK ©

Blackness Castle

est résolument écossais. (0131-225 5748 ; www.thevoyageofbuckedinburgh. co.uk ; 29-31 William St ; 10h-0h lun- mer, 10h-1h jeu-dim ; ; West End)

Hôtels et repas mémorables

Balmoral Hotel

Voir p. 54 (8557-976733 ; 1 Princes Street)

Eleanor

Voir p. 59 (0131-600-0990 ; www.eleanore.uk/ ; 30-31 Albert Place, EH7 5HN ; plats 11-22 £ ; 17h-23h vend, 12h-16h30 et 17h30-23h sam-mardi, dernières commandes à 14h15 et 20h45)

Fhior ££

Bien que modeste vu de l'extérieur, dans Broughton Street, le restaurant tant vanté du chef Scott Smith réécrit le livre culinaire de l'Écosse. Le meilleur de la cuisine de saison. (131-477 5000 ; fhior.com ; 36 Broughton Street)

Fishmarket

Voir p. 58 (0131-552 8262 ; www.thefishmarketnewhaven.co.uk/ ; 23A Pier Place, Newhaven, EH6 4LP ; 11h-22h tous les jours)

Prestonfield House ££

Un lodge dans le plus pur style campagnard écossais, situé au sud du centre-ville, où se pavanent paons et vaches des Highlands. *L'afternoon tea* se déguste parmi les dorures dans des fauteuils en bois de cerf. (0131-668 3346 ; www.prestonfield.com ; Priestfield Rd, EH16 5UT ; ch/ste à partir de 355/445 £ ; P)

Restaurant Martin Wishart

Voir p. 59 (0131-553 3557 ; https://restaurantmartinwishart.co.uk/ ; 54 The Shore EH6 6RA ; 12h-13h30 et 18h30-22h mer-sam)

The Kitchin £££

Voir p. 59 (0131-555 1755 ; 78, Commercial Quay, Leith, EH6 6LX ; www.thekitchin.com ; plat dégustation 120 £ ; 12h-14h30 et 18h-22h mar-sam, sur réservation)

4KCLIPS/SHUTTERSTOCK ©

Craigmillar Castle

The Little Chartroom ££

La cheffe Roberta Hall-McCarron est à la pointe de la nouvelle cuisine écossaise. À découvrir à travers le menu remarquable et audacieux, toujours renouvelé, de son minuscule bistrot de Leith. (0131-556 6600 ; www.thelittlechartroom.com ; 30 Albert Pl ; plats 20-30 £ ; 17h-22h jeu-ven, 12h-16h et 17h-22h sam, 12h-16h30 et 18h-22h dim ; tout bus vers Leith Walk)

The Witchery by the Castle £££

Ce restaurant situé aux portes du château vous plongera dans le luxe du XVIIIe siècle. Un débordement de baroque et de romantisme. (0131-225 5613 ; www.thewitchery.com ; Castlehill ; plats 25-44 £, formule déj 2 plats 25 £ ; 12h-23h30 ; 23, 27, 41, 42)

Wedgwood ££

Sur le Royal Mile, le chef Paul Wedgwood cuisine des produits en provenance directe des producteurs et met en pratique son goût pour la cueillette sauvage ; derrière chaque plat, il y a une histoire locale. (0131-558 8737 ; www.wedgwoodtherestaurant.co.uk ; 267 Canongate ; plats 18-28 £, déj 2/3 plats 16/20 £ ; 12h-15h et 18h-22h ; 35)

CHRISTIAN MUELLER/SHUTTERSTOCK ©

People's Story

Arts et culture

Edinburgh Music Tours

Vous aimez les Bay City Rollers, David Bowie et les Proclaimers ? Chaque coin de rue résonne d'une anecdote musicale, à découvrir lors de ce circuit guidé reliant les temples pop, punk et folk de la ville.

Greyfriars Kirkyard

Voir p. 55 (www.greyfriarskirk.com ; Candlemaker Row, EH1 2QQ ; 24h/24 ; 2, 23, 27, 35, 41, 42, 45)

Gladstone's Land

Le bâtiment d'un influent commerçant d'Édimbourg, Thomas Gladstone. On peut y admirer de remarquables plafonds, murs et poutres peints. (NTS ; carte p. 66 ; 0131-226 5856 ; www.nts.org.uk/visit/places/gladstones-land ; 477 Lawnmarket, EH1 2NT ; adulte/enfant 7,50/5 £ ; 23, 27, 41, 42)

People's Story

Voir p. 51 (www.edinburghmuseums.org.uk ; 163 Canongate ; 10h-17h mer-sam, 12h-17h dim ; 300)

Scottish National Gallery

Voir p. 51 (0131-624 6200 ; www.nationalgalleries.org ; The Mound, EH2 2EL ; 10h-17h ven-mer, 10h-19h jeu ; tous les bus pour Princes St, Princes St)

Scottish National Gallery of Modern Art

La galerie principale (0131-624 6200 ; www.nationalgalleries.org ; 75 Belford Rd, EH4 3DR ; 10h-17h ; 13) abrite au rez-de-chaussée un excellent café (www.heritageportfolio.co.uk ; plats 4-10 £ ; 10h-16h30 ;)

Surgeons' Hall Museums

Voir p. 51 (0131-527 1711 ; www.museum.rcsed.ac.uk ; Nicolson St, EH8 9DW ; adulte/enfant 8/4,50 £ ; 10h-17h ; tous les bus pour South Bridge)

Writers' Museum

Voir p. 55 (0131-529 4901 ; www.edinburghmuseums.org.uk/venue/writers-museum ; Lady Stair's Close, EH1 2PA ; 10h-17h ; 23, 27, 41, 42)

Châteaux et excursions d'un jour

Blackness Castle

Le Firth of Forth (estuaire du Forth) est surveillée par cette ruine acérée, dotée de trois tours, d'une vaste salle et de superbes points de vue sur la rive. C'est ici que fut tourné *Marie Stuart, reine d'Écosse* (de Josie Rourke, 2018), avec Saoirse Ronan and Margot Robbie. (1506-834 807 ; Blackness, Linlithgow ; entrée 3,60 £ ; tlj 10-16h sf ven)

ARCADY/SHUTTERSTOCK ©

Greyfriars Kirkyard

Craigmillar Castle

Voir p. 49 (1316-614 445 ; Craigmillar Castle Road ; tarif adulte/enfant 6/3,60 £ ; tlj 10h-16/17h)

Cycle Scotland

Voir p. 52 (1315-565 560 ; www.cyclescotland.co.uk/ ; 29 Blackfriars St, EH1 1NB)

Edinburgh Zoo

Voir p. 57 (0131-334 9171 ; www.edinburghzoo.org.uk ; 134 Corstorphine Rd, EH12 6TS ; adulte/enfant 19,95/11,35 £ ; 10h-18h avr-sept, 10h-17h oct et mars, 10h-16h nov-fév ; ; 12, 18, 26, 31, 100)

Inchcolm Abbey

Le groupe d'édifices monastiques le mieux préservé d'Écosse se dresse sur l'île étrangement déserte d'Inchcolm ; embarquez près des ponts sur le Forth pour aller visiter l'abbaye. (HES ; www.historicenvironment.scot ; KY3 0UA ; adulte/enfant 6/3,60 £ ; 9h30-17h30 avr-sept, 9h30-16h oct)

Jupiter Artland

Le Guggenheim a du souci à se faire ! Situé à trente minutes à l'ouest de la ville au sein du domaine de Bonnington House, ce vaste parc de sculptures doublé d'une galerie d'art promet des rencontres artistiques renversantes. Ouvert de mai à septembre.

Lauriston Castle

Voir p. 49 (1313-362060 ; 2A Cramond Rd ; adulte/enfant 5/3£ ; visite guidée sam-jeu à 14h avril-oct, sam-dim nov-mars)

Festivals

Edinburgh's Hogmanay

(0131-510 0395 ; www.edinburghshogmanay.com ; billets fête de rue 25 £ ; 30 déc-1er jan)

EDINBURGHCITYMOM/SHUTTERSTOCK ©

Edinburgh International Book Festival

Edinburgh International Book Festival

Voir p. 47 (0845 373 5888 ; www.edbookfest.co.uk ; Charlotte Sq Gardens, EH2 4DR ; août)

Edinburgh International Film Festival

Voir p. 47 (www.edfilmfest.org.uk ; juin)

Edinburgh Fringe Festival

Voir p. 46 (0131-226 0026 ; www.edfringe.com ; 180 High St, EH1 1QS ; 12h-15h lun-sam mi-juin à mi-juil, 10h-18h tlj mi-juil au 1er août, 9h-21h tlj en août ; tous les bus pour South Bridge) Les grands noms se produisent dans d'immenses salles sous l'égide d'agences comme les quatre suivantes :

Assembly

Voir p. 47 (Plusieurs sites ; 1316-233030 ; assemblyfestival.com)

Gilded Balloon

Voir p. 47 (Plusieurs sites ; 01316-226555 ; gildedballoon.co.uk)

Le Pleasance

Voir p. 46 (1315-561513 ; www.pleasance.co.uk ; 60 Pleasance)

Underbelly

Voir p. 47 (1315-100395 ; underbellyedinburgh.co.uk/ ; Cowgate)

GLASGOW

CHALEUREUSE | BRUTE | DYNAMIQUE

GLASGOW
à la carte

Ville énergique et animée, Glasgow est l'une des meilleures destinations européennes côté restaurants et adresses nocturnes. Les sites culturels et l'architecture ne sont pas en reste. Un lieu propice aux rencontres qui réserve son lot de surprises.

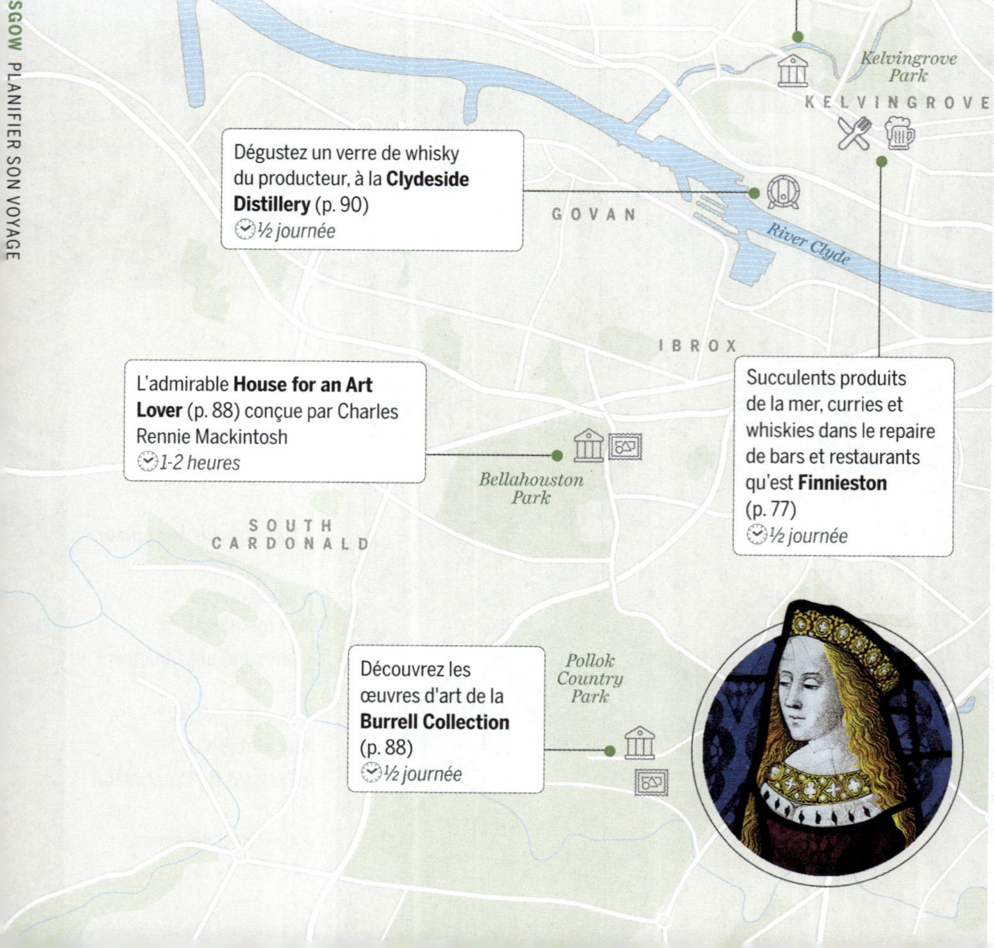

Les innombrables trésors du **Kelvingrove Art Gallery & Museum** (p. 88)
½ journée

Dégustez un verre de whisky du producteur, à la **Clydeside Distillery** (p. 90)
½ journée

L'admirable **House for an Art Lover** (p. 88) conçue par Charles Rennie Mackintosh
1-2 heures

Succulents produits de la mer, curries et whiskies dans le repaire de bars et restaurants qu'est **Finnieston** (p. 77)
½ journée

Découvrez les œuvres d'art de la **Burrell Collection** (p. 88)
½ journée

Traversez la ville à bord du **métro de Glasgow** (p. 80), incroyablement rétro
1 heure

Émerveillez-vous devant tant de marbre dans les **City Chambers** (p. 88), hôtel de ville de style victorien
1-2 heures

Voyage au Moyen Âge dans la **Glasgow Cathedral** (p. 88)
1-2 heures

Nuit festive au **Barrowland Ballroom** (p. 90), salle de concerts légendaire dans la région
½ journée

Perdez-vous dans les boutiques du **Style Mile** (p. 71), artère du centre-ville
½ journée

Informations pratiques

EQROY/SHUTTERSTOCK ©

À L'ARRIVÉE

Aéroport de Glasgow Une navette circule sans interruption entre le terminal principal de l'aéroport et Buchannan St Station dans le centre-ville. Comptez 9/15 £ pour le trajet simple ou aller/retour. En bus ou en taxi, il faut 20 à 30 minutes pour rejoindre le centre-ville.

Train Les trains en provenance du sud (dont les directs de Londres) arrivent à Glasgow Central Station, ceux venant du nord et d'Édimbourg à Queen St Station, toutes deux en centre-ville.

BUDGET

Verre de whisky
3 £

Pakora au haggis
6 £

Billet de concert
7-9 £

COMMENT CIRCULER

Métro Joyeusement rétro, le métro (*subway*) ne dessert que 15 stations, en effectuant une boucle. C'est le moyen le plus pratique de circuler entre le centre et le West End.

Vélo La location de vélos est de plus en plus populaire à Glasgow ; quelque 800 vélos sont à disposition dans 79 stations. Les vélos sont reconnaissables au logo rose People Make Glasgow ; téléchargez l'application Nextbike.

Bus Des bus City Sightseeing d'où l'on peut descendre et monter à volonté desservent les principaux sites du centre-ville et du West End, et disposent d'audioguides dans de nombreuses langues.

QUAND Y ALLER

DÉC-MARS
Basse saison, du froid et de la pluie ; les longues soirées incitent à s'installer confortablement avec un whisky.

AVR-JUIN
Météo très variable mais un certain nombre de belles journées.

JUIL-AOÛT
Haute saison : longues journées, douceur et pluies modérées.

SEPT-NOV
Temps d'automne : températures fraîches et lumière photogénique.

SE RESTAURER ET PRENDRE UN VERRE

Où aller Le West End – et Finnieston en particulier – concentrent une grande variété de restaurants. Les bars nocturnes et les clubs se trouvent dans le centre-ville.

Produits régionaux Les Highlands et les îles de la côte ouest ont joué un rôle important dans la culture sociale de la ville ; en rapporter des produits typiques (produits de la mer, gibier, agneau, whisky, gin) n'est pas une mauvaise idée.

Bière locale
WEST Brewery's St Mungo lager

Meilleur restaurant de la mer
Crabshakk (p. 91)

SE CONNECTER ET S'ORIENTER

Wi-Fi Disponible dans les bars, restaurants et différents sites. Wi-Fi de la ville également gratuit dans les endroits les plus centraux.

Déplacements Le centre-ville est organisé selon un plan quadrillé qui peut être déroutant pour les visiteurs. Utilisez une application de navigation ou demandez votre chemin aux habitants.

OÙ LOGER

L'hébergement n'est pas bon marché en Écosse, mais Glasgow offre des options intéressantes. Réservez tôt notamment en été et les week-ends.

Quartiers	Pour/contre
Merchant City	Branché et animé ; bars et clubs du centre accessibles à pied ; idéal pour les oiseaux de nuit.
City centre	Grand choix d'hôtels de chaînes bien connues autour de Sauchiehall Street.
Kelvinbridge et Kelvingrove	Un bon compromis entre le calme et la proximité des sites et restaurants du West End.
Hillhead	Cher, mais tout proche de Byres Road, la rue principale de West End, jeune et animée.
South Side	Moins de choix dans ces quartiers résidentiels calmes du sud de la Clyde, mais plus grande proximité avec les habitants.

ACHATS

La plupart des boutiques et centres commerciaux du centre-ville sont ouverts tous les jours de 9h à 19h. Des nocturnes ont lieu le jeudi dans de nombreux magasins, ouverts jusqu'à 20h.

ARGENT

La plupart des musées et galeries d'art de Glasgow sont gratuits. On peut faire de bonnes affaires dans les magasins du Style Mile et dans les boutiques d'occasion du West End. Les forfaits journaliers donnent un accès illimité au métro toute la journée.

Les grands classiques

Pour les infos pratiques de chaque site, reportez-vous au carnet d'adresses p. 88.

City Chambers

Les imposantes City Chambers, actuel hôtel de ville, furent érigées dans les années 1880, lorsque Glasgow était à son apogée. L'intérieur exhibe une opulence démesurée – la construction de l'édifice a nécessité plus de marbre que celle du Vatican ! –, et elles ont servi de décor à des films (représentant le Kremlin ou le Vatican).

NINA ALIZADA/SHUTTERSTOCK ©

Mackintosh at the Willow

Ouvert en 2018, cet établissement est une reconstitution d'un salon de thé dessiné et meublé par Charles Rennie Mackintosh au début du XXe siècle. Dans son écrin d'origine, le lieu a retrouvé toute sa splendeur d'autrefois. Visitez l'exposition interactive, puis savourez un délicieux *afternoon tea*.

TREASUREGALORE/SHUTTERSTOCK ©

The Lighthouse

Première réalisation de Mackintosh, conçu en 1893, cet édifice abritait la rédaction du *Glasgow Herald*. Niché dans une ruelle en retrait de Buchanan St, il donne un panorama très complet de la vie et de l'œuvre de l'artiste. Du dernier étage du bâtiment se déploie une superbe vue sur les toits et les flèches du centre-ville.

PAIKONG/SHUTTERSTOCK ©

Glasgow Cathedral

Avec ses immenses vitraux et son jubé sculpté, cet édifice est un témoignage grandiose d'architecture gothique. Dans la crypte, une forêt de piliers entoure le tombeau de saint Mungo, qui fonda ici une communauté monastique au Vᵉ siècle.

FOTO-JAGLA.DE/SHUTTERSTOCK ©

EUGENE REGIS/SHUTTERSTOCK ©

Kelvingrove Art Gallery and Museum

Dans l'écrin d'un magnifique bâtiment victorien en grès, ce musée, original et intéressant, renferme des expositions particulièrement variées. Ici se côtoient des œuvres d'art et des animaux empaillés et des épées micronésiennes en dents de requin.

People's Palace

Dans Glasgow Green, le plus ancien parc de la ville, se dresse l'imposant Palais du Peuple, en grès rouge. Construit à la fin du XIXᵉ siècle, cet édifice abrite aujourd'hui un musée d'histoire sociale relatant la vie de Glasgow de 1750 à nos jours. Expositions familiales, serres tropicales et agréable café.

ROBERTHARDING/SHUTTERSTOCK ©

Glasgow Necropolis

Derrière la cathédrale de Glasgow, cette vaste et belle nécropole s'étend depuis le XIXᵉ siècle sur une colline verdoyante. Les tombes victoriennes des industriels fortunés de l'époque forment un cadre étonnant pour une promenade offrant de superbes points de vue dans une ambiance gothique.

MOOMUSICIAN/SHUTTERSTOCK ©

JAROSLAV MORAVCIK/SHUTTERSTOCK ©

Hunterian Museum

Installé dans un bâtiment de l'université, ce musée insolite abrite la collection de l'ancien étudiant William Hunter (1718-1783). Des organes dans le formol y trouvent leur place à côté de phénomènes géologiques, de squelettes de dinosaures et de sinistres animaux.

CORNFIELD /SHUTTERSTOCK ©

House for an Art Lover

Dessinée en 1901 dans le cadre d'un concours d'architecture organisé par un magazine allemand, cette maison du Bellahouston Park fut édifiée dans les années 1990. Espace et lumière caractérisent cette nouvelle œuvre architecturale de Rennie Mackintosh.

MARIUSZ MATUSZEWSKI /SHUTTERSTOCK ©

Paisley Abbey

Chef-d'œuvre de l'art gothique, cette abbaye fut fondée en 1163 par un ancêtre de la dynastie des Stuarts. Devenue monastère clunisien, elle fut détruite par le feu en 1306, au cours des guerres d'indépendance, puis rapidement reconstruite. Au sud-ouest de Glasgow, près de l'aéroport.

08 Une soirée EN VILLE

VIE NOCTURNE | RESTAURANTS | MUSIQUE LIVE

Les Glaswégiens ont toujours eu la réputation de savoir s'amuser. Ils aiment se retrouver pour rire, manger et boire, danser et chanter en chœur. N'hésitez pas à vous joindre à eux !

MARION CARNIEL/SHUTTERSTOCK ©

Des souvenirs à portée de main

C'est peut-être l'artiste de music-hall Will Fyffe (1885-1947) qui a le mieux réussi à capturer l'esprit de la ville, dans son classique des années 1920 "I Belong to Glasgow" ("Je suis de Glasgow"). Un Glaswégien joyeusement enivré lui avait déclaré qu'il n'était pas de Glasgow, mais qu'au contraire c'était Glasgow qui était à lui.

En pratique

Circuler Même si le temps est incertain, il est recommandé de parcourir le West End à pied. Pour regagner le centre le soir, mieux vaut prendre un taxi.

Quand La fête bat son plein les vendredis et samedis soir.

Notre conseil Ne restez pas installé confortablement au même endroit, il y a des dizaines d'établissements qui valent le détour ; explorez !

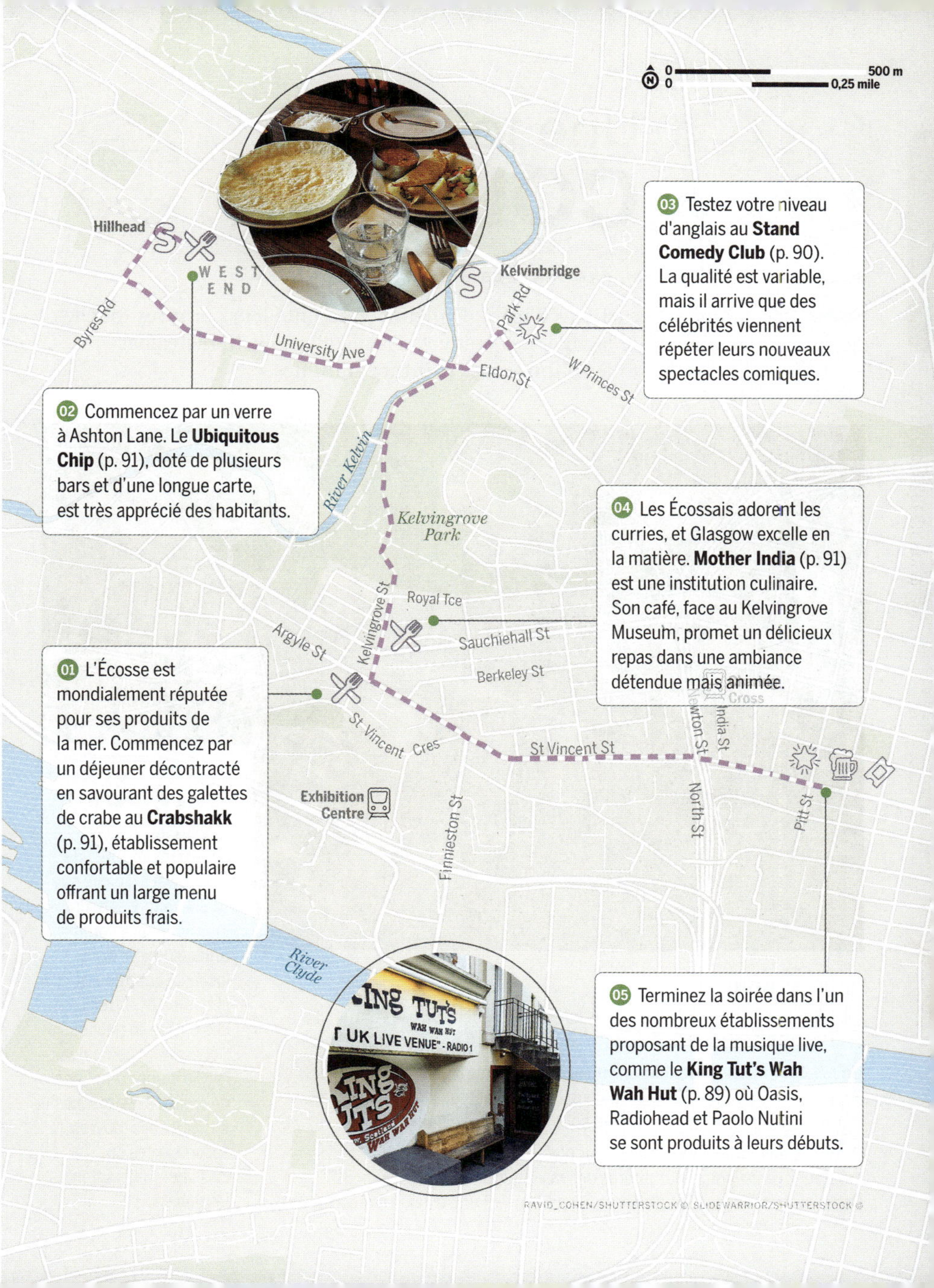

01 L'Écosse est mondialement réputée pour ses produits de la mer. Commencez par un déjeuner décontracté en savourant des galettes de crabe au **Crabshakk** (p. 91), établissement confortable et populaire offrant un large menu de produits frais.

02 Commencez par un verre à Ashton Lane. Le **Ubiquitous Chip** (p. 91), doté de plusieurs bars et d'une longue carte, est très apprécié des habitants.

03 Testez votre niveau d'anglais au **Stand Comedy Club** (p. 90). La qualité est variable, mais il arrive que des célébrités viennent répéter leurs nouveaux spectacles comiques.

04 Les Écossais adorent les curries, et Glasgow excelle en la matière. **Mother India** (p. 91) est une institution culinaire. Son café, face au Kelvingrove Museum, promet un délicieux repas dans une ambiance détendue mais animée.

05 Terminez la soirée dans l'un des nombreux établissements proposant de la musique live, comme le **King Tut's Wah Wah Hut** (p. 89) où Oasis, Radiohead et Paolo Nutini se sont produits à leurs débuts.

09 Une touche de COULEUR

FRESQUES | ART DE RUE | PROMENADES GUIDÉES

Récemment, des artistes d'ici et d'ailleurs ont ajouté leurs propres touches de couleurs aux murs de la ville. Les vestiges des installations industrielles sont ainsi devenus les toiles d'immenses peintures murales.

TIM BIEBER/GETTY IMAGES ©

En pratique

Circuler Les fresques sélectionnées ici sont réparties entre le centre-ville et le West End ; on circule de l'une à l'autre à pied ou en métro.

Un art dynamique Si les plus grandes fresques murales sont destinées à rester, la plupart des réalisations que l'on trouve à tous les coins de la ville sont éphémères ; les amateurs sont toujours aux aguets.

Promenades guidées Pour en savoir plus sur le street art et ses créateurs, renseignez-vous auprès de Walking Tours in Glasgow (p. 89). Ces promenades guidées d'1 heure 30 parcourent une dizaine d'œuvres.

La clé, c'est la diversité

La vivacité du street art ornant les murs de Glasgow n'a d'égale que sa diversité. Des artistes internationaux comme Smug côtoient des locaux, et des peintures à la bombe hyperréalistes, des motifs au pochoir. Depuis le lancement par la ville d'une campagne de création de fresques en 2008, des œuvres surprenantes ou classiques alimentent les débats.

01 Deux fresques complémentaires réalisées par Smug (artiste australien, vivant en Écosse) – **St Mungo** et **St Enoch et son enfant** – se trouvent près de High Street. Elles rendent hommage au patron de Glasgow – clin d'œil à l'histoire de la ville.

03 Fresque de Rogue-One (originaire de Glasgow), **The World's Most Economical Taxi**, un taxi porté par des ballons, apporte vie et couleurs à Mitchell Street, ruelle étroite et sombre.

02 Au cœur de Merchant City, on croise une autre œuvre de Smug, **Fellow Glasgow Residents**, représentation inattendue en pleine ville d'une forêt et de la vie qui y foisonne.

05 Hommage est rendu à Billy Connolly, humoriste et acteur glaswégien très apprécié dans sa ville, à travers plusieurs peintures de Rogue-One. L'œuvre de Jack Vettriano, **Dr Connolly, I Presume?**, est également remarquable.

04 En 2013, le Clutha Bar a fait les gros titres quand un hélicoptère de l'armée s'est écrasé sur son toit. Le bar est aujourd'hui orné des portraits de personnalités. Les connaisseurs reconnaîtront **Charles Rennie Mackintosh** (p. 84) peint par Rogue-One.

10 Glasgow par son HISTOIRE

CULTURE | ARCHITECTURE | MUSÉES

Glasgow ne séduit pas au premier coup d'œil ; il faut généralement du temps pour l'apprécier. D'une grande diversité, les sites culturels constituent une bonne approche, permettant de découvrir d'autres chapitres historiques qui ont façonné la ville.

MEUNIERD/SHUTTERSTOCK ©

En pratique

Circuler Allez d'un site à l'autre à pied ou par le fameux métro "Clockwork Orange" (*Orange mécanique*, comme il est surnommé), qui a conservé son ambiance années 1970. Il y a de nombreux arrêts entre le centre et le West End.

Budget Les sites culturels de Glasgow appartiennent à ses habitants : ceux cités ici sont gratuits, sauf la Mackintosh House (p. 89).

Chef-d'œuvre Le fascinant *Christ de saint Jean de la Croix* (1951) de Salvador Dalí est exposé au Kelvingrove Art Gallery & Museum.

LOIS GOBE/SHUTTERSTOCK ©

À gauche Vitrail, Glasgow Cathedral
En bas à gauche Gravure en cuivre Art nouveau, Glasgow's School of Art

Quand tout a commencé Les vestiges du Glasgow ancien sont rares et précieux. La **Glasgow Cathedral** (p. 88), sans doute l'un des monuments les plus remarquables du pays, se dresse fièrement depuis le XIIe siècle. C'est depuis l'étrange cimetière de la Necropolis voisine qu'on la voit le mieux, tout comme le quartier où s'est développée jadis la grande ville commerçante.

Les musées de Glasgow Le **People's Palace** (p. 88) retrace l'histoire sociale de la ville. Œuvres d'art, films et objets documentent la vie quotidienne de 1750 à nos jours. Une visite étonnante révélant une vision très glaswégienne. Après une promenade évocatrice sur les bords de la Clyde, bouclez vos ceintures pour explorer les transports à travers les âges. Dans un remarquable édifice contemporain, des véhicules en tous genres sont exposés au **Riverside Museum** (p. 89), qu'ils permettent de parcourir les rues d'une ville ou de franchir les océans. Le **Kelvingrove Art Gallery & Museum** (p. 88) occupe quant à lui un vaste palais victorien dans lequel on se plaît à se perdre. Renseignez-vous sur les expositions temporaires.

Légendaire Charles Rennie Mackintosh Les rues de Glasgow conservent les œuvres immortelles du plus célèbre artiste et architecte de l'Art nouveau de Glasgow. La School of Art, son chef-d'œuvre, a été détruite par un incendie en 2018 ; heureusement, beaucoup de ses réalisations demeurent, ainsi que la **Mackintosh House** (p. 89), reconstitution de sa maison au style élégant et épuré.

En coulisses

Nos musées – les sites les plus visités de notre cité – invitent à imaginer, à penser, à s'évader. Les collections de la ville, qui appartiennent à ses habitants, constituent une part essentielle de l'identité des Glaswégiens, individuellement et collectivement. Les visiteurs découvrent avec plaisir ce qui a fait de Glasgow le géant industriel du passé et la puissance culturelle et créative du présent.

Notre richesse culturelle nourrit la vie des habitants et attire de nombreux visiteurs, nouveaux ou habitués. Je me réjouis de voir leur surprise et leur éblouissement face à ce qu'ils découvrent.

Recommandé par Stewart Thompson, *directeur du Riverside Museum*

Mais qui est Glasgow ?

L'HISTOIRE D'UNE FORTE PERSONNALITÉ

Ancienne cité industrielle, Glasgow brille aujourd'hui par ses prouesses architecturales et son histoire colorée. Les mains dures et le cœur tendre, cette grande ville cache derrière un sourire goguenard et une couche de suie une personnalité riche et complexe.

À gauche Riverside Museum (p. 89), le musée des transports de Glasgow
Au centre Cloître de l'université de Glasgow
À droite George Square

Les anciens villages qui ont formé Glasgow ont fusionné autour de son épicentre sur les rives de la Clyde pour former un centre industriel des plus productifs. Deuxième ville de l'empire lors de son âge d'or, Glasgow fut du XVIIe au XXe siècle une grande cité commerçante, enrichie par le tabac, le coton, le sucre, la construction navale et l'esclavage. La petite communauté d'explorateurs s'est peu à peu imposée sur toutes les cartes maritimes. Glasgow s'est alors ouverte au capitalisme dans sa forme la plus débridée.

Au milieu du XVIIIe siècle, Glasgow devint la porte d'entrée du tabac en Grande-Bretagne. Les magnats du tabac tirèrent profit de ce commerce en plein essor, ainsi que de la toute nouvelle appartenance de l'Écosse au puissant Empire britannique et des liens établis avec les colonies américaines en Virginie. En 1770, Glasgow était également leader des filatures de lin. Elle se tourna ensuite vers la construction navale ; à son apogée, la moitié des navires construits dans le monde sortait de ses chantiers. Le réseau de chemin de fer victorien facilita l'accès au charbon et au fer, alimentant encore cette industrie. Ajoutons à cela la production de meubles, les brasseries, les tonnelleries puis les secteurs de l'industrie lourde et l'électronique qui ont transformé la ville en une immense usine.

Mais derrière les empires privés et les manoirs qui se multipliaient avec ostentation, se développait une autre facette de la Glasgow industrielle. Dans la pollution, la population était aux prises avec la misère et les maladies. Victime de son succès, la ville ne parvenait plus à assimiler les nombreux travailleurs venus des

SOLOVIOVA LIUDMYLA/SHUTTERSTOCK ©

PK289/SHUTTERSTOCK ©

Highlands, d'Irlande ou d'ailleurs. Aux XIXᵉ et XXᵉ siècles, d'immenses taudis se développèrent dans certaines zones de la ville ; les habitants y souffraient du surpeuplement, de la malnutrition et de mauvaises conditions sanitaires. Ce visage sombre de Glasgow est resté ancré dans l'imaginaire.

La coexistence de ces extrêmes a forgé l'identité de la ville. Les demeures élégantes sont toujours là, dans les avenues arborées, et l'architecture séculaire évocatrice du temps passé témoigne de la puissance mercantile et de l'étourdissante richesse qu'a connue la ville. Les universités – Glasgow University compte parmi les plus anciennes d'Europe – ont formé des générations d'étudiants dans les domaines de l'ingénierie, de l'économie, de l'électronique et des arts. Mais, au moins aussi important que ces succès, outre la détermination, la truculence, la franchise et le sens de l'humour acéré que tout visiteur est sûr de rencontrer, les habitants de Glasgow se caractérisent aussi par leur rigueur morale. Leur sens exacerbé de la justice se retrouve dans la tradition socialiste de la ville, ses prises de position et son rapport à son histoire.

> Deuxième ville de l'empire lors de son âge d'or, Glasgow fut une grande cité commerçante du XVIIᵉ au XXᵉ siècle.

Glasgow ne se complaît pas dans l'immobilité. Elle s'est adaptée au cours des siècles, au gré de politiques progressistes et des opportunités à saisir. À la fois pionnière et disciple, elle a su perdurer et prospérer. Et tout cela sans se défaire de son sourire malicieux.

Une ville tournée vers la culture

Glasgow brille sur la scène mondiale depuis plusieurs dizaines d'années, remportant de nombreuses récompenses dans les domaines de la culture, de l'architecture et du design.

L'organisation des Jeux du Commonwealth en 2014 a beaucoup contribué à la valorisation de son image à travers le monde. Lors de cet événement, historique pour l'Écosse, Glasgow semble avoir conclu un arrangement avec la météo et a accueilli des visiteurs du monde entier dans une atmosphère joyeuse et festive palpable à travers toute la ville.

Une ambiance qui perdure chaque année avec les World Pipe Band Championships (championnat du monde de cornemuses), le festival Celtic Connections et des centaines d'évènements musicaux.

11 Sur les pas de MACKINTOSH

ARCHITECTURE | DESIGN | ART NOUVEAU

Les rues de Glasgow conservent les œuvres immortelles du plus célèbre artiste et architecte de l'Art nouveau de Glasgow, Charles Rennie Mackintosh (1868-1928).

CORNFIELD/SHUTTERSTOCK ©

En pratique

Comment circuler Les édifices présentés ici sont tous proches du centre (une trentaine de minutes à pied), à l'exception de la Hill House, située 40 km au nord-ouest de Glasgow. Depuis la gare d'Helensburgh Central, il faut monter une côte de 1,5 km pour atteindre la "Maison de la colline". Les bus n[os]302 et 306 vous rapprocheront.

Quand partir Les sites peuvent se visiter toute l'année, la Hill House uniquement de mars à octobre.

GARDENS BY DESIGN/SHUTTERSTOCK ©

CLAUDIO DIVIZIA/SHUTTERSTOCK ©

En bas Mobilier de la Hill House
Ci-contre et détail à gauche Scotland Street School Museum

De ses premières réalisations, The Lighthouse, en 1893 (p. 88), et Mackintosh at the Willow (p. 88), à l'une de ses dernières, House for an Art Lover (p. 88), édifiée dans les années 1990, Charles Rennie Mackintosh a contribué à forger les visages de Glasgow.

Glasgow School of Art (p. 89) En juin 2018, l'ouvrage le plus notable de Charles Rennie Mackintosh se préparait à rouvrir pour la première fois depuis l'incendie de mai 2014, quand un nouveau feu ravagea ses salles minutieusement reconstituées. L'école d'art, fondée en 1845, s'est engagée à le réhabiliter, mais les travaux seront longs.

Mackintosh House (p. 89) Cette reconstitution de la première maison que Charles Rennie Mackintosh acheta avec son épouse, l'artiste-designer Margaret Macdonald, est rattachée à la Hunterian Art Gallery (p. 89). La décoration intérieure était un des points forts du couple et se révèle, aujourd'hui encore, surprenante. Élégantes, l'entrée et la salle à manger, au rez-de-chaussée, conduisent à un salon impressionnant et aux chambres, à l'étage. Pas de visites guidées actuellement.

Scotland Street School Museum (p. 89) Perdue dans une rue industrielle, la Scotland Street School semble abandonnée. Conçue par Mackintosh, elle mérite pourtant une visite, ne serait-ce que pour sa remarquable façade et son musée consacré à l'éducation. La reconstitution de salles de classe à différentes époques est rendue vivante par des enregistrements vocaux.

Biographie

Né en 1868, Mackintosh fit ses études à la Glasgow School of Art. Il y rencontra Margaret Macdonald, qui devint elle aussi une artiste d'envergure. Ils se marièrent. Tous deux collaborèrent sur de nombreux projets et mêlèrent leur inspiration dans leurs travaux respectifs. À 20 ans, il remporta un concours grâce à ses plans du nouveau bâtiment de la School of Art. Autre chef-d'œuvre du maître, la **Hill House** (p. 89) se dresse à Helensburgh. Bien que Mackintosh ait très vite acquis une vraie reconnaissance dans le reste de l'Europe, il ne connut pas le même succès en Écosse. Sa carrière d'architecte s'arrêta en 1914, date à laquelle il s'installa en Angleterre et ne s'occupa plus que de dessiner des meubles. Entre 1923 et 1927, il vécut en France, dans le Roussillon, où il se consacra à la peinture Il mourut en 1928.

12 Du haut de DUMBARTON

HISTOIRE | CHÂTEAU | POINTS DE VUE

Glasgow est rarement associée à la période du Moyen Âge, mais les environs de la ville sont parsemés de vestiges de forteresses. Qu'on songe à la richesse de son passé ou à son cadre enchanteur, le Dumbarton Castle, construit sur un bouchon volcanique, mérite le voyage.

WAYLEEBIRD/ISTOCK EDITORIAL/GETTYIMAGES ©

En pratique

S'y rendre Dumbarton, situé à 25 km au nord-ouest de Glasgow, est accessible en voiture, en train ou en bus depuis le centre-ville.

Quand Le château est ouvert tous les jours d'avril à septembre, et du samedi au mercredi d'octobre à mars.

Imaginez... C'est dans ce château qu'après avoir été trahi, William Wallace a passé ses dernières heures sur le sol écossais, prisonnier, avant d'être envoyé à Londres pour y être exécuté en 1305.

MARIUSZ GOLEBIEWSKI/SHUTTERSTOCK ©

Page de gauche Dumbarton Castle et Dumbarton Rock
En bas à gauche Escalier menant à Dumbarton Castle
Page de droite Vue depuis Dumbarton Rock

D'illustres invités Les Romains, les Vikings, Merlin, William Wallace ou encore Marie Stuart sont passés par le Dumbarton Castle (p. 89). On sent, en gravissant Dumbarton Rock, que le site est chargé d'histoire. Le château, forteresse imposante et austère, est niché dans un recoin du relief escarpé.

Des siècles d'histoire Ce site occupé depuis le Ve siècle fut probablement le siège du royaume de Strathclyde. Assiégé pendant quatre longs mois par les Vikings en 871, le château fut aussi le témoin de bien des activités clandestines. Retraite discrète pour des membres de la famille royale ou sombre prison, Dumbarton Rock, du haut de ses 73 m, a dû entendre son lot de secrets et de prières. Les explorateurs d'aujourd'hui peuvent se promener à leur guise parmi les nombreux édifices et ouvrages défensifs du château, reliés par des escaliers raides et peu engageants.

Une nouvelle vie comme forteresse de garnison
Les forces du gouvernement britannique se sont installées ici au XVIIIe siècle afin d'avoir à l'œil les Jacobites (rebelles favorables au retour de Jacques Stuart, puis de ses descendants, sur le trône britannique) de la région ; c'est à cette époque que le château a commencé à prendre sa forme actuelle. Imaginez, depuis l'une des batteries, les préparatifs effrénés précédant une attaque navale ; dans la Governor's House, les stratégies tortueuses conçues pour sceller le destin des Jacobites ; et pendant la Seconde Guerre mondiale, les bombardements de l'aviation allemande.

Une vue imprenable

Le sommet de Dumbarton Rock offre un excellent poste d'observation du centre de l'Écosse. Au nord, la ville se déploie vers la promesse du Loch Lomond et des Highlands, tandis qu'au sud la Clyde s'écoule avec majesté. Pendant des siècles, commerçants, guerriers et têtes couronnées sont passés par ce lieu, porte d'entrée de Galway par la Clyde. On imagine aisément la scène saisissante constituée par 200 drakkars vikings conquérants remontant le fleuve. Au-dessus des premiers bâtiments du château, le White Tower Crag offre des points de vue spectaculaires.

Carnet d'adresses

Les grands classiques (voir p. 72)

City Chambers

(0141-287 2000 ; www.glasgow.gov.uk ; George Sq ; 9h-17h lun-ven)

Glasgow Cathedral

(www.glasgowcathedral.org ; Castle Street ; entrée gratuite mais réservation obligatoire www.historicenvironment.scot/visit-a-place/places/glasgow-cathedral)

Glasgow Necropolis

(www.glasgownecropolis.org ; derrière la cathédrale de Glasgow ; réservation visite guidée glasgownecropolistours@gmail.com)

House for an Art Lover

(0141-483 1600 ; www.houseforanartlover.co.uk ; Bellahouston Park, Dumbreck Rd ; adulte/ enfant 6,50/5 £ ; 10h-16h dim-ven, 10h-12h sam)

Hunterian Museum

(www.gla.ac.uk/hunterian ; mar-dim 10h-17h)

Kelvingrove Art Gallery and Museum

(1412-769599 ; Argyle Street ; lun-jeu et sam 10h-17h, ven et dim 11h-17h)

Mackintosh at the Willow

(0141-204 1903 ; www.mackintoshatthewillow.com ; 217 Sauchiehall St ; exposition adulte/enfant 5,50/4,50 £ ; salon de thé 9h-17h, exposition 10h-16h45, dernière entrée 1 heure avant)

Paisley Abbey

(0141-889 7654 ; www.paisleyabbey.org.uk ; Abbey Close ; gratuit ; 10h-15h30 lun-sam)

People's Palace

(1412-760788 ; Glasgow Green ; lun-mar et sam 10h-17h, ven et dim 11h-17h)

The Lighthouse

(1412-765365 ; www.thelighthouse.co.uk ; 11 Mitchell Lane ; lun-sam 10h30-17h, dim 12h-17h)

Circuits, art et culture

Bothwell Castle

Les ruines rougeâtres et découpées de ce château du XIIIe siècle comptent parmi les plus évocatrices du centre de l'Écosse. Niché dans une boucle de la Clyde, près d'Uddingston, au sud-est de Glasgow. (01698-816 894 ; www.historicenvironment.scot ; Castle Ave, Uddingston ; adulte/ enfant 3/1,80 £ ; 9h30-17h30 avr-sept, 10h-16h sam-mer oct-mar)

Burrell Collection

Le musée rénové qui se trouve dans Pollock Park, dans le quartier de South Side, abrite l'imposante et hétéroclite collection d'art qu'avait constituée le commerçant William Burrell. (0141-287 2550 ; www.glasgowlife.org.uk ; Pollok Country Park)

Charles Rennie Mackintosh Society

(0141-946 6600 ; www.crmsociety.com ; Mackintosh Queen's Cross, 870 Garscube Rd)

City Chambers

Dumbarton Castle

Voir p. 87 (01389-732 167 ; https://www.historicenvironment.scot/visit-a-place/places/dumbarton-castle/ ; Castle Road, Dumbarton, G82 1JJ 10h-16h tlj sauf jeu-ven, fermé du 23 déc au 4 janv)

Gallery of Modern Art

C'est dans l'ancienne maison de centre-ville d'un marchand de tabac fortuné que l'on trouve ce musée d'art contemporain dynamique et audacieux. (0141-229 1996 ; www.glasgowlife.org.uk ; Royal Exchange Sq ; 10h-17h lun-mer et sam, 11h-17h ven-dim)

Glasgow Central Tour

Plongez sous terre pour découvrir l'histoire passionnante de la grande gare de Glasgow et d'un univers ferroviaire étonnamment oublié, en compagnie de l'excellent guide Paul Lyons. (0773-464 7381 ; www.glasgowcentraltours.co.uk ; 13 £ ; horaires sur le site internet)

Glasgow Museums Resource Centre

Une véritable caverne d'Ali Baba qui renferme plus d'un million d'objets – trésors des différents musées de Glasgow qui ne sont pas exposés. Renseignements sur les visites auprès de Glasgow Life. (0141-276 9300 ; 200 Woodhead Road) F

Glasgow School of Art

Voir p. 85 (0141-353 4526 ; www.gsa.ac.uk ; 167 Renfrew St)

Hill House

Voir p. 85 (01436-673900 ; www.nts.org.uk ; Upper Colquhoun St, Helensburgh ; adulte/enfant 12,50/5,50 £ ; 10h-17h mars-oct, jeu-dim uniquement nov-fév)

Hunterian Art Gallery

Voir p. 85 (0141-330 4221 ; www.hunterian.gla.ac.uk ; 82 Hillhead St ; 10h-17h mar-sam, 11h-16h dim)

Gretchen Peters au festival Celtic Connections

Mackintosh House

Voir p. 85 (0141-330 4221 ; www.hunterian.gla.ac.uk ; 82 Hillhead St ; adulte/enfant 6/3 £ ; 10h-17h mar-sam, 11h-16h dim)

Riverside Museum

Voir p. 81 (1412-769505/9506 ; Pointhouse Place ; tlj sauf mar-mer 10h-17h, ven et sam 11h-17h)

Scotland Street School Museum

Voir p. 85 (0141-287 0504 ; www.glasgowlife.org.uk ; 225 Scotland St)

Walking Tours in Glasgow

Voir p. 78 (www.walkingtoursin.com/glasgow ; visite guidée de 3,5 à 12 £)

Musique live et spectacles

Celtic Connections

Rien de tel pour égayer le mois de janvier que ce festival musical de renommée mondiale. La musique traditionnelle écossaise est à l'honneur pendant deux semaines, ainsi que les rencontres entre musique celtique et cultures du monde. (0141-353 8000 ; www.celticconnections.com ; jan)

King Tut's Wah Wah Hut

Lieu incontournable de Glasgow pour écouter de la musique. Concerts chaque soir. (1412-215279 ; www.kingtuts.co.uk ; 272A St Vincent ; tlj à partir de 16h)

MINO SURKALA/SHUTTERSTOCK ©

Clydeside Distillery

Stand Comedy Club

Voir p. 77 (1412-123389 ; www.thestand.co.uk/Glasgow)

The Barrowland Ballroom

Cette institution historique de l'East End, chère au cœur des habitants, est consacrée tout entière à la musique et particulièrement adaptée aux grands concerts. De nombreuses célébrités y sont passées. (0141-552 4601 ; www.barrowland-ballroom.co.uk ; 244 Gallowgate)

The Glad Café

Le rendez-vous des hipsters, qui coche toutes les cases pour passer une bonne soirée dans le South Side. Bonne carte de restaurant et de boissons et programmation éclectique d'artistes montants. (0141 639 6119 ; www.thegladcafe.co.uk ; 1006A Pollokshaws Rd)

The Hug & Pint

Un lieu confortable et décontracté où se produisent de jeunes groupes prometteurs, au sous-sol. La carte comprend d'excellentes spécialités véganes. (0141-331 1901 ; thehugandpint.com ; 171 Great Western Rd ; 12h-0h)

Whisky

The Ben Nevis

Petit bar chaleureux de Finnieston accueillant plusieurs soirs par semaine des groupes de musique folk traditionnelle. (0141 576 5204 ; www.thebennevisbar.com ; 1147 Argyle Street ; 12h-minuit)

The Clydeside Distillery

La toute nouvelle distillerie de Glasgow se dresse fièrement sur les rives de la Clyde, dominant les docks où se concentrait jadis l'activité de la ville. Des visites guidées permettent de découvrir la distillerie, tandis que l'or liquide vieillit. (0141-212 1401 ; www.theclyde-side.com ; The Pumphouse, 100 Stobcross Rd ; visite adulte/enfant 15/5 £ ; 10h-16h sept-juin, 10h-16h30 juil-août)

The Pot Still

Séduisant choix de plusieurs centaines de *purs malts* et ambiance digne des meilleurs pubs de Glasgow : une combinaison gagnante depuis le XIXe siècle. (0141-333 0980 ; www.thepots-till.co.uk ; 154 Hope St ; 11h-minuit)

Rafraîchissements

Brel

L'un des nombreux bars des environs d'Ashton Lane, spécialisé dans les bières belges, qui se double d'un *beer garden* à l'occasion. (0141-739 4830 ; www.brelbar.com ; 39 Ashton Lane ; 12h-22h)

APS75/SHUTTERSTOCK ©

Bothwell Castle (p. 88)

Inn Deep

Ce bar aux allures de cave niché sous des voûtes au bord de la Kelvin est particulièrement décontracté. Grand choix de bières d'excellente qualité. (☎0141-264 2777 ; www.inndeep.com ; 445 Great Western Rd ; 🕒12h-minuit lun-sam, 12h-23h dim)

Òran Mór

Cette église reconvertie en bar attire aussi bien les étudiants que les retraités ; sa clientèle est un condensé de celle du West End. Un lieu plein de caractère qui fait parfois office de théâtre et de discothèque. (☎0141-357 6200 ; www.oran-mor.co.uk ; angle Byres Rd et Great Western Rd ; 🕒9h-2h lun-mer, 9h-3h jeu-sam, 10h-3h dim)

Spécialités culinaires

Café Gandolfi £££

Institution de Merchant City, où l'influence fondatrice des Hébrides se fait encore sentir au cœur de l'animation urbaine. Recommandé pour les amateurs de poissons et fruits de mer. (☎ 0141-552 6813 ; www.cafegandolfi.com ; 64 Albion St ; plats 12,50-17,50 £ ; 🕒 8h-23h lun-sam, 9h-23h dim)

Cail Bruich £££

L'un des meilleurs restaurants du pays, d'inspiration française, utilise des ingrédients locaux et durables. Le chef aux commandes vient d'obtenir une étoile Michelin. (☎0141-334 6265 ; www.cailbruich.co.uk ; 725 Great Western Rd ; déj 3 plats 35 £, dîner 65 £ ; 🕒18h-22h mer, 12h-16h et 18h-22h jeu-sam)

Crabshakk

Voir p. 77 (☎1413-576401 ; www.crabshakk.co.uk ; 1114 Argyle Street, Finneston ; plats 8-18£ ; 🕒tlj)

Mother India

La scène gastronomique du Sud asiatique fait l'objet à Glasgow de débats enflammés

Gallery of Modern Art (p. 89)

LEONID ANDRONOV/SHUTTERSTOCK ©

entre amateurs de bonne chère, mais Mother India demeure une institution où qualité et inventivité ne se démentent pas. Les trois salles à manger sont charmantes. D'autres restaurants innovants similaires sont disséminés dans la ville. (www.motherindia.co.uk ; plusieurs adresses, dont 28 Westminster Terrace, 7A Lansdowne Cres et 1355 Argyle Street)

Stravaigin ££

Cet établissement populaire de Gibson Street, dans le West End, est idéal pour dîner ou prendre un verre, dans une ambiance charmante et détendue. (☎ 0141-334 2665 ; www.stravaigin.co.uk ; 28 Gibson St ; petit-déj 8-14 £, plats restaurant 14-25 £ ; 🕒9h-22h)

The Gannet ££

Une cuisine excellente et sans prétention, à Finnieston. La carte puise dans les ingrédients nationaux de saison, pour un résultat épatant. (☎ 0141-204 2081 ; www.thegannet-gla.com ; 1155 Argyle St ; menu 50 £ ; 🕒 18h-21h15 mer-jeu, 12h-14h et 17h30-21h15 ven-sam, 13h-14h30 et 18h-21h dim)

Ubiquitous Chip

Voir p. 77 (☎1413-345007 ; 12 Ashton Lane ; ubiquitouschip.co.uk ; plats 18-35£)

ÉCOSSE DU SUD

ÉVOCATRICE | PAISIBLE | HISTORIQUE

ÉCOSSE DU SUD
à la carte

Loin des foules estivales, les régions méridionales de l'Ayrshire, du South Lanarkshire, de Dumfries et Galloway et des Scottish Borders recèlent des coins de nature propices aux visites historiques et aux promenades tranquilles. Des ruines spectaculaires côtoient de grands domaines, tandis que les paysages infinis des basses terres attirent randonneurs, cyclistes et amoureux de la faune et de la flore.

Perdez-vous dans les fascinantes **abbayes des Borders** à Melrose, Jedburgh, Dryburgh et Kelso (p. 108)
1-2 jours

Découvrez **Great Cumbrae** (p. 109) à pied ou à vélo
1 jour

Découvrez l'entreprise utopique de **New Lanark**, où prospéra une communauté autour des filatures de coton (p. 108)
½ journée

Randonnez ou contemplez les étoiles dans le relief silencieux du **Galloway Forest Park** (p. 108)
1 jour

Revivez un siège épique au **Caerlaverock Castle** (p. 111), château imposant à la beauté brute
½ journée

Sillonnez à vélo les paisibles routes de campagnes reliant Barrhill au **front de mer de Portpatrick** (p. 106)
1-2 jours

PIETROWSKY/SHUTTERSTOCK ©

Informations pratiques

À L'ARRIVÉE

Train Les localités principales sont accessibles en train direct depuis Glasgow et Édimbourg.

Bus Les villes d'une certaine taille sont reliées entre elles et aux plus grandes agglomérations par des liaisons quotidiennes.

SE CONNECTER

Le réseau téléphonique peut être capricieux en zone rurale, mais la plupart des hébergements proposent un réseau Wi-Fi.

ARGENT

Pour un B&B de qualité, comptez au moins 80 £ la nuit. On trouve des DAB dans toutes les villes conséquentes, mais il est plus prudent de prévoir des espèces.

OÙ LOGER

Villes	Pour/contre
Melrose	Sans doute la plus charmante ville des Borders, bien desservie par la route et bien équipée.
Kirkcudbright	Petite ville pittoresque et intemporelle, proche de la côte sud.
Dumfries	Point de chute le plus accessible et pratique pour explorer le sud-ouest.

COMMENT CIRCULER

Voiture C'est le moyen le plus pratique pour explorer le sud. Les transports publics ne sont ni fiables ni commodes.

Longues balades à pied et à vélo De plus en plus populaires, et les paysages s'y prêtent bien. Tentez le Southern Upland Way (340 km) ou le chemin de 100 km reliant les abbayes aux Borders.

SE RESTAURER ET PRENDRE UN VERRE

Produits locaux et cuisine de pub Les produits fermiers sont nombreux ; l'agneau, le bœuf et le gibier sont omniprésents. De la bonne cuisine de pub est servie dans toutes les villes.

Lait et biscuits Galloway est réputée pour ses produits laitiers. Les biscuits Border Biscuits, originaires du South Lanarkshire, comptent parmi les compagnons privilégiés du *tea time* dans tout le pays.

Incontournable
Cream o' Galloway ice cream (p. 111)

Meilleur whisky
Distillery Annandale (p. 110)

QUAND Y ALLER

DÉC-MARS	AVR-JUIN	JUIL-AOÛT	SEPT-NOV
Temps froid et pluvieux lors de la basse saison touristique.	Douceur printanière et beaucoup de soleil.	Longues journées, températures douces et un peu de pluie.	Il fait frais ; les vallées des basses terres se parent de belles couleurs.

Les grands classiques

Pour les infos pratiques de chaque site, reportez-vous au carnet d'adresses p. 108.

Dryburgh Abbey

Avec Melrose et Jedburgh, la Dryburgh Abbey compte parmi les belles abbayes des Borders. Isolée près de la Tweed, au cœur d'une vallée ombragée, elle fut édifiée vers 1150 pour les prémontrés, et témoigne de la vie monastique au XIIe siècle. Ses vestiges en grès rose forment la dernière demeure du poète sir Walter Scott.

BILL SPIERS/SHUTTESTOCK ©

Robert Burns Birthplace Museum

À 5 km au sud d'Ayr, le ravissant village verdoyant d'Alloway a vu naître Robert Burns, le 25 janvier 1759. Ce musée local rassemble une solide collection de manuscrits du barde écossais et d'objets lui ayant appartenu, comme les pistolets qu'il portait pour exercer son métier de collecteur d'impôts. On y trouve des extraits, des traductions et des récitations qui donnent vie à ses poèmes.

ION MES/SHUTTESTOCK ©

Hermitage Castle

"Gardien de la vallée la plus sanglante de Grande-Bretagne", l'Hermitage Castle incarne la violente histoire des Borders. Désolé mais superbe, le château se dresse à 19 km au sud de Hawick par la B6357, à la frontière entre l'Angleterre et l'Écosse. Il a été le théâtre de lugubres épisodes entre envahisseurs anglais et seigneurs écossais perfides.

New Lanark

La visite de cette belle cité manufacturière classée par l'Unesco nous plonge dans son passé industriel. Au New Lanark Visitor Centre, on peut ainsi voir une machine à filer produit de la laine comme autrefois, et remonter le temps en compagnie de l'hologramme en 3D d'Annie McLeod, petite ouvrière de 10 ans qui raconte la vie locale en 1820.

DUCHY/SHUTTESTOCK ©

CAROLE MACDONALD/SHUTTESTOCK ©

JEFFREY B. BANKE/SHUTTESTOCK ©

Culzean Castle

Fleuron du National Trust for Scotland, le domaine du Culzean abrite l'un des plus impressionnants châteaux d'Écosse. De loin, il semble flotter à l'horizon, tel un mirage. Dessinée par l'architecte Robert Adam, cette demeure du XVIIIe siècle occupe un site somptueux au bord d'une falaise battue par les flots.

St Abbs

Ce bourg tranquille est agrémenté d'un adorable port niché au pied des falaises. Une réserve naturelle de 78 ha abrite d'importantes colonies de guillemots, de mouettes tridactyles, de goélands argentés, de fulmars et de petits pingouins – un paradis pour ornithologues.

JULIETPHOTOGRAPHY/SHUTTESTOCK ©

Dumfries House

Demeure palladienne conçue par les frères Adam dans les années 1750, la Dumfries House est un joyau architectural, à tel point que le Prince Charles en personne est intervenu pour assurer sa protection. Elle renferme une collection de meubles Chippendale remarquablement bien conservés et de nombreux objets d'art. La maison est située à 20 km à l'est d'Ayr, à côté de Cumnock.

CLAUDINE VAN MASSENHOVE/SHUTTESTOCK ©

CAROLE MACDONALD/SHUTTESTOCK ©

Galloway Forest Park

Ponctué, sur près de 780 km², de nombreux lochs et de superbes collines couvertes de bruyère et de pins, culminant au Merrick (843 m), le parc, traversé de pistes cyclables et de beaux sentiers balisés comme le Southern Upland Way est également idéal pour observer les étoiles. Il a été déclaré "Dark Sky Park" (parc de ciel étoilé).

DVLCOM/SHUTTESTOCK ©

Mull of Galloway

Couverte d'herbe luxuriante et fouettée par les vents, l'extrémité méridionale du pays offre un panorama embrassant l'Écosse, l'Angleterre, l'Isle of Man et l'Irlande du Nord. Son phare fut érigé par Robert Stevenson, grand-père de l'écrivain, en 1826, tandis que sa réserve naturelle est l'habitat de milliers d'oiseaux marins.

WAPTED/SHUTTESTOCK ©

Abbotsford

C'est ici, non loin de Melrose, qu'il faut venir pour découvrir la vie et l'œuvre de sir Walter Scott (1771-1832). L'extraordinaire maison où il vécut – et qui le ruina lorsque ses éditeurs eurent fait faillite – apporte un puissant témoignage sur cet auteur du XIXᵉ siècle, père du roman historique. Et le charmant domaine, sur les rives de la Tweed, d'où l'écrivain pouvait contempler la campagne environnante, fut pour lui une grande source d'inspiration.

13 Immersion dans les LOWLANDS

RANDONNÉE | NATURE | VIE SAUVAGE

Immergez-vous quelques jours dans le Sud, où la nature est maître du territoire. Un séjour sous le signe de la sérénité, entre le grondement des chutes d'eau et la rencontre avec la faune sauvage.

CAROLE MACDONALD/ALAMY STOCK PHOTO©

La tête dans les étoiles

Situé dans une zone peu peuplée où la pollution lumineuse est faible, le Galloway Forest Park fut le tout premier Dark Sky Park (Réserve de ciel étoilé) du Royaume-Uni. Lors de promenades nocturnes, la guide locale Elizabeth Tindall emmène les visiteurs au milieu de la forêt pour admirer les étoiles dans une ambiance inhabituelle...

En pratique

Circuler Certes long, mais direct, le voyage en voiture permet aussi de profiter des superbes paysages du Sud.

Quand L'Écosse du Sud reste miraculeusement peu fréquentée pendant la saison touristique estivale. Elle est aussi belle en automne, lorsqu'elle se pare de couleurs.

Plus de choix Tout nouveaux, l'application et le site scotlandstartshere.com proposent des informations utiles et détaillées sur les activités, hébergements, restaurants et événements de ce territoire.

01 Une armée d'oiseaux de mer attend les visiteurs sur la côte sud-est, dont le très recherché macareux au début de l'été. La randonnée côtière que l'on peut faire dans la **St Abbs Head Nature Reserve** (p. 110) traverse de superbes paysages.

03 Explorez les **Falls of Clyde**, chutes d'eau comprenant la Corra Linn (26 m de haut), lors d'une boucle de 3 km située près de l'ancien centre industriel de New Lanark.

02 Veillant sur le joli village de Melrose, les **Eildon Hills** se prête parfaitement à une demi-journée de marche. Prenez Melrose comme point de chute et, entre-temps, contemplez l'étendue des Lowlands depuis le sommet des collines.

04 Très arboré, le **Galloway Forest Park** s'étend sur presque 500 km² au sud-ouest de l'Écosse. Le meilleur point de chute pour explorer le parc est Glentrool. L'ascension du **Merrick**, sommet du parc, est une randonnée gratifiante.

05 **Grey Mare's Tail**, impressionnantes cascades, s'écoule dans la vallée de la Moffat Water. Vous y croiserez sans doute ses habitants : faucons pèlerins ou chèvres sauvages.

14 Majestueuses DEMEURES

LÉGENDES | HISTOIRE | ARCHITECTURE

Dans le sud de l'Écosse, l'histoire se raconte aussi à travers son patrimoine architectural : domaines et manoirs majestueux, souvent combinaisons d'extravagance et de lubies. Architecture tape-à-l'œil, riches tapisseries, vastes collections et jardins infinis captiveront aussi bien les passionnés d'histoire que les adeptes du romanesque.

ROB FORD/ALAMY STOCK PHOTO©

En pratique

Circuler La voiture est le moyen le plus simple de circuler entre les domaines, disséminés dans tout le sud du pays.

Horaires Les heures d'ouverture des sites varient au cours de l'année ; consultez les sites Internet avant de vous rendre sur place.

Bon plan Les domaines sont très accueillants, en particulier pour les jeunes visiteurs. Chiens bienvenus quand ils sont bien élevés.

CLAUDINE VAN MASSENHOVE/SHUTTESTOCK ©

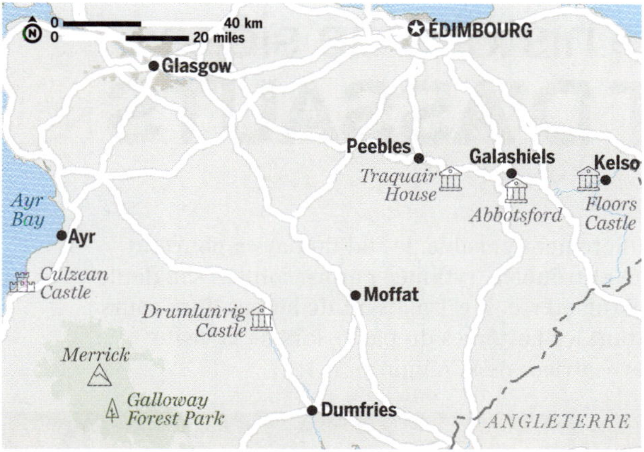

À gauche Culzean Castle
En bas à gauche Drumlanrig Castle

Majestueuses demeures familiales Le célèbre écrivain écossais Walter Scott (1771-1832) reste le principal ambassadeur des Borders. Sa demeure, **Abbotsford** (p. 108), est au centre de nombreuses animations en lien avec l'œuvre romanesque de l'auteur. Située au bord de la Tweed, cette demeure à la fois accueillante et sophistiquée renferme les collections personnelles de Scott. Nimbé d'une mélancolie romantique, le paisible domaine de **Traquair** (p. 111) abrite la plus ancienne maison d'Écosse. L'intérieur, qui respire les siècles passés, est un véritable terrain de jeu pour l'imaginaire ; des escaliers secrets se cachent derrière de splendides meubles. Le site abrite également une chapelle, un labyrinthe extérieur et une brasserie.

Fleuron architectural et opulence Sur la côte de l'Ayrshire, entre la mer et un vaste parc luxuriant, se dresse **Culzean Castle** (p. 108). Dessiné par l'architecte Robert Adam (1728-1792), adepte du style romantique, cette demeure du XVIIIe siècle abrite en particulier un impressionnant escalier ovale. Son père, William Adam, a construit le **Floors Castle** (p. 111), pour le duc de Roxburghe, situé à la sortie de Kelso. Les visites guidées révèlent des intérieurs richement décorés, un jardin clos et pléthore de promenades à suivre sur le domaine. Tout aussi grandiose, **Drumlanrig Castle** (p. 111), dans le Dumfriesshire, est un élégant édifice construit en grès, qui se visite avec un guide en été. Pêche au saumon et VTT sont proposés sur le domaine qui a servi de décor à la série télévisée *Outlander*.

La vie derrière ces murs

Je ressens comme un immense privilège le fait d'être la 21e génération d'une même famille à vivre à Traquair – il s'agit vraiment d'une demeure familiale, et c'est ce qui la rend si spéciale. Les visiteurs évoquent souvent l'atmosphère particulière qui règne ici ; je pense que cela vient du fait que la maison a été habitée en continu pendant plus de 900 ans. Son histoire est palpable.

Les Borders sont une région d'Écosse à découvrir. Les paysages sont très variés, entre les côtes sauvages, les collines, les *lochs*. Il y a de petites villes qui semblent hors du temps – une histoire et un héritage incroyables. Et surtout, partout où vous allez, un accueil très chaleureux.

Le point de vue de Catherine Maxwell Stuart,
21e lady Traquair

15 Une histoire de sièges ET D'ASSAUTS

RUINES | CHÂTEAUX | HISTOIRE

Aujourd'hui particulièrement paisible, le sud du pays a pourtant connu une histoire violente et troublée, rythmée par les conflits sanglants qui ont opposé l'Écosse à l'Angleterre. Il est plaisant de laisser libre cours à son imagination en guettant les fantômes du passé, lors de la visite des ruines fascinantes et évocatrices de la région.

JAMES MCDOWALL/SHUTTERSTOCK ©

En pratique

Circuler Le sud de l'Écosse est un territoire étendu et la voiture reste le meilleur moyen de circuler. Si vous aimez les longs itinéraires à vélo, la région s'y prête bien.

Quand D'avril à septembre ; la plupart des sites sont fermés en hiver.

Budget Hormis Dunure Castle (sans personnel sur place), tous les sites mentionnés sont gérés par Historic Scotland (HS). Le prix des billets varie selon le site, mais si vous prévoyez plusieurs visites, procurez-vous l'Explorer Pass.

ESPEDAIR CREATIVE/SHUTTESTOCK ©

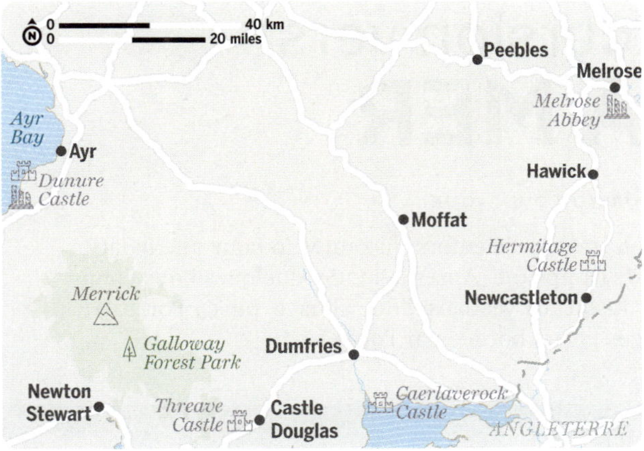

À gauche Dunure Castle
En bas à gauche Melrose Abbey

Parez à l'attaque On s'étonnerait presque qu'un site aussi idyllique que **Caerlaverock Castle** (p. 111) ait dû faire face à tant de sièges ! Située sur la côte de Solway, cette ruine triangulaire entourée de douves séduit les artistes et les photographes par son aspect romantique, tandis que les enfants peuvent rejouer d'incroyables aventures à l'intérieur de la forteresse.

Rendez-vous clandestin Les vestiges de **Dunure Castle** (p. 111) se dressent, exposés aux éléments, au sommet d'une falaise de l'Ayrshire. **Hermitage Castle** (p. 111), reculé, est à quelques kilomètres de la frontière avec l'Angleterre. On peut peut-être y entendre l'écho des discussions houleuses du passé : c'est à Dunure que se rencontrèrent en 1429 les représentants des clans ennemis Campbell et MacDonald. Seul Campbell en sortit vivant.

Un moment de calme Toutefois, l'histoire cachée derrière les vestiges du sud n'est pas que fureur et complots. **Threave Castle** (p. 111) s'élève sur une île-refuge dédiée à la vie sauvage près de Castle Douglas ; on y accède par une courte marche et une – encore plus courte – traversée en bateau. Les vestiges gothiques de **Melrose Abbey** (p. 111), surplombés par les collines ondoyantes des Eildon Hills, sont empreints d'une grande sérénité ; le cœur de Robert Bruce y est enterré.

Vestiges de sièges historiques

L'Écosse du Sud est dotée à la fois d'une riche histoire et d'une nature intacte ; la région possède un héritage culturel d'une incroyable variété. Caerlaverock Castle est une ruine unique qu'il faut absolument visiter. Comme beaucoup de forteresses de la région, le château a dû se défendre férocement contre les attaques anglaises lors des guerres d'indépendance de l'Écosse. On ressent encore l'héritage de ces temps troublés dans l'atmosphère et la splendeur de ce château, lorsque l'on en parcourt les escaliers et les salles.

Recommandé par Mark Turner, *guide touristique à Solway Tours*

16 Excursion vers LA MER

VÉLO | BORD DE MER | EXCURSION D'UN JOUR

Rejoignez Barrhill en train, puis enfourchez un vélo pour une balade paisible le long de routes de campagne. Après la lande, quelques bons coups de pédales vous mèneront jusqu'aux vestiges d'une abbaye, puis à Portpatrick, petite bourgade aux cottages pastel bordée par l'océan.

JENNYT/SHUTTESTOCK ©

En pratique

S'y rendre Comptez 50 minutes en train d'Ayr à Barrhill ; transport des vélos gratuit, sans réservation.

Quand Peu d'hébergements en hiver.

À vélo Pour les cyclistes expérimentés. L'itinéraire de 60 km environ emprunte des routes de bonne qualité et sans trop de dénivelé. L'Old Military Road menant à Portpatrick permet d'éviter les routes nationales plus fréquentées. Pour rejoindre le réseau ferré, la gare de Stranraer est à 11 km de Portpatrick.

Profiter de Portpatrick

Niché entre des falaises, avec vue sur l'Irlande, Portpatrick est un petit bijou. Depuis le port, on peut rejoindre à pied les ruines du Dunskey Castle, perché en équilibre instable au-dessus d'une baie. Rien de tel que de contempler le coucher du soleil attablé devant le Crown Hotel, avec une bière et un plateau de fruits de mer.

Recommandé par Mark Turner, *guide touristique à Solway Tours*

01 Changez d'époque à la gare de **Barrhill**. Ce poste d'aiguillage semble posé au milieu de nulle part. Il est peu probable qu'un voyageur descende du train.

02 Après 20 km à vélo à travers la lande, **New Luce** est un village paisible niché le long d'une rivière. Un cottage blanc abrite une boutique, et l'on peut se balader dans les bois en compagnie d'écureuils.

03 À six kilomètres au sud se trouvent les ruines de **Glenluce Abbey**, abbaye fondée vers 1190. Quinze moines vêtus de blanc habitaient ses cloîtres dans une contemplation silencieuse.

04 Perdez-vous dans les 30 ha des **Castle Kennedy Gardens** (p. 111) qui abritent deux lacs, un araucaria du Chili et des massifs de rhododendrons. Le salon de thé sert des Cream of Galloway (p. 111).

05 Après 15 kilomètres à pied, fêtez votre épopée en dégustant des sandwichs au crabe sur la terrasse extérieure du Crown Hotel, avec vue sur le port de **Portpatrick**.

Carnet d'adresses

Les grands classiques (voir p. 96)

Abbotsford

(01896-752043 ; www.scottsabbotsford.com ; centre des visiteurs gratuit, maison adulte/ enfant 11,50/5 £ ; 10h-17h avr-oct, 10h-16h nov-mars, maison fermée déc-fév)

Culzean Castle

(NTs ; 01655-884455 ; www.nts.org.uk ; Culzean ; château adulte/enfant/famille 17/12,65/42 £ ; château 10h30-17h avr-oct, dernière entrée 16h, parc 9h30-crépuscule toute l'année ;)

Dryburgh Abbey

(Hes ; 01835-822381 ; www.historicen-vironment.scot ; adulte/enfant 6/3,60 £ ; 9h30-17h30 avr-sept, 10h-16h oct-mars)

Dumfries House

(01290-425959 ; www.dumfries-house.org.uk ; Cumnock ; visite maison adulte/enfant 10/5 £ ; visites 10h45-15h30 dim-ven, 10h45 et 12h sam Pâques-oct, 12h15 et 13h45 sam- dim nov-fév, fermé mi-déc à début jan)

Galloway Forest Park

(forestryandland.gov.scot/visit/forest-parks/galloway-forest-park)

Hermitage Castle

(Hes ; 01387-376222 ; www.historicenvironment.scot ; B6357 ; adulte/enfant 6/3,60 £ ; 9h30-17h30 avr-sept)

Mull of Galloway

(www.mull-of-galloway.co.uk)

New Lanark

(01555-661345 ; www.newlanark.org ; adulte/enfant/famille 13/10/40 £ ; 10h-17h avr-oct, 10h-16h nov-mars ;)

Robert Burns Birthplace Museum

(NTs ; 01292-443700 ; www.nts.org.uk ; murdoch's Lone ; adulte/enfant 10,50/7,50 £ ; 10h-17h30 avr-sept, 10h-17h oct-mars)

St Abbs

01890-771672 ; www.stabbsvisitorcentre.co.uk ; Coldingham rd, st Abbs ; gratuit ; 10h-17h Pâques-oct)

Vestiges de la frontière

Dundrennan Abbey

C'est dans cette abbaye cistercienne du XIIe siècle, à l'est de Kirkcudbright, que Marie Stuart a passé sa dernière nuit en Écosse ; les lieux semblent imprégnés de sa mélancolie. (01557-500 262 ; www.historicenvironment.scot/visit-a-place/places/dundrennan-abbey)

Fatlips Castle

Le suspense grandit lors de l'ascension de la colline boisée surmontée par cette tour isolée, près de Hawick, datant principalement du XIXe siècle. Demandez la clé au garage T. B. Oliver à Denholm. (www.fatlipscastle.com)

PHIL SILVERMAN/SHUTTESTOCK ©

Statue de William Wallace

Mellerstain House

Chef-d'œuvre de Robert Adam, situé au sud de Gordon. Par beau temps, la maison et ses jardins sont l'occasion d'une merveilleuse excursion à la journée. Remarquez les plafonds, impressionnants. (☎01573-410225 ; www.mellerstain.com ; Gordon ; adulte/enfant 11/5,50 £ ; ⏲12h-17h ven-lun Pâques et mai-sept)

Statue de William Wallace

L'une des nombreuses statues érigées en l'honneur de ce défenseur de la liberté du XIIIe siècle. Après avoir passé une grande partie de sa dure vie à se cacher dans les forêts du Sud, il profite désormais d'une jolie vue. (À 10 km environ de Melrose)

Aventures en plein air

Ailsa Craig

Au large de la côte de l'Ayrshire, cette île singulière nimbée de bleu abrite une colonie de fous de Bassan. Sa roche est réputée pour la fabrication de pierres de curling. Excursions en bateau depuis Girvan. (www.ailsacraig.org.uk)

Coldingham Bay

Cette baie sablonneuse abrite l'une des plus belles plages de la côte est ainsi qu'une boutique de surf (dans l'hôtel). Un joli sentier côtier de 4,5 km rejoint la plage depuis Eyemouth. (☎01890-771679 ; www. stvedas. co.uk ; Coldingham Bay ; location planche de surf 6,50 £/heure, kayaks 2 pers heure/demi-journée/journée 14/32/49 £ ; ⏲9h-crépuscule)

Go Ape

Circuit d'accrobranche dans Glentress Forest, près de Peebles. Site fantastique pour les amateurs d'aventure, les groupes et les cyclistes. La tyrolienne de 325 m est le clou du parcours. (☎0333 920 4859 ; www.goape.co.uk ; Queen Elizabeth Forest Park ; adulte/enfant 35/28 £ ; ⏲sam-dim nov et fév-Pâques, mer-lun Pâques-oct)

JAMES MCDOWALL/SHUTTESTOCK ©

Alloway Auld Kirk

Great Cumbrae

Cette île longue de 6 km au large de la côte de l'Ayrshire constitue une excursion d'une journée prisée des randonneurs et des cyclistes de la côte ouest. Des ferrys partent fréquemment de Largs pour une traversée de 10 minutes ; louez des vélos à Millport. (Accessible depuis Largs)

Kitchen Coos and Ewes

"Safari" parmi des vaches des Highlands, sous le regard bienveillant d'agriculteurs locaux, près de Stranraer. Un bon aperçu de la vie dans une ferme du Dumfriesshire, à la découverte de ses animaux. (☎01581 600 223 ; www.kitchencoosandewes.com)

Logan Botanic Gardens

L'un des coins les plus exotiques d'Écosse, dans le sud-ouest, près de Stranraer, où le climat est (relativement) plus doux. Entre palmiers et eucalyptus, on se croirait sous d'autres latitudes. (☎01776-860231 ; www.rbge.org.uk ; Port Logan ; adulte/enfant 7 £/gratuit ; ⏲10h-17h mars- oct, 10h-16h déb nov).

Mull of Galloway

L'extrémité méridionale du pays, idéale pour observer les oiseaux, offre un superbe point de vue sur la mer d'Irlande. Montez les 115 marches menant au phare perché en haut d'une falaise de 79 m. (www.mull-of-galloway.co.uk)

St Abbs Head National Nature Reserve

Voir p. 101 (www.nts.org.uk)

Hommage aux héros locaux

Devil's Porridge Museum

Situé près de la frontière anglo-écossaise et animé par des habitants passionnés, le musée du "porridge du diable" (la cordite, un explosif) commémore la plus grande usine de munitions de la Première Guerre mondiale. (www.devilsporridge.org.uk)

Jim Clark Motorsport Museum

Hommage émouvant au multiple champion de Formule 1. Ce musée de Duns renferme une grande vitrine de trophées, une exposition de voitures et un simulateur de conduite pour les enfants. (jimclarktrust.com : 44 Newton Street, Duns ; lun-sam 10h-16h30, dim 13h-16h30, fermé mer)

Museum of Lead Mining

Idéal en famille, ce musée offre un aperçu fascinant de la dure réalité de l'exploitation minière au XVIIIe siècle, notamment à travers la visite glaçante d'une véritable mine de plomb. À Wanlockhead, près de Sanquhar. (01659-74387 ; www.leadminingmuseum.co.uk ; Wanlockhead ; adulte/enfant 12,50/7,90 £ ; mines ou cottages uniquement 5,50/4,50 £ ; 11h-16h30 avr-sept ;)

Festivals et héritages

Alloway

C'est ici, dans cette ville de l'Ayrshire, qu'est né et a grandi le poète Robert Burns. Alloway est donc au centre du culte rendu au grand barde de l'Écosse. Commencez par l'excellent Birthplace Museum avant de rejoindre Burns Cottage à pied, en passant par la sinistre Alloway Auld Kirk. (www.robertburns.org)

Borders et Wigtown

Ce n'est sans doute pas un hasard si les deux écrivains écossais les plus célèbres venaient du sud du pays. Aujourd'hui, auteurs et lecteurs affluent aux deux excellents festivals se tenant chaque année à Melrose et Wigtown. Consultez le calendrier des festivals sur leur site Internet. (bordersbookfestival.org ; www.wigtownbookfestival.com)

The Common Ridings

L'été, dans les Borders, plusieurs festivals équestres célèbrent la tradition d'envoyer des cavaliers dans les villes frontalières pour guetter les bandits et pilleurs. Les plus importants ont lieu à Jedburgh et Hawick ; joignez-vous aux habitants pour acclamer la cavalcade costumée. (returntotheridings.co.uk)

Gastronomie et boissons locales

Annandale Distillery ££

Après 90 ans de repos, l'Annandale Distillery est de retour à Annan, où elle produit de très intéressants single malts ! Réservation conseillée pour les visites guidées. (01461 207817 ; annandaledistillery.com)

Auld Alliance ££

Les produits régionaux sont mis à l'honneur par une cuisine aux influences françaises,

Floors Castle

comme l'indique le nom de l'établissement – référence à la "vieille alliance" franco-écossaise. Service sympathique et cuisine savoureuse dans la pittoresque ville côtière de Kirkcudbright. (☎01557-330888 ; www.auldalliancekirkcudbri-ght.co.uk ; 29 Cuthbert st ; plats 14-23 £ ; 17h30-20h30 jeu-sam, plus mer et dim juil- oct ;)

Cream o' Galloway

Voir p. 107 (www.creamogalloway.co.uk/ 10h-16h, fermés certains lun et vend de sept à juin)

The Hoebridge £££

Remarquable gastronomie de saison, avec une grande attention portée aux détails. À Gattonside, de l'autre côté de la rivière par rapport à Melrose (qui constitue un excellent point de chute dans les Borders). Réservez. (☎01896 823082 ; www.thehoebridge.com : Gattonside, Borders ; plats 19-26 £).

The Limetree Restaurant ££

Menu minimaliste dominé par la viande, le gibier et le poisson d'origine locale. La qualité n'a d'égale que l'excellent rapport qualité/prix. Le cadre, au sein de la Hartfell Guest House, à Moffat, est très chaleureux. (☎01683 220153 ; www.hartfellhouse.co.uk/restaurant 2/3 plats 27/34 £)

Châteaux, jardins et abbayes

Caerlaverock Castle

Voir p. 105 (☎1387-770244 ; Caerlaverock, Dumfries ; adulte/enfant 6/3,60 £ ; avril-sept tlj 10h-16h)

Castle Kennedy Gardens

Voir p. 107 (☎01776-702024 ; castlekennedygardens.com ; Stanraer ; entrée adulte/enfant 6/2 £)

Drumlanrig Castle

Voir p. 103 (☎01848-331555 ; www.drumlanrigcastle.co.uk ; Thornhill ; tlj juil-août, vacances printemps)

DUNCAN2406/SHUTTESTOCK ©

Traquair

Dunure Castle

Voir p. 105 (à 7 km au nord-ouest de Maybole ; accès libre)

Floors Castle

Voir p. 103 (☎01573-223333 ; www.floorscastle.com ; Kelso, Roxburghshire ; adulte/enfant 18 £/gratuit ; visite château avril-sept 10h30-17h, jardin tte l'année 10h30-17h)

Hermitage Castle

Voir p. 105 (HES ; ☎01387-376222 ; www.historicenvironment.scot ; B6357 ; adulte/enfant 6/3,60 £ ; 9h30-17h30 avr-sept)

Melrose Abbey

Voir p. 105 (☎01896-822562 ; Abbey Street ; entrée adlute/enfant 3/1,80 £ ; tlj 10h-16h, 17h en été)

Threave Castle

Voir p. 105 (☎7711-223101 ; Castle Douglas, Dumfries and Galloway ; entrée adulte/enfant 6/3,60 £ ; tlj avril-sept 10h-16h30)

Traquair

Voir p. 103 (☎1896-830323 ; www.traquair.co.uk ; Innerleithen, Peeblesshire ; entrée jardin adulte/famille 10/20 £)

STIRLING, FIFE ET PERTHSHIRE

PLEIN AIR | GASTRONOMIE | HISTOIRE

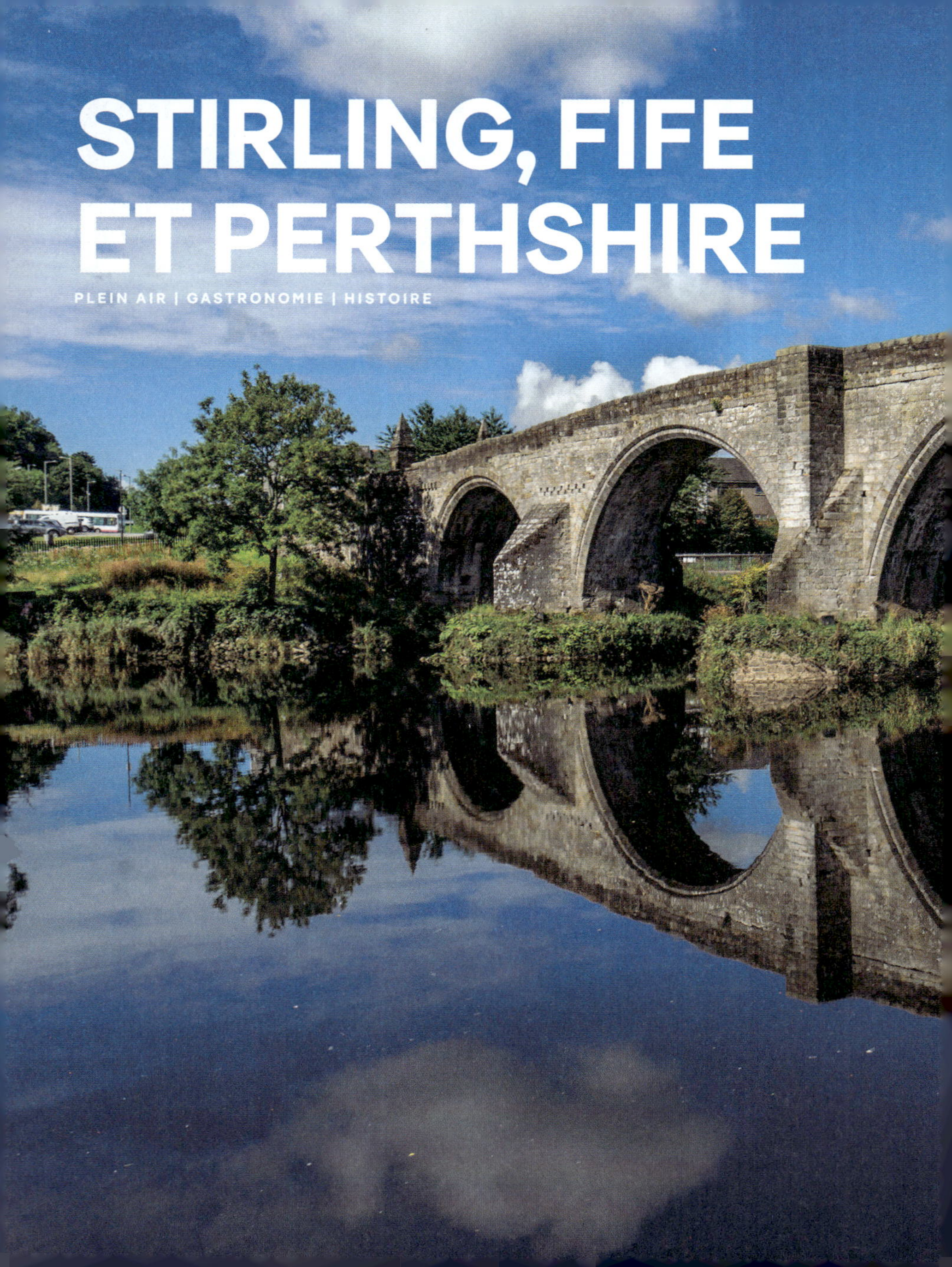

CATUNCIA/SHUTTERSTOCK

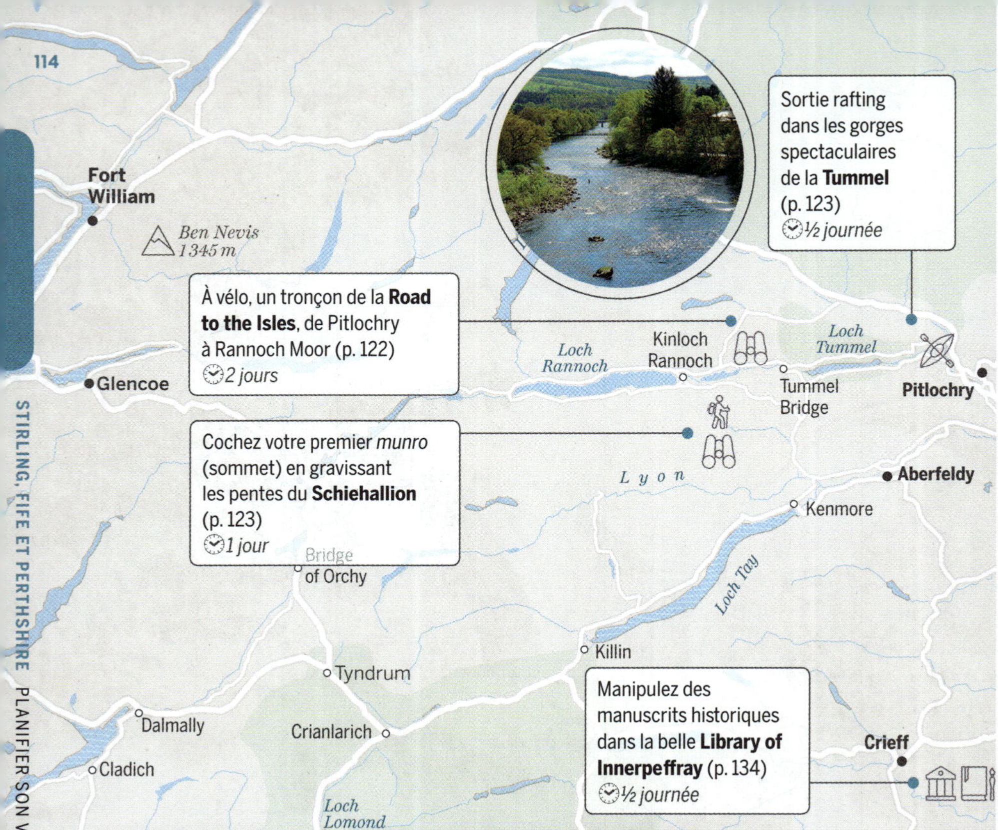

STIRLING, FIFE ET PERTHSHIRE

à la carte

À cheval sur les Highlands et les Lowlands, le Perthshire est le cœur de l'Écosse. Tout comme ses voisins le Stirling et le Fife, il fut jadis le terrain de jeu des monarques écossais. Aujourd'hui, il séduit en plus les gastronomes ainsi que les amateurs de nature et de plein air.

0 25 km
0 15 miles
Stonehaven
Tentez d'apercevoir les discrets castors de la Tay à **Bamff Ecotourism** (p. 135)
½ journée
Pique-nique sur la berge de la Tay qui traverse la charmante ville de **Dunkeld** (p. 124)
½ journée
Inverbervie
Brechin
Montrose
Kirriemuir
Alyth
Forfar
Blairgowrie
Dunkeld
Isla
Coupar Angus
Arbroath
Mer du Nord
Dundee
Methven
Scone
Perth
Firth of Tay
Festin de produits régionaux dans les restaurants et magasins de ferme de **St Andrews** (p. 132)
1 jour
Newburgh
St Andrews
Cupar
Plongez au cœur de l'histoire écossaise à l'énigmatique Moot Hill, à **Scone Palace** (p. 132)
½ journée
Crail
Yetts o'Muckhart
Kinross
Anstruther
Loch Leven
Randonnée côtière et repas de fruits de mer sur le beau **Fife Coastal Path**
2 jours
Kirkcaldy
Dunfermline
Culross
Aberdour
Firth of Forth
ÉDIMBOURG

Informations pratiques

CHRISTIAN MUELLER/SHUTTERSTOCK ©

À L'ARRIVÉE

Depuis Édimbourg, on rejoint rapidement Stirling et Perth en bus ou en train (1 heure). À Stirling, les gares ferroviaire et routière sont centrales, à deux pas du château et des sites touristiques. À Perth, elles se situent à quelques minutes du centre, et à 4,5 km de Scone Palace, desservi par de nombreux bus locaux – renseignez-vous à la gare routière. Toutes les heures, un bus relie Édimbourg à St Andrews (2 heures) en passant par les villages de pêcheurs de l'East Neuk.

BUDGET

Fish & chips
8 £

Homard à partir de 26 £

Pinte de IPA
3,80 £

QUAND Y ALLER

JANV-MARS

Souvent froid et humide. Début de la saison de la pêche au saumon.

AVR-JUIN

Les forêts sont tapissées de jacinthes des bois. Perth Festival of the Arts en mai.

JUIL-SEPT

Période animée des vacances scolaires. Temps idéal pour randonner sur les hauteurs.

OCT-DÉC

Couleurs automnales dans le Perthshire. Bonnes conditions pour le canoë.

COMMENT CIRCULER

Voiture Le moyen le plus pratique de visiter des sites reculés si vous avez peu de temps. Le stationnement est restreint dans certaines zones très fréquentées, comme la rive sud du Loch Tummel.

Bus La plupart des villes et villages sont desservis par le bus. Les principales compagnies sont Stagecoach East Scotland, First Scotland East, Elizabeth Yule Coaches et Moffat & Williamson. Le forfait journalier East Scotland Jourrider (9 £/j) de Stagecoach donne un accès illimité à tous les bus du Perthshire et du Fife.

Vélo Entre routes secondaires, bandes cyclables et chemins dédiés aux vélos, on peut aisément sillonner la région en deux-roues. Le site Perthshire Gravel propose de nombreux itinéraires VTT.

SE RESTAURER ET PRENDRE UN VERRE

Poissons et fruits de mer L'East Neuk – qui s'étend sur la côte du Fife d'Elie à St Andrews, en passant par Anstruther et Crail – est réputé pour ses nombreux restaurants de poissons et fruits de mer, du *fish and chips* à l'adresse étoilée. Le homard local est un *must*.

Produits régionaux La région constitue l'une des terres agricoles les plus fertiles du pays. On trouve tous les produits – bœuf, agneau, asperges, carottes, pommes de terre et fruits rouges – sur les marchés de producteurs, dans les cafés et boutiques de ferme et dans les pubs de campagne.

Délicieux homard
Crail Lobster Store (p. 133)

Meilleur fish and chips
Anstruther Fish Bar (p. 132)

EN HAUT : STEPHEN DOREY/ALAMY STOCK PHOTO ©
EN BAS : KEVIN GEORGE/ALAMY STOCK PHOTO ©

SE CONNECTER

Wi-Fi Facilement accessible dans les villes comme Perth, Stirling et St Andrews. En zone rurale, en particulier dans le Highland Perthshire (par exemple près du Loch Tummel ou du Loch Rannoch), le Wi-Fi public dans les cafés, hôtels et B&B est parfois lent. La couverture 4G est aléatoire hors des villes et des grands axes, la 5G inexistante.

OÙ LOGER

Cette région touristique possède une large gamme d'hébergements, des auberges de jeunesse aux hôtels campagnards de luxe, en passant par les B&B. Pour la période estivale, il est conseillé de réserver longtemps à l'avance.

Localité	Pour/contre
Stirling	Choix d'hôtels et de B&B offrant un bon rapport qualité/prix dans la plus grande ville de la région, à deux pas du château.
St Andrews	Ville universitaire, patrie du golf ; nombreuses pensions haut de gamme et hôtels de luxe.
Pitlochry	Pittoresque et vivant ; auberges de voyageurs et pensions familiales.
Aberfeldy	Jolie ville des Highlands, dotée d'un camping, d'agréables B&B et de cottages à la location.
Perth	Point de chute plus pratique qu'agréable, un brin désuet.

SITES HISTORIQUES

Si vous prévoyez de visiter en famille plusieurs sites du Historic Scotland (HS), l'adhésion annuelle peut être plus économique.

ARGENT

Les parkings de certains lieux très touristiques (dont Queen's View au Loch Tummel et Braes of Foss près du Schiehallion) sont payants (2-3 £). Gardez quelques pièces de 1 £ pour les horodateurs.

Les grands classiques

Pour les infos pratiques de chaque site, reportez-vous au carnet d'adresses p. 132.

Stirling Castle

La forteresse de Stirling rivalise avec le château d'Édimbourg en termes de splendeur. Elle se dresse sur son rocher, tel un dragon qui protégerait la porte nord. Depuis ses remparts, vue sur les champs de bataille où se joua l'indépendance de l'Écosse.

PORTADOWN/SHUTTERSTOCK ©

St Andrews

Ancienne ville universitaire et dotée d'une cathédrale, St Andrews est aussi le berceau du golf, avec son célèbre parcours, l'Old Course. À défaut d'une partie de golf, partez en balade au milieu des ruines médiévales et des superbes plages de sable blanc.

CSTRINGER/SHUTTERSTOCK ©

East Neuk

Cette charmante portion de littoral du Fife est jalonnée de ports pittoresques et de village de pêcheurs, dont l'histoire est relatée dans l'excellent Scottish Fisheries Museum, à Anstruther. L'endroit rêvé pour explorer la côte et s'offrir un festin de fruits de mer. (www.eastneuknow.com)

SCOTT JESSIMAN PHOTO/SHUTTERSTOCK ©

Scone Palace

Joliment situé au bord de la Tay, à 3 km au nord de Perth. Le palais originel de 1580 – érigé à côté de Mott Hill, le tertre où l'on couronnait les rois d'Écosse – fut reconstruit au début du XIXe siècle et transformé en une élégante demeure georgienne.

JAN BUDDING/SHUTTERSTOCK ©

© STEPHEN BRIDGER/SHUTTERSTOCK

Falkland Palace

On dit que Marie Stuart (1542-1587) aurait passé les plus beaux jours de sa vie dans cette résidence de campagne royale des Stuarts datant du XVIe siècle. Les rois Jacques V, Jacques VI ou encore Charles II y séjournèrent en maintes occasions.

© SERGEBERTASIUSPHOTOGRAPHY/SHUTTERSTOCK

Culross

Ce petit village médiéval préservé, ancien *burgh* royal écossais, a servi de cadre à la série *Outlander*. Les ruines de la Culross Abbey et le Culross Palace, résidence du XVIIe siècle reconnaissable à ses façades ocre, défient le temps.

© SNAPTPHOTOGRAPHY/SHUTTERSTOCK

Battle of Bannockburn Experience

La défaite que Robert Bruce infligea à l'armée anglaise le 24 juin 1314 à Bannockburn posa les fondations de la nation écossaise. Tirant parti des marais, il l'emporta sur des troupes pourtant plus puissantes. L'interactif Bannockburn Heritage Centre/ Experience, à 3 km au sud de Stirling, fait revivre cette fameuse bataille.

© FOTO-JAGLA.DE/SHUTTERSTOCK

National Wallace Monument

Perché sur une colline rocheuse, ce monument victorien néogothique a des airs de tour médiévale. Il y est rendu hommage à William Wallace, héros de l'indépendance écossaise. Du haut de la tour, panorama sur la vallée du Forth.

17 Voir et goûter LA MER

GASTRONOMIE | RANDONNÉE | VILLAGES

Le tronçon du Fife Coastal Path (sentier côtier du Fife) passant par l'East Neuk relie un chapelet de villages de pêcheurs où se régaler de produits de la mer. Chacun trouvera son plaisir, que l'on soit adepte du *fish and chips* ou de tables gastronomiques.

IAIN MASTERTON/ALAMY STOCK PHOTO ©

Adresses gourmandes

Salt & Pine, Tentsmuir Forest (p. 135) Manger un morceau après une balade en forêt.

Jannetta's Ice Cream, St Andrews (p. 135) Glacier idéal pour une pause sucrée en famille.

Balgove Larder, St Andrews (p. 134) Épicerie de produits fermiers, où l'on peut déjeuner.

Marché de Cupar (carte p. 115) Excellents produits régionaux, dont les poissons fumés d'Arbroath !

Recommandé par Dean Banks, *propriétaire et chef du restaurant Haar, à St Andrews*

En pratique

Circuler Comptez deux ou trois jours pour faire la randonnée d'Elie à St Andrews le long du Fife Coastal Path (distance totale de 40 km). Vous pouvez aussi emprunter la Fife Coastal Tourist Route (bien signalée) à vélo, en bus ou en voiture.

Quand De mai à septembre, idéal pour la randonnée.

Bon à savoir Renseignez-vous sur l'état du sentier auprès de l'office du tourisme de St Andrews ; des tronçons sont parfois fermés à cause de l'érosion ou des marées d'équinoxe.

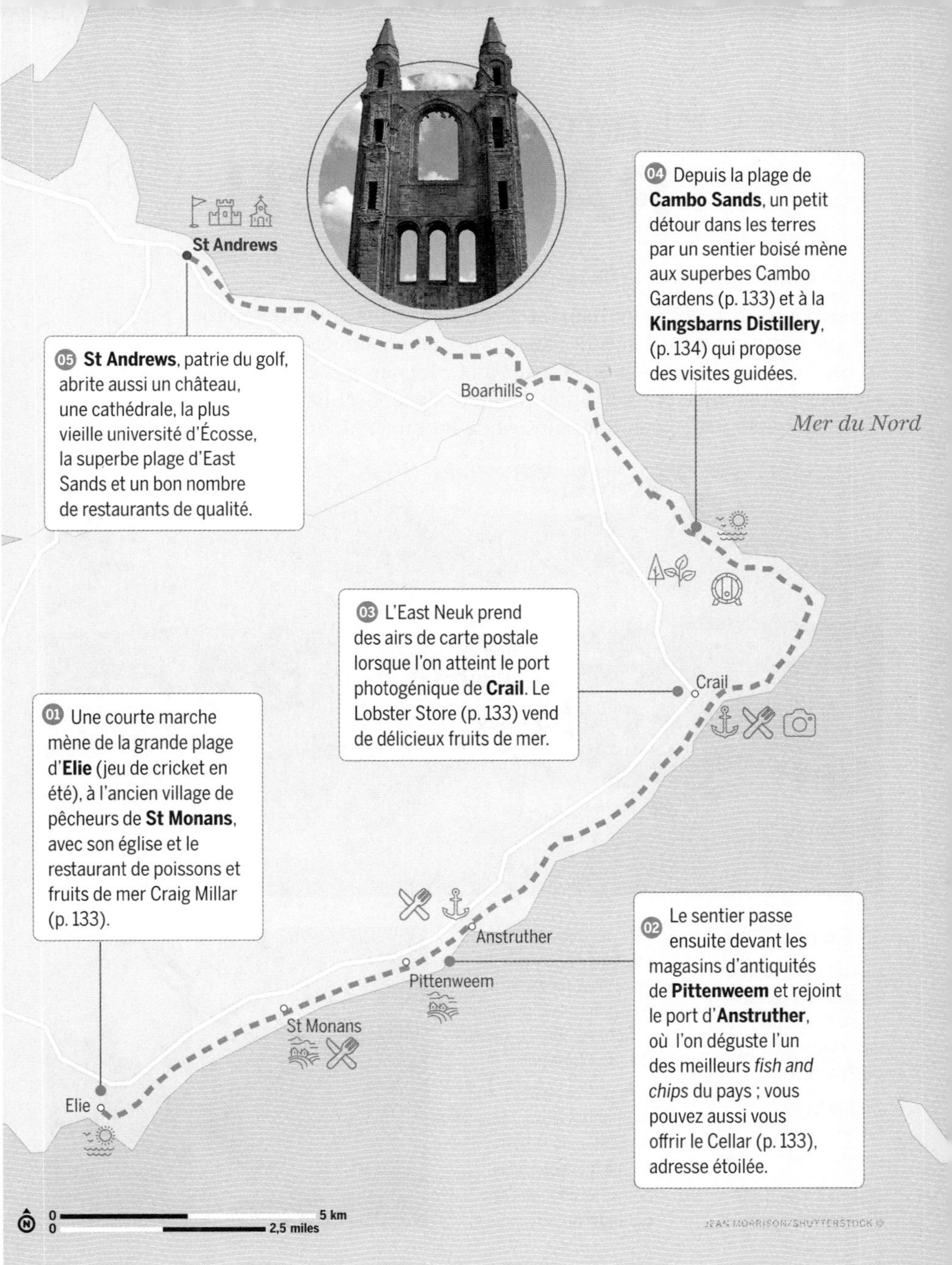

01 Une courte marche mène de la grande plage d'**Elie** (jeu de cricket en été), à l'ancien village de pêcheurs de **St Monans**, avec son église et le restaurant de poissons et fruits de mer Craig Millar (p. 133).

02 Le sentier passe ensuite devant les magasins d'antiquités de **Pittenweem** et rejoint le port d'**Anstruther**, où l'on déguste l'un des meilleurs *fish and chips* du pays ; vous pouvez aussi vous offrir le Cellar (p. 133), adresse étoilée.

03 L'East Neuk prend des airs de carte postale lorsque l'on atteint le port photogénique de **Crail**. Le Lobster Store (p. 133) vend de délicieux fruits de mer.

04 Depuis la plage de **Cambo Sands**, un petit détour dans les terres par un sentier boisé mène aux superbes Cambo Gardens (p. 133) et à la **Kingsbarns Distillery**, (p. 134) qui propose des visites guidées.

05 **St Andrews**, patrie du golf, abrite aussi un château, une cathédrale, la plus vieille université d'Écosse, la superbe plage d'East Sands et un bon nombre de restaurants de qualité.

18 La route de RANNOCH

AVENTURE | RANDONNÉE | LACS

La route secondaire menant de Pitlochry à la gare de Rannoch est l'une des plus pittoresques. Elle suit l'ancienne route connue sous le nom de Road to the Isles, qui traverse le pays jusqu'à la côte ouest et côtoie lochs somptueux, rivières turbulentes et montagnes plantées de la forêt calédonienne primitive, pour déboucher sur l'étendue sauvage de Rannoch Moor.

JOHN CARROLL PHOTOGRAPHY/ALAMY STOCK PHOTO ©

En pratique

Circuler Une journée en voiture, ou deux à vélo (presque 60 km de Pitlochry à la gare de Rannoch).

Quand Octobre ou novembre, pour les jolies couleurs automnales.

Queen's View Doté d'un centre d'accueil des visiteurs (p. 134), ce point de vue mérite une halte, ne serait-ce que pour photographier le Schiehallion au-dessus du Loch Tummel.

Une petite pause La Rannoch Station Tearoom (p. 135), café le plus reculé d'Écosse, sert boissons chaudes et gâteaux aux voyageurs.

BINSON CALFORT/SHUTTERSTOCK ©

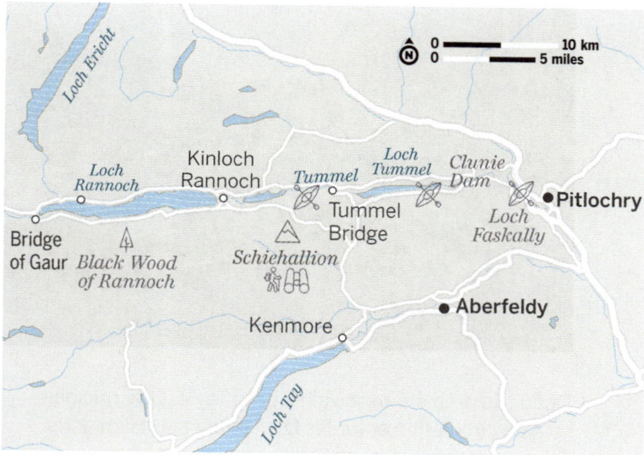

À l'assaut des collines Le **Schiehallion**, "mont féerique des Calédoniens" en gaélique, est l'un des plus beaux sommets d'Écosse. Vu depuis la rive nord du Loch Rannoch, il offre la silhouette d'une pyramide. C'est également l'un des *munros* (colline de 3 000 pieds/914 m ou plus) les plus faciles à gravir. Un sentier bien balisé part du parking de Braes of Foss (sur la route entre Tummel Bridge et Aberfeldy) et mène au sommet rocailleux, d'où la vue panoramique s'étend au-delà de Rannoch Moor jusqu'aux sommets de Glen Coe (10 km au total ; comptez 4 à 6 heures).

Promenade dans la forêt Sur la rive sud du Loch Rannoch, entre Camghouran et Dall, s'étend le **Black Wood of Rannoch**, vestige de la forêt de conifères calédonienne primitive. On se perd dans un enchevêtrement de branches moussues et d'écorce rougeâtre et biscornue – un refuge pour de nombreuses espèces ; cerfs, écureuils roux, martres, becs-croisés et grands tétras.

Rafting Le **Clunie Dam**, barrage hydroélectrique situé à l'est du Loch Tummel, a été construit en 1950. De juin à septembre, les trois kilomètres de la **Tummel** entre le barrage et le **Loch Faskally** offrent un site rare pour la pratique du rafting. La rivière dévale dans une gorge escarpée et boisée sur des rapides de classes II et III jusqu'au final – un dénivelé de 6 m, de classe IV, par les rapides du Linn of Tummel.

À gauche Blackmount
En bas à gauche Cerf élaphe

Rannoch Moor

La route carrossable se termine à la gare de Rannoch, avant-poste reculé où la civilisation laisse place à Rannoch Moor, la plus vaste lande de Grande-Bretagne, qui s'étend vers l'ouest sur 12 kilomètres. Malgré son aspect désolé, la lande abrite une riche avifaune : courlis, pluvier doré et bécassine nichent dans les hautes herbes, tandis que plongeon arctique et harle bièvre préfèrent les rives des lacs, sans oublier balbuzard et aigle royal. Vous pouvez prendre le train jusqu'à la gare de Corrour et parcourir à pied les 18 km jusqu'à Rannoch (5 heures).

La Tay

LE GRAND FLEUVE ÉCOSSAIS

La Tay prend sa source à 30 km de la côte ouest sur les pentes du Ben Lui, près de Tyndrum dans les Highlands. Elle rejoint la ville de Perth où elle rencontre les eaux de la mer. C'est aussi un fleuve puissant avec un débit plus élevé que ceux de la Tamise et de la Severn réunies.

Depuis la préhistoire, la vallée de la Tay est la principale voie de circulation entre les Lowlands et les Highlands. Tous les modes de transport l'empruntent : la route principale, la voie ferrée ralliant le nord, ainsi que la River Tay Way, un itinéraire pédestre et cyclable de 80 km qui relie Perth au village de Kenmore, à l'extrémité nord-est du Loch Tay.

Le Loch Tay – qui, avec ses 25 km de long, est le sixième loch d'Écosse – est habité depuis 4 000 ans. Des peuples préhistoriques ont construit le long de ses rives des *crannogs*, huttes rondes en bois sur pilotis. La reconstitution de l'une de ces habitations se visite au Scottish Crannog Centre, près de Kenmore.

La descente de la Tay est aujourd'hui un grand classique pour les canoéistes et les kayakistes, mais pendant des milliers d'années, avant la construction des routes, la rivière était un grand axe de transport. Une pirogue immergée dans la boue à Carpow, à l'est de Perth, a été datée de 1 000 av. J.-C. ; elle est exposée à la Perth Museum & Art Gallery.

Les navires romains ont remonté la Tay ; les légions ont marché jusqu'à la ligne de forts qui défendait la frontière nord de l'empire. Ardoch (à Braco, près de Stirling) est le mieux préservé de ces ouvrages, mais Inchtuthil, édifié autour de 83 au bord de la Tay près de Spitalfield, est célèbre pour les 10 tonnes de clous en fer qui y ont été retrouvés en 1960 (on peut en voir au Perth Museum et au Royal Scottish Museum d'Édimbourg).

La Tay traverse la chaîne des Highlands au niveau du charmant village de Dunkeld ("fort des Calédoniens"), endroit stratégique où se rétrécit la vallée. Des clans

À gauche Loch Tay
Au milieu Balbuzard survolant la Tay
À droite Kinclaven Bluebell Wood

ANGHARAD TREASURE/SHUTTERSTOCK ©

DALE KELLY/SHUTTERSTOCK ©

jacobites favorables à la restauration des Stuarts ont affronté des soldats caméroniens soutenant Guillaume d'Orange lors de la bataille de Dunkeld en 1689. Cet évènement, ainsi que la bataille de Killiecrankie qui s'était déroulée quelques semaines plus tôt, ont marqué le début de 60 années de conflits qui n'ont pris fin qu'avec la défaite de Bonnie Prince Charlie à Culloden en 1746.

Dans les années 1730, afin de mieux contrôler les clans jacobites, le général George Wade fut chargé de construire un réseau de routes militaires reliant les Lowlands aux Highlands. La première suivait la vallée de la Tay de Dunkeld jusqu'à Ballinluig, et c'est son tracé que suit l'actuelle route A9. Une deuxième route militaire franchissait la Tay à Aberfeldy en empruntant le Wade's Bridge (construit en 1734), plus ancien pont franchissant aujourd'hui encore la rivière.

> Le plus célèbre résident du fleuve est le saumon de l'Atlantique.

La Tay est aussi une voie empruntée par la faune sauvage. Les anguilles rejoignent la mer pour s'y reproduire, des moules perlières s'accrochent au lit du fleuve, des loutres se nourrissent sur ses rives, et même le castor d'Europe, qui s'était éteint au XVIe siècle à cause de la chasse, a fait son grand retour. Mais le plus célèbre résident du fleuve est le saumon de l'Atlantique, qui remonte la rivière pour frayer.

Aujourd'hui, le saumon de la Tay se pêche exclusivement à la ligne et chaque poisson doit être relâché vivant une fois attrapé. Les traditions perdurent ; l'ouverture de la saison de la pêche, le 15 janvier, est marquée par des cérémonies tout le long du fleuve. À Kenmore, un corps de cornemuse emmène une procession de pêcheurs à la ligne jusqu'à la rive.

À la rencontre de la faune sauvage

Les castors de la Tay Découvrez les incroyables zones humides façonnées par les rongeurs et observez une famille nager, manger, jouer à proximité de sa hutte.

Balbuzards du Loch of the Lowes Grâce à une webcam, vous êtes aux premières loges pour assister à ce qui se trame dans le nid.

Libellules du Polney Loch, à Dunkeld Lorsqu'il fait chaud en été, les rives du loch se peuplent de libellules et de demoiselles.

Balade dans le Kinclaven Bluebell Wood Cette magnifique forêt où fleurissent des jacinthes des bois résonne du chant des oiseaux au printemps et en été.

Recommandé par Danièle Muir, *propriétaire de Perthshire Wildlife*

19 Rois, reines et CHÂTEAUX

CHÂTEAUX | HISTOIRE | ARCHITECTURE

Châteaux perchés au sommet d'un rocher ou élégants palais aristocratiques, forteresses insulaires romantiques ou ancien lieu de couronnement des monarques nationaux : vous êtes au cœur des terres historiques de la royauté écossaise.

JULIETPHOTOGRAPHY/SHUTTERSTOCK ©

En pratique

Circuler Mieux vaut avoir une voiture : en dehors de Perth et Stirling, la plupart des sites sont peu desservis par les transports publics.

Quand La plupart des petits châteaux sont fermés de novembre à mars. Pour éviter la foule au Stirling Castle, mieux vaut le visiter en semaine hors vacances scolaires (juillet à mi-août).

Notre conseil Faites un tour à la Library of Innerpeffray (p. 134). Fondée en 1680, cette bibliothèque renferme une immense collection de livres rares et anciens.

AWE INSPIRING IMAGES/SHUTTERSTOCK ©

Le berceau et les racines royales de l'Écosse

Gravissez les pentes du **Moot Hill**, qui se dresse à côté du somptueux Scone Palace (p. 132) édifié au XIXe siècle, pour vous asseoir sur une réplique de la **pierre du Destin**. C'est ici le lieu de naissance du royaume d'Écosse, où furent couronnés tous les monarques écossais, de Kenneth MacAlpin en 843 à Charles II en 1651.

Bien avant qu'Édimbourg ne devienne capitale, **Dunfermline** était le lieu de résidence des monarques. On peut parcourir les vestiges de l'hôtellerie de son abbaye (p. 133), transformée en palais au XVIe siècle pour le roi Jacques VI ; son fils Charles Ier y est né en 1600. L'église de l'abbaye fut fondée par David Ier en 1128 ; elle renferme les tombeaux

ROBERT COLONNA/SHUTTERSTOCK ©

La pierre du Destin

La pierre de couronnement des monarques écossais aurait été amenée à Scone au IXe siècle. En 1296, elle fut volée par Édouard Ier d'Angleterre qui l'emporta à l'abbaye de Westminster, où elle resta 700 ans. Installée au château d'Édimbourg depuis 1996, elle devrait être exposée à partir de 2024 dans le hall de la mairie de Perth.

En haut à gauche Scone Palace
En bas à gauche Dunfermline
À droite La pierre du Destin

de trois princes, deux reines et sept rois, dont Robert Bruce.

Édifié au XVIe siècle dans le cœur verdoyant du Fife, **Falkland Palace** (p. 132) était la résidence de campagne des monarques Stuarts, où ont séjourné Jacques V, Jacques VI et Charles II. On raconte que Marie Stuart a passé des jours heureux dans ces jardins, dotés d'un court de tennis de 1539.

La courte traversée en bateau ajoute au charme du **Loch Leven Castle** (p. 134), isolé sur son île et hérissé d'une maison-tour du XIVe siècle. Il fut visité par Robert Bruce en 1313 et 1323, et Marie Stuart y fut retenue prisonnière en 1567 avant d'être contrainte d'abdiquer. Combinez la visite avec une randonnée sur le **Loch Leven Heritage Trail**, qui fait le tour du lac.

Qui prend Stirling, prend l'Écosse

Perché sur un promontoire rocheux, **Stirling Castle** (p. 132) domine la vallée du Forth, ancienne voie d'entrée des envahisseurs

L'histoire hors des sentiers battus

Le Perthshire possède de charmantes petites églises : **St Serf**, à Dunning, qui abrite des pierres gravées de l'ancien territoire des Pictes, dont la croix de Dupplin ; **Tibbermuir**, près de Gleneagles ; et deux **St Mary** du XVIe siècle : l'une à Grandtully, dotée d'un superbe plafond peint, l'autre à Dunblane. À Dunblane, près de la cathédrale (p. 134), se trouve une remarquable collection de livres : la Bishop Leighton's Library (p. 133). Et n'oublions pas la **tour ronde d'Abernethy** (au sud-est de Perth) qui n'a pas révélé tous ses secrets. Elle n'a qu'une jumelle dans toute l'Écosse et aurait presque 1 000 ans.

Recommandé par Lara Haggerty, *conservatrice à la Library of Innerpeffray*

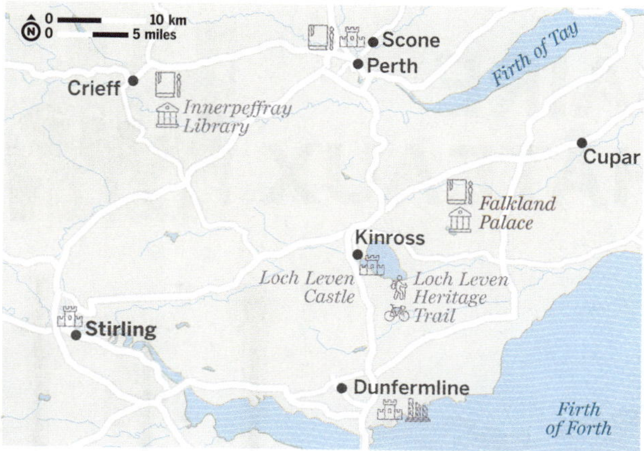

À gauche Tour ronde d'Abernethy
Ci-dessous Croix de Dupplin dans St Serf's Church, à Dunning

dans le centre de l'Écosse. Commencez par une ronde sur les remparts pour admirer la vue avant d'explorer l'intérieur du palais royal bâti dans le style Renaissance pour Jacques V, dans les années 1530.

Depuis le château, descendez tranquillement la colline jusqu'au **Stirling Bridge**, site de la victoire décisive de William Wallace (héros de l'indépendance écossaise dont il est question dans le film *Braveheart*) sur l'armée anglaise en 1297. Sur une autre éminence au nord se dresse la tour gothique du **Wallace Monument**, avec un joli point de vue sur le château de Stirling.

La victoire de Robert Bruce sur l'armée anglaise d'Édouard II à Bannockburn en 1314 posa les fondations de l'indépendance écossaise. Géré par le National Trust for Scotland (NTS), le Bannockburn Visitor Centre (p. 133) fait revivre de manière interactive la fameuse bataille ; les visiteurs peuvent ensuite se promener sur le champ de bataille.

Dans la campagne autour de Stirling, le spectaculaire **Castle Campbell** (p. 133), près de Dollar, est perché sur une colline boisée (accessible par un sentier pédestre depuis le parking), tandis qu'à **Doune Castle** (p. 133) ont été tournés le film *Monty Python : Sacré Graal !* et la série *Outlander*, dans laquelle il prend le nom de Castle Leoch (audioguide recommandé).

GLOSSAIRE DES CHÂTEAUX

03

04

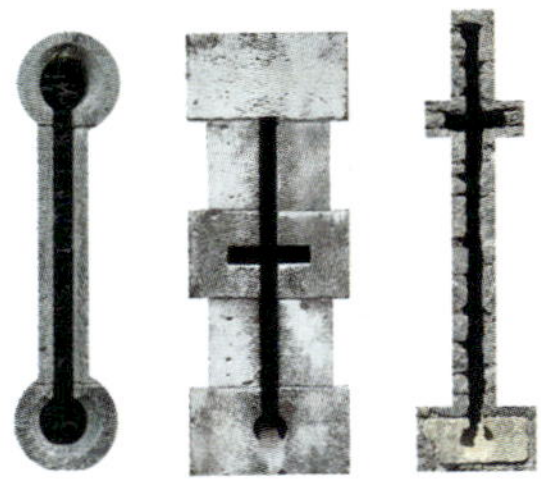

01

02

05

01 et 02 Créneaux et mur d'enceinte
Les défenseurs du château s'abritaient derrière les merlons, tout en lançant des projectiles par les créneaux. Un mur haut et épais de plusieurs mètres protège la forteresse.

03 Mâchicoulis
Certains châteaux possèdent des galeries en encorbellement d'où les défenseurs pouvaient larguer sur les assaillants pierres ou liquide brûlant.

04 Meurtrières
Ouvertures aménagées dans les murs, étroites à l'extérieur pour protéger l'archer, élargies à l'intérieur pour procurer un plus grand angle de visée.

05 Herse
Lourde grille en métal coulissant verticalement dans des glissières, à l'entrée du château, et qui pouvait être baissée rapidement en cas d'attaque.

06

07

08

09

06 Échauguette

Petite tour attenante à un mur d'enceinte pour abriter les guetteurs qui disposaient d'un meilleur champ de vision.

07 Assommoir

Ouverture dans un plafond ou une voûte à l'entrée du château permettant aux défenseurs de laisser tomber objets et liquides pour neutraliser les assaillants.

08 Pont-levis

Pont franchissant la douve, qui se relève en cas d'attaque.

09 Barbacane

Ouvrage circulaire bâti autour ou de chaque côté de l'entrée du château afin d'en renforcer la protection.

Carnet d'adresses

Les grands classiques (voir p. 118)

Battle of Bannockburn Experience

(NTS ; www.battleofbannockburn.com ; Glasgow ; accès libre au champ de bataille, Experience adulte/enfant 7,50/5,50 £ ; 10h-17h30 avr-oct, 10h-17h nov-mars ; P)

Blair Castle

(01796-481207 ; www.blair-castle.co.uk ; demeure et jardins adulte/enfant 14/8,50 £, jardins seuls 7,70/3,50 £ ; 10h-17h30 Pâques-oct, 10h-16h sam-dim nov-Pâques ; P)

Culross

(HES ; www.historicenvironment.scot ; Back Causeway ; aube-crépuscule)

Falkland Palace

(NTS ; www.nts.org.uk ; High st ; adulte/enfant 13/9 £ ; 11h-17h lun-sam, 12h-17h dim mars- oct)

East Neuk

(Cette portion de littoral peut se visiter facilement depuis St Andrews, voire Édimbourg, à la journée. Le bus Stagecoach n°95 relie toutes les heures St Andrews à Leven, marquant un temps d'arrêt dans tous les villages de l'East Neuk qu'il traverse.)

National Wallace Monument

(01786-472140 ; www.nationalwallacemo-nument.com ; Abbey Craig ; adulte/enfant 10,75/6,75 £ ; 9h30-17h mai-juin et sept-oct, 9h30-18h juil-août, 10h-16h nov-fév, 10h-17h mars ; P)

Scone Palace

(01738-552300 ; www.scone-palace.co.uk ; Scone Estate ; adulte/enfant 20/13 £, jardins uniquement 9/6 £ ; 9h30-18h mai-sept, 10h-17h Pâques-avr et oct, dernière entrée 1h avant fermeture ; P)

Stirling Castle

(HES ; www.stirlingcastle.scot ; Castle Wynd ; adulte/enfant 16/9,60 £ ; 9h30-18h avr-sept, 9h30-17h oct-mars, dernière entrée 45 min avant fermeture ; P).

St Andrews

(St Andrews Cathedral HES ; www.historicenvironment.scot ; The Pends ; adulte/enfant 6/3,60 £ ; 9h30-17h30 avr-sept, 10h-16h oct-mars)

Terre et mer dans l'assiette

Anstruther Fish Bar £

Il y a souvent la queue devant cet établissement primé qui sert de succulents *fish and chips* à emporter, tout en s'engageant en faveur de la durabilité et du recyclage. (01333-310518 ; www.anstrutherfishbar.co.uk ; 42-44 Shore St ; à emporter 6-10 £ ; 11h30- 21h30 dim-jeu, 11h30-22h ven-sam ;)

Balgove Larder & Steak Barn ££

Ce magasin à la périphérie de St Andrews vend de délicieux produits locaux, tandis que le Steak Barn propose de délicieuses grillades au déjeuner ou au dîner. (01334-898145 ;

St Andrews Cathedral, St Andrews

www.balgove.com ; Strathtyrum ; plats café 6-9 £, grange 10-21 £ ; café 9h-16h30)

Craig Millar @ 16 West End £££

Choisissez un jour d'été ensoleillé, réservez une table en terrasse pour le déjeuner, et savourez un plateau de fruits de mer en profitant de la vue sur le joli port de St Monans. (01333-730327 ; www.16westend.com ; 16 West End ; déj 3 plats/dîner 4 plats 32/55 £ ; 12h30-13h30 et 18h30-21h mer-ven, 12h30-14h et 18h30-21h sam, 12h30-14h dim)

Haar £££

Natif d'Arbroath et finaliste de Masterchef en 2018, Dean Banks a fait de Haar l'un des meilleurs restaurants du pays. Sa spécialité : le homard grillé d'inspiration japonaise avec du mirin. (01334-845750 ; www.haarrestaurant.com ; 127 North St ; menu dégustation de 5 plats 60 £ ; 16h-22h mer, 12h-22h jeu-dim)

Lobster Store ££

Les crabes et les homards servis dans cette minuscule cabane de Crail Harbour ne sauraient être plus frais. Commandez vos fruits de mer pêchés à la main (pas de places assises à l'intérieur). (Reilly Shellfish ; 01333-450476 ; 34 Shoregate ; plats 6-15 £ ; 12h-16h sam-dim Pâques-juin, 12h-16h mar-dim juil-sept)

The Cellar Restaurant £££

Le Fife compte deux restaurants étoilés, dont le Cellar, aux allures de cottage douillet. Les menus dégustation de saison célèbrent le meilleur des produits de la mer. (01333-310378 ; www.thecellaranstruther.co.uk ; 24 East green ; déj/dîner 5 plats 45/75 £ ; 18h30-21h mer, 12h30-13h45 et 18h30-21h jeu-dim, pas de déj jeu oct-mars)

Hauts lieux d'histoire

Battle of Bannockburn Visitor Centre

Rejouez sur un champ de bataille virtuel la bataille de Bannockburn, qui a opposé au XIVe siècle les armées écossaise et anglaise.

En canoë sur la rivière Tummel

(NTS ; www.battleofbannockburn.com ; Glasgow ; accès libre au champ de bataille, Experience adulte/enfant 7,50/5,50 £ ; 10h-17h30 avr-oct ; 10h-17h nov-mars ; P)

Bishop Leighton's Library

Voir p. 128 (01786-822 034 ; www.leightonlibrary.org.uk ; The Cross, Dunblane)

Cambo Gardens

Voir p. 121 (www.cambogardens.org.uk ; Cambo Estate ; adulte/ enfant 6,50 £ ; 10h-17h)

Castle Campbell

Voir p. 129 (www.historicenvironment.scot ; adulte/enfant 6/3,60 £ ; 9h30-17h30 avril-sept tlj, 10h-16h oct, sam-mer nov-mars)

Crannog Centre

Au bord du Loch Tay, reconstitution d'une habitation lacustre de l'âge du fer. Exercices pratiques pour se plonger dans cette époque. (01887-830583 ; www.crannog.co.uk ; adulte/enfant 10/7 £ ; 10h-17h30 avr-oct ; P)

Doune Castle

Voir p. 129 (HES ; www.historicenvironment.scot ; adulte/enfant 6/3,60 £ ; 9h30-17h30 avr-sept, 10h-16h oct-mars)

Dunfermline Abbey & Palace

Voir p. 127 (HES ; www.historicenvironment.scot ; St Catherine's Wynd ; adulte/enfant 6/3,60 £ ;

9h30-17h30 tlj avr-sept ; 10h-16h sam-mer oct-mars)

Dunblane Cathedral

Voir p. 128 (HES ; www.dunblanecathedral.org.uk ; Cathedral Sq ; 9h30-17h30 lun-sam, 14h-17h30 dim avr-sept ; 10h-16h lun-sam, 14h-16h dim oct-mars)

Library of Innerpeffray

Dans cette bibliothèque du XVIe siècle, les guides bénévoles vous laisseront feuilleter des ouvrages vieux de 300 ans et consulter des livres anciens sur les sujets qui vous intéressent. (01764-652 819 ; www.innerpeffraylibrary.co.uk ; Innerpeffray PH7 3RF ; adulte/enfant 7,50 £/ gratuit ; 10h-17h mer-sam, 14h-17h dim mars-oct, sur rdv nov-fév)

Loch Leven Castle

Voir p. 128 (www.historicenvironment.scot ; Kinross Pier ; adulte/enfant inclus le bateau 7,50/4,50 £ ; 10h-17h15 avril-sept, 16h15 en oct)

Perth Museum & Art Gallery

L'histoire vue à travers des collections variées : une pirogue préhistorique, un trésor romain, le plus gros saumon attrapé avec une canne à pêche en Grande-Bretagne ou encore les œuvres des coloristes écossais. (www.culturepk.org.uk ; 78 George St ; gratuit ; 10h-17h mar-sam toute l'année, 10h-17h dim avr-oct)

Queen's View Visitor Centre

Voir p. 122 (forestryandland.gov.scot/visit/forest-parks/tay-forest-park/queens-view-visitor-centre ; parking 2 £/j ; 10h-16h)

Roue de Falkirk

(www.thefalkirkwheel.co.uk ; Lime Rd, Falkirk ; centre d'information gratuit, excursion en bateau adulte/enfant 13,50/7,50 £ ; 10h- 17h30 tlj mars-oct, 11h-16h mer-dim nov-fév ; P)

Scottish Fisheries Museum

Musée sur les communautés de pêcheurs. Également restauration de bateaux de pêche par des artisans. (www.scotfishmuseum.org ; East Shore ; adulte/ enfant 9 £/gratuit ; 10h-17h30 lun-sam et 11h-17h dim avr-sept, 10h-16h30 lun-sam et 12h-16h30 dim oct-mars)

St Andrews Castle

Les enfants adoreront explorer ce château, ses oubliettes et son tunnel creusé lors d'un siège au XVIe siècle. (HES ; www.historicenvironment.scot ; The Scores ; adulte/enfant 9/5,40 £ ; 9h30-17h30 avr-sept, 10h-16h oct-mars)

Un en-cas ou un verre

Kingsbarns Distillery

La visite guidée, d'une durée de 2 heures, comprend la découverte du processus de fabrication du whisky et une dégustation approfondie. (01333-451 300 ; www.kingsbarnsdistillery.com ; East Newhall Farm, Kingsbarns ; visite 12 £/pers ; 10h-17h ; P)

Loch Leven's Larder ££

Que vous soyez à pied ou à vélo, ce café qui se double d'une boutique de produits de la ferme est idéal pour faire une pause le long du Loch Leven Heritage Trail. Populaire et familial, avec ses tables extérieures, son aire de jeux et son jardin sensoriel. (01592 841000 ; www.lochlevenslarder.com tlj 9h-17h)

WALENCIENNE/SHUTTERSTOCK ©

Perth Museum & Art Gallery

Rannoch Station Tearoom

Voir p. 122 (07557-049 543 ; www.rannochstationtearoom.co.uk ; Rannoch Station ; 8h30-16h30 tlj sauf jeu-ven, ferme à 10h dim)

Taybank ££

Ce pub servant des bières de la Strathbraan Brewery locale est idéal pour un déjeuner au soleil au bord de la Tay, à Dunkeld. Musique live et produits locaux. (01350-727340 ; www.thetaybank.co.uk ; Tay Tce, Dunkeld ; plats 12-15 £ ; restauration 12h-21h ; P)

The Inn at Loch Tummel ££

Traversez la route avec votre bière pour vous installer à une table de pique-nique de cet excellent *beer garden*. Au-delà des champs ponctués de moutons, la vue s'étend jusqu'au Loch Tummel. (01882 634317 ; www.theinnatlochtummel.com ; Strathtummel).

Nature, rivières et faune sauvage

Bamff Ecotourism

Ce domaine privé situé près d'Alyth se consacre au réensauvagement. Il abrite un réseau de chemins de randonnée à travers les bois, ainsi que des zones humides (castors). Proche aussi du Cateran Trail. (www.bamff.co.uk)

Col de Killekrankie

(NTS ; www.nts.org.uk ; gratuit ; parking 3 £ ; 24h/24 ; P)

Outdoor Explore

Pour découvrir le canoë ou le kayak, prendre part à une excursion d'une journée ou d'une demi-journée sur le Loch Tummel ou le Loch Rannoch, ou faire du kayak de mer dans le Firth of Tay. (outdoorexplore.co.uk)

Perthshire Wildlife

Lors d'une promenade nocturne guidée ou d'une excursion en canoë, partez

TREASUREGALORE/SHUTTERSTOCK ©

Dunfermline Abbey & Palace

à la rencontre des castors de la Tay. (perthshirewildlife.co.uk)

Pitlochry Dam Visitor Centre

Perché au-dessus d'un barrage sur la Tummel, ce centre d'accueil se distingue par son architecture. Expositions sur l'hydroélectricité et le saumon de l'Atlantique. (www.pitlochrydam.com ; Armoury Rd ; 10h-16h30 ; P) GRATUIT

Splash

Sorties en raft sur la Tummel et sur la Tay, ainsi que du kayak, du canyoning et du paddle. (01887-829706 ; www.rafting.co.uk ; Dunkeld Rd ; bureau 9h-17h mer-dim ;)

Belles tables et instants sucrés

Balgove Larder

Voir p. 120 (01334-898145 ; www.balgove.com ; Strathyrum, St-Andrews ; plats 6-9 £ : 9h-17h)

Jannetta's Ice Cream

Voir p. 120 (1334-473285 ; jannettas.co.uk ; 31 South Street, St-Andrews)

Salt & Pine

Voir p. 120 (www.saltandpine.co.uk/ ; Kinshaldy Beach, Leuchars ; 9h30-16h)

LE NORD-EST

WHISKY | CHÂTEAUX | PAYSAGES CÔTIERS

ÉCOSSE DU NORD-EST
à la carte

Dans les terres, tourelles des châteaux et toits "en pagode" des distilleries parsèment les collines et les vallées verdoyantes – c'est l'Écosse rêvée. Au pied des falaises exposées aux éléments, le long des routes côtières, travail et loisirs sont tournés vers la mer. Une région contrastée à l'identité forte.

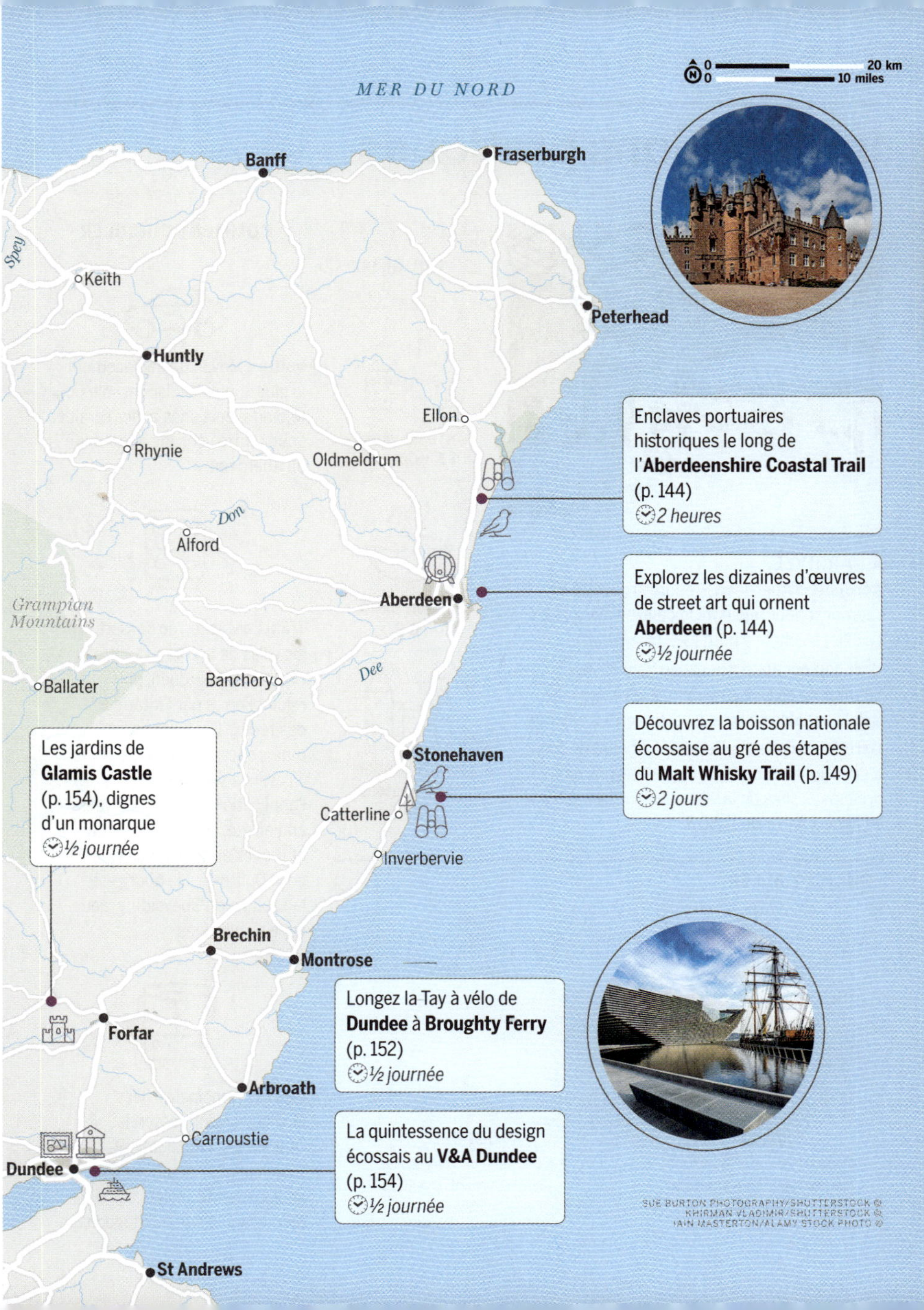
0 20 km
0 10 miles
MER DU NORD
Banff
Fraserburgh
Spey
Keith
Peterhead
Huntly
Ellon
Rhynie
Oldmeldrum
Don
Alford
Grampian Mountains
Aberdeen
Ballater
Banchory
Dee
Stonehaven
Catterline
Inverbervie
Brechin
Montrose
Forfar
Arbroath
Carnoustie
Dundee
St Andrews
Enclaves portuaires historiques le long de l'**Aberdeenshire Coastal Trail** (p. 144) 2 heures
Explorez les dizaines d'œuvres de street art qui ornent **Aberdeen** (p. 144) ½ journée
Découvrez la boisson nationale écossaise au gré des étapes du **Malt Whisky Trail** (p. 149) 2 jours
Les jardins de **Glamis Castle** (p. 154), dignes d'un monarque ½ journée
Longez la Tay à vélo de **Dundee** à **Broughty Ferry** (p. 152) ½ journée
La quintessence du design écossais au **V&A Dundee** (p. 154) ½ journée

Informations pratiques

MICHAEL715/SHUTTERSTOCK ©

À L'ARRIVÉE

Aéroport d'Aberdeen Prendre la navette de l'aéroport pour rejoindre le centre-ville, à 11 km. Le billet s'achète à bord (3,50 £ environ).

Gare ferroviaire d'Aberdeen Pour rallier Édimbourg ou Glasgow, depuis le centre-ville. Billets achetés en ligne à partir de 15 £ environ.

Gare ferroviaire de Dundee À 1 heure de train d'Édimbourg et de Glasgow, à deux pas des principaux sites de la ville. Billets réservables en ligne à partir de 11,50 £.

BUDGET

Verre de whisky 4 £ minimum

Cullen Skink 6 £

Visite guidée d'un château 14 £

QUAND Y ALLER

JANV-MARS
Froid, neige possible ; l'activité est au plus calme.

AVR-JUIN
Températures plus douces et temps variable.

JUIL-SEPT
Période idéale pour les activités de plein air et les promenades sur la plage.

OCT-DÉC
Très froid ; on se réchauffe dans les festivals hivernaux et les marchés de Noël.

COMMENT CIRCULER

Voiture Moyen de déplacement le plus souple, indispensable pour rejoindre certaines zones rurales. Louez votre véhicule à Dundee ou Aberdeen.

Train La voie ferrée dessert les villes de la côte est entre Dundee et Aberdeen, puis rejoint Forres par l'intérieur des terres. Les billets sont moins chers s'ils sont réservés à l'avance sur le site ou l'application ScotRail. Le week-end en été, descendez à Keith et prenez un train historique pour Dufftown ; ce bourg est la capitale du Speyside, grande terre de whiskies.

Bus Les principales villes et villages sont desservis. Téléchargez l'application Traveline pour organiser vos déplacements ; billets à prix réduits sur le site de Stagecoach.

SE RESTAURER ET PRENDRE UN VERRE

Arbroath Smokie Seul l'aiglefin fumé (ou haddock) dans cette ville de la côte, selon la méthode traditionnelle, peut bénéficier de l'appellation. À manger avec les doigts encore chaud, tout juste sorti d'un fumoir.

Cullen Skink Spécialité du village de pêcheurs de Cullen, cette soupe revigorante à base de haddock, pommes de terre, oignons et lait est idéale au déjeuner ou pour se réchauffer en hiver.

Aberdeen Rowies/Butteries En-cas salé proche du croissant, vendu dans les boulangeries de l'Aberdeenshire.

Gourmandise locale
Portsoy Ice Cream (p. 154)

Meilleur Cullen Skink
Rockpool Cafe (p. 154)

EN HAUT : IGOR SHOSHIN/SHUTTERSTOCK ©
EN BAS : IAIN SARJEANT/ALAMY STOCK PHOTO ©

SE CONNECTER ET S'ORIENTER

Wi-Fi Généralement gratuit dans les cafés, restaurants et hôtels. Rapide et fiable en ville, parfois lent en zone rurale.

Orientation Les grandes routes et les principaux sites sont bien indiqués. En zone rurale, entrez l'adresse exacte dans votre GPS car les codes postaux couvrent souvent de vastes zones.

OÙ LOGER

Des auberges de jeunesse bon marché aux luxueux châteaux, il y a des hébergements pour tous les budgets. Les plus chers sont situés dans les grandes villes et en bord de mer.

Villes	Pour/contre
Dundee	Bon choix d'hébergements à deux pas des sites touristiques et de la vie nocturne ; peu pratique pour rayonner dans la région.
Aberdeen	Le plus grand choix d'hébergements de la région et principal nœud de transports ; centre-ville parfois bruyant la nuit.
Portsoy	Village de pêcheurs historique, idéal pour explorer les enclaves pittoresques de la côte ; peu d'animation le soir.
Dufftown	Abondance de distilleries et de pubs qui raviront les amateurs de whisky ; tous les hébergements ne sont pas dans la ville même.

DISTILLERIES DE WHISKY

Une carte interactive de VisitScotland répertorie les 50 distilleries du Speyside avec leurs heures d'ouverture.

ARGENT

Le Northern Highlights Pass, à acheter en ligne, offre des réductions allant jusqu'à 50% sur certains sites et activités du Nord-Est. La carte 2/5 jours coûte environ 15/30 £.

Les grands classiques

Pour les infos pratiques de chaque site, reportez-vous au carnet d'adresses p. 154.

V&A Dundee

La silhouette de ce spectaculaire édifice, conçu par l'architecte japonais Kengo Kuma, se dresse au cœur du front de mer réhabilité à Dundee. Il abrite une annexe de l'excellent Victoria & Albert Museum de Londres. Il présente des expositions de designers écossais et d'artistes d'ailleurs.

ORLANDO ALBERGHI/SHUTTERSTOCK ©

Les pierres pictes d'Aberlemno

À Aberlemno, à 8 km au nord-est de Forfar, trois pierres, datant du VIIe au IXe siècle, se dressent sur le bord de la route. Ces mystérieuses pierres sont gravées d'étranges symboles, tels la baguette brisée et le disque double, et de scènes de batailles.

JAN HOLM/SHUTTERSTOCK ©

Distilleries à Dufftown

Avec sept distilleries en activité dans les environs, Dufftown a été surnommée “capitale écossaise du whisky pur malt” et accueille deux fois par an le festival Spirit of Speyside.

ALIZADA STUDIOS/SHUTTERSTOCK ©

Scottish Dolphin Centre de Spey Bay

À 20 km à l'ouest d'Elgin, ce centre vous fait découvrir les profondeurs de la baie du Moray Firth. Vous pourrez observer dauphins, phoques et autres créatures marines à l'embouchure de la Spey. Également sortie nature avec guide.

CHANONRY/SHUTTERSTOCK ©

Duff House

À la limite sud de Banff, l'édifice est un impressionnant manoir baroque bâti entre 1735 et 1740 par le grand architecte écossais William Adams. Autrefois résidence des comtes de Fife, il présente aujourd'hui une superbe collection d'œuvres écossaises et européennes, notamment signées Raeburn et Gainsborough.

MICHAEL HOFFMAN/SHUTTERSTOCK ©

JULE_BERLIN/SHUTTERSTOCK ©

Glamis Castle

Parfaite illustration de la forteresse seigneuriale avec ses tourelles pointues et ses créneaux, ce château est le cadre que choisit Shakespeare pour *Macbeth*. Résidence royale depuis 1372, c'est là que la reine mère (née Elizabeth Bowes-Lyon, 1900-2002) passa son enfance et que naquit la princesse Margaret (1930-2002).

ADAM WROBEL/SHUTTERSTOCK ©

Aberdeen Maritime Museum

Le pétrole de la mer du Nord a fait d'Aberdeen la principale ville du nord-est de l'Écosse. Ce musée maritime, donnant sur le bassin du port et aménagé dans une réplique de plate-forme pétrolière, fournit des explications sur l'industrie du pétrole.

20 Sentier LITTORAL

PLAGES | VILLAGES | FAUNE SAUVAGE

Entre phares blanchis à la chaux, plages intactes et villages de pêcheurs accrochés aux falaises, le sentier côtier de l'Aberdeenshire (Coastal Trail) serpente à travers 265 km de paysages marins. Le trajet est semé de surprises, à l'instar de la Peterhead Prison.

En pratique

Circuler Il est indispensable d'avoir une voiture pour effectuer cet itinéraire entre St Cyrus et Cullen. Louez-la à Dundee, à une heure de route du départ du parcours. Une carte de l'itinéraire est téléchargeable sur le site VisitScotland.

Quand Sites ouverts de mai à septembre.

Refuge des macareux D'avril à mi-août, rendez-vous à Fowlsheugh ou à Troup Head pour espérer les apercevoir.

Plages immaculées

Un phare impressionnant se dressant au large et des kilomètres de dunes surplombant la côte : **Rattray Head** ne manque pas d'atouts pour revendiquer le titre de plus belle plage du trajet. Toutefois, celle de **St Cyrus** est une concurrente sérieuse avec ses étendues de sable doré bordées de prairies où papillons et fleurs sauvages abondent en été.

Newburgh est un village paisible où l'on peut observer des colonies de phoques se prélasser sur la rive ; pour un rythme plus sportif, on peut opter pour les cours de surf à **Fraserburgh**.

Villages de pêcheurs historiques

Les cottages de **St Cyrus** sont blottis entre la falaise et la mer, si bien que les vagues viennent presque lécher leur

Construction navale traditionnelle

Cet artisanat reste vivant dans la ville côtière de Portsoy, où se tient chaque année le **Scottish Traditional Boat Festival**. Le reste de l'année, les visiteurs peuvent assister à la construction de bateaux par des bénévoles au **Boatshed**, ou admirer leurs silhouettes dans le port édifié au XVIIe siècle.

En haut à gauche Port de Portsoy
En haut à droite Rattray Head
En bas à gauche Plage de St Cyrus

façade. L'absence de route et de voitures renforce l'impression d'un lieu hors du temps. Plus au nord, voisin de Crovie, le village de **Pennan** est bien connu des cinéphiles. Son unique rangée de maisons blanches ou pastel se déroule le long de la rive, mais c'est la cabine téléphonique rouge rendue célèbre par le film *Local Hero* qui attire les curieux. **Gardenstown** complète ce chapelet de villages pittoresques.

Points de vue spectaculaires

Perché sur un promontoire rocheux, **Dunnottar** (p. 157) est l'un des châteaux écossais les plus célèbres. Depuis le sentier qui y mène, la vue sur cette ruine romantique à l'histoire troublée est somptueuse.

En été, les falaises de la **Fowlsheugh Nature Reserve** accueillent quantité d'oiseaux marins. Plusieurs points de vue le long du sentier côtier permettent d'observer cette avifaune. Un gouffre profond

Le dialecte local

Si vous échangez avec des habitants du Nord-Est, vous serez rapidement confronté à tout un vocabulaire inconnu. Le dialecte local est le doric, dialecte issu du scots, l'une des trois langues principales parlées en Écosse. Voici quelques mots et phrases que vous entendrez peut-être.

Loon – garçon

Quine – fille

Ken – savoir

Muckle – gros

Bosie – accolade

Fit like? – Comment ça va ?

Far hiv ye bin – Où êtes-vous allés ?

Dinna fash yersel – Ne vous inquiétez pas pour ça.

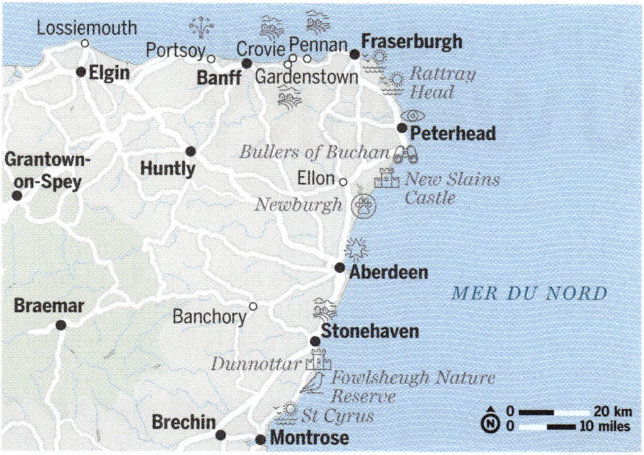

À gauche Dunnottar Castle
À droite Petit pingouin, Fowlsheugh Nature Reserve

et une arche créés par l'effondrement d'une grotte sous-marine à **Bullers of Buchan** forment un paysage impressionnant.

Étonnantes escales

Si l'on en croit la légende locale, Bram Stoker se serait inspiré des vestiges de **New Slains Castle** pour son roman *Dracula*. Il ne reste plus que les murs de cet étrange château abandonné.

Non loin, un autre édifice reste marqué par son passé. Connue jadis comme l'Alcatraz de l'Écosse, **Peterhead Prison** (p. 157) a été en activité jusqu'en 2012 avant de se réinventer en attraction touristique (visite libre). En 1987, une émeute de prisonniers a duré plusieurs jours et il a fallu l'intervention du SAS (Spécial Air Service) pour que l'ordre carcéral soit rétabli.

Vous ne regretterez pas d'avoir emporté votre maillot de bain lorsque vous nagerez dans le bassin du **Stonehaven Lido** (p. 157). La piscine olympique extérieure est chauffée à 29°C – on se croirait volontiers dans la mer Méditerranée.

La grande roue du **Codona's Amusement Park**, haute de 30,50 m, offre un point de vue unique sur Aberdeen Beach. Le parc possède aussi des attractions à sensation qui plairont aux amateurs de frissons et un cinéma en 4D dernier cri.

21 Le Speyside, région DU WHISKY

DISTILLERIES | FESTIVALS | JEUX TRADITIONNELS

Le doux parfum du whisky de malt embaume l'air du Speyside, destination incontournable pour les amateurs de scotch comme pour les néophytes. La région concentre plus de la moitié des distilleries du pays au milieu de ses collines verdoyantes et ses rivières sinueuses. Entre deux verres, il y a de belles randonnées à faire et de passionnantes forteresses à visiter.

JASPERIMAGE/SHUTTERSTOCK ©

En pratique

Circuler Les villes du Speyside sont desservies par le bus, mais les distilleries ne sont souvent accessibles qu'en voiture. On peut louer des véhicules à Aberdeen. Attention, aucune tolérance envers les conducteurs qui dépassent le seuil d'alcoolémie autorisée ; la plupart des distilleries fournissent un autotest à la fin de la visite.

Quand La plupart des distilleries se visitent toute l'année.

La Whisky Line Ce chemin de fer historique parcourt les 18 km séparant Keith de Dufftown.

TIM WRIGHT / ALAMY STOCK PHOTO©

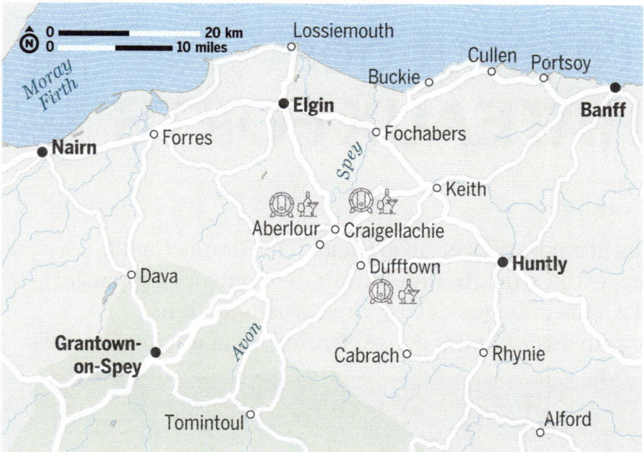

En haut à gauche Macallan Distillery, Craigellachie
En bas à gauche Fûts de la Glen Moray Distillery

Malt Whisky Trail Si l'abondance de distilleries à visiter vous laisse pantois, cette route des whiskys de malt en relie neuf. Vous découvrirez les lieux d'origine de grands noms comme **Glenfiddich** (p. 156) et de moins connus comme **Cardhu**, seule distillerie fondée par une femme. Le **Speyside Cooperage** (p. 156) fabrique et répare plus de 100 000 fûts par an. La visite permet de comprendre pourquoi le whisky tel qu'on le connaît n'existerait pas sans ces tonneaux en bois.

Spirit of Speyside Festival En mai, des amateurs de whisky du monde entier se rassemblent dans le Speyside pour célébrer l'or liquide écossais. Pendant presque une semaine, salles des fêtes, bars à whisky et châteaux historiques ouvrent leurs portes au public pour des centaines d'évènements variés. Réservation en ligne indispensable.

Bars à whisky Joignez-vous aux habitants de Craigellachie pour savourer un verre de whisky au **Highlander Inn** ou au **Quaich Bar** (p. 156) ; si vous avez du mal à vous y retrouver parmi tous les malts proposés, demandez conseil. À Aberlour, **The Mash Tun** (p. 156) possède des fûts exclusifs de la distillerie Glenfarclas voisine (parmi une vaste collection), tandis que les murs de **The Still** (p. 156) sont couverts du sol au plafond de bouteilles provenant de toutes les régions productrices d'Écosse. Commandez une sélection à **The Seven Stills** (p. 156), à Dufftown, pour comparer différents malts.

Jeux des Highlands

Faites une pause d'une journée dans votre découverte du whisky pour assister à des Highland Games, célébration de l'esprit local autour du jeu, de la fête et de la compétition. Dans un tourbillon de cornemuses, de kilts et de lancers de *caber* (tronc), ces évènements font partie de la culture écossaise depuis des siècles. Quatre villes organisent des rassemblements en juillet et en août ; la participation de visiteurs étrangers est bienvenue. Il ne vous reste plus qu'à choisir entre faire rouler un fût de whisky en haut d'une colline à Tomintoul, pédaler sur un vieux vélo de coursier à Forres, lancer le haggis à Aberlour ou participer à la course de vitesse réservée aux étrangers à Dufftown.

22 À l'assaut des CHÂTEAUX FORTS

HISTOIRE | ARCHITECTURE | JARDINS

Avec sa forêt de tourelles pointues et de créneaux, le Glamis Castle (p. 154), au nord de Dundee, est la parfaite illustration du château seigneurial écossais. Il est situé dans l'Angus, où vous découvrirez ainsi que dans l'Aberdeenshire voisin une impressionnante concentration de châteaux écossais.

ION MES/SHUTTERSTOCK ©

En pratique

Circuler Le Glamis Castle se situe à 19 km au nord de Dundee. Des bus rallient les autres châteaux aux villes les plus proches (Craigievar Castle à 9 km au sud d'Alford ; Craithes Castle relié à Aberdeen via les bus n° 201 et 202 ; Dunottar Castle à 2,5 km de Stonehaven ; Fyvie Casle à 40 km au nord d'Aberdeen en empruntant le bus direction Banff), mais il est plus simple d'explorer l'Angus et l'Aberdeenshire en voiture.

Quand La plupart des châteaux sont ouverts d'avril à septembre.

DNAVEH/SHUTTERSTOCK ©

TRACY A COLLINS/SHUTTERSTOCK ©

À gauche Craigievar Castle
En bas Chambre à coucher du Crathes Castle
Ci-contre Jardins de l'Edzell Castel

C'est mon fort

Craigievar Castle (p. 157) Demeuré quasiment intact depuis son achèvement au XVIIe siècle, Craigievar est un superbe exemple du style seigneurial écossais. La partie inférieure est une maison forte simple, tandis que la partie supérieure est hérissée de tourelles en encorbellement, de belvédères et de créneaux, qui signalent avec extravagance la richesse et le statut du commanditaire.

Crathes Castle (p. 157) Ce pittoresque château du XVIe siècle est renommé pour ses plafonds peints jacobéens, ses lits à baldaquin remarquablement sculptés et la Horn of Leys (une corne incrustée de pierreries), offerte aux Burnett par Robert Bruce au XIVe siècle.

Dunnottar Castle (p. 157) Une belle promenade de 15 minutes en haut des falaises au sud du port mène aux ruines du Dunnottar Castle, disséminées sur un vert promontoire, à 50 m au-dessus de la mer. C'est dans ce cadre spectaculaire que le réalisateur Franco Zeffirelli choisit de tourner le film *Hamlet* (1990), avec Mel Gibson.

Edzell Castle (p. 157) Sir David Lindsay, qui avait beaucoup voyagé, dessina, en 1604, l'attrayant **Pleasance** (jardin d'agrément) de cette maison forte pour en faire un lieu de contemplation et d'étude. Unique en Écosse, ce jardin clos Renaissance est garni de niches pour recevoir des nids d'oiseaux et de plaques sculptées illustrant les vertus cardinales, les arts et les divinités planétaires.

Fyvie Castle (p. 157) Ce château, construit en 1211 par Guillaume Ier d'Écosse, est connu pour ses fantômes, parmi lesquels un trompettiste et la mystérieuse Green Lady. Sa belle collection d'œuvres d'art comprend des portraits de Thomas Gainsborough et de sir Henry Raeburn.

Châteaux écossais

Châteaux forts
Les premiers châteaux en pierre furent bâtis au XIIIe siècle, avec des murailles massives pouvant atteindre 3 m d'épaisseur et 30 m de hauteur.

Maisons fortes Leur apparition au XIVe siècle marque le début de l'évolution des châteaux comme résidences. Les seigneurs locaux les édifièrent dans le cadre des querelles claniques, pour se protéger des razzias sur le bétail et des affrontements entre Écosse et Angleterre.

Symboles de statut social Le style seigneurial écossais se distingue par la profusion de tourelles pointues, de créneaux et de pignons à échelons. Il apparaît dans les châteaux des XVIe et XVIIe siècles tels le Craigievar Castle et le Castle Fraser, et atteint son apogée dans les résidences royales de Glamis et Balmoral.

23 Dundee Design PARCOURS

PATRIMOINE | DESIGN | ART CONTEMPORAIN

Fidèle à sa réputation de cité innovante et branchée, Dundee fut la première ville britannique à recevoir le titre de Ville du design de l'Unesco, en 2014. Ses rues historiques sont bordées de cafés pittoresques et de boutiques d'antiquités, tandis que ses quais rénovés arborent une architecture moderne et des espaces publics soigneusement aménagés.

PHOTOGRAPHICS/ALAMY LIVE NEWS/ALAMY ©

Échappée hors de la ville

Explorez les environs en vélos à assistance électrique proposés en libre-service (rideondundee.com). Partez des Slessor Gardens et suivez la piste cyclable qui longe la Tay sur 7 km. Le charmant village de Broughty Ferry est idéal pour faire une pause au bord de l'eau. Au programme, château du XVe siècle, plage et cafés charmants.

En pratique

Circuler Dundee est une ville compacte qui se parcourt à pied. La gare ferroviaire est en face du V&A Dundee ; comptez moins d'1 heure 30 en train direct depuis Édimbourg, Glasgow ou Aberdeen. Pour les automobilistes, un plan des parkings publics est téléchargeable sur le site Web du Dundee City Council.

Quand Les sites sont ouverts toute l'année.

Bon plan Le billet combiné RRS Discovery et Verdant Works, plus économique.

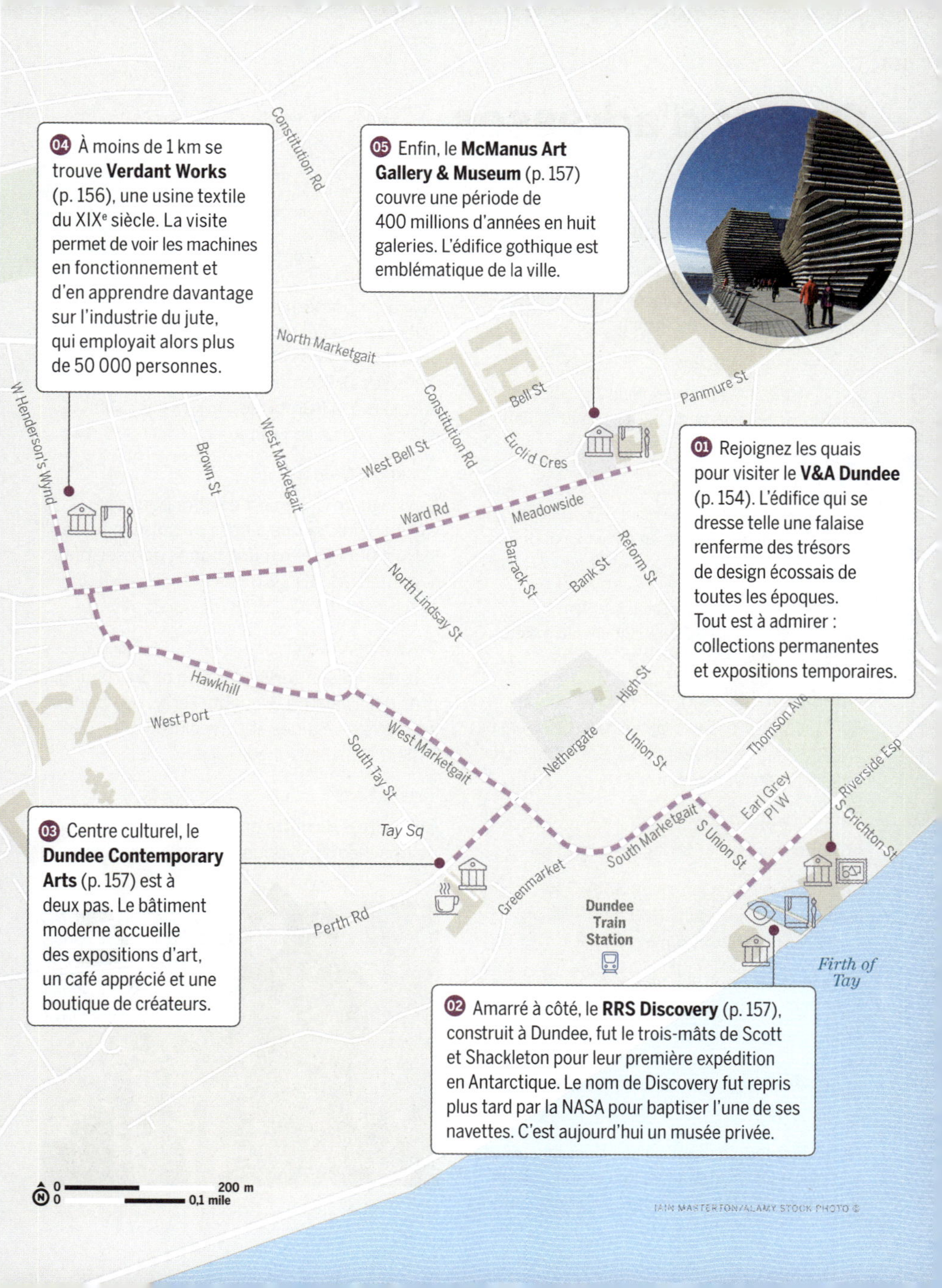

01 Rejoignez les quais pour visiter le **V&A Dundee** (p. 154). L'édifice qui se dresse telle une falaise renferme des trésors de design écossais de toutes les époques. Tout est à admirer : collections permanentes et expositions temporaires.

02 Amarré à côté, le **RRS Discovery** (p. 157), construit à Dundee, fut le trois-mâts de Scott et Shackleton pour leur première expédition en Antarctique. Le nom de Discovery fut repris plus tard par la NASA pour baptiser l'une de ses navettes. C'est aujourd'hui un musée privée.

03 Centre culturel, le **Dundee Contemporary Arts** (p. 157) est à deux pas. Le bâtiment moderne accueille des expositions d'art, un café apprécié et une boutique de créateurs.

04 À moins de 1 km se trouve **Verdant Works** (p. 156), une usine textile du XIXe siècle. La visite permet de voir les machines en fonctionnement et d'en apprendre davantage sur l'industrie du jute, qui employait alors plus de 50 000 personnes.

05 Enfin, le **McManus Art Gallery & Museum** (p. 157) couvre une période de 400 millions d'années en huit galeries. L'édifice gothique est emblématique de la ville.

Carnet d'adresses

Les grands classiques (voir p. 142)

Aberdeen Maritime Museum

(01224-337700 ; www.aagm.co.uk ; Shiprow ; 10h-17h lun-sam, 12h-15h dim)

Distilleries à Dufftown

(01340-820373 ; www.glenfiddich.co.uk ; entrée gratuite, visites à partir de 10 £ ; 9h30-16h30)

Duff House

(01261-818181 ; www.nationalgalleries.org/visit/duff-house ; Banff ; adulte/enfant 9/5,40 £ ; 9h30-17h30 tlj avr-sept, 10h-16h ven-dim oct-mars)

Glamis Castle

(www.glamis-castle.co.uk ; adulte/enfant 15,50/10 £ ; 10h-17h30 avr-oct, dernière entrée 16h30)

Museum of Scottish Lighthouses

(01346-511022 ; www.lighthousemuseum.org.uk ; Kinnaird Head ; adulte/enfant 9/4 £ ; 10h-17h tlj avr-oct, 10h-16h30 mer-dim nov-mars)

Pierres pictes d'Aberlemno

(À 8 km au nord-est de Forfar, sur la B9134)

Scottish Dolphin Centre de Spey Bay

(01343-820339 ; dolphincentre.whales.org ; Tugnet Ice House, Spey Bay ; 10h30-17h avr-oct)

V&A Dundee

(01382-411611 ; www.vam.ac.uk/dundee ; 1 riverside Esplanade ; 10h-17h)

Cafés et glaciers en bord de mer

Aunty Bettys £

Faites la queue devant ce célèbre glacier face à la plage de Stonehaven. Les empilements de boules de glace couronnés de décorations multicolores plairont aux fans d'Instagram. (0156-9763656 ; The Beach Promenade)

Portsoy Ice Cream £

Ce glacier primé installé près du port de Portsoy invente sans cesse de nouveaux parfums, comme *hot cross bun* (pain aux épices et fruits secs), licorne ou *cranachan* (dessert écossais à la framboise) au whisky. (01261-842279 ; portsoyicecream.co.uk ; 24 Seafield Street)

Rockpool Cafe £

Le village de Cullen est célèbre pour son Cullen Skink, soupe à base de poisson fumé ; le Rockpool Cafe est une bonne adresse pour le goûter. (01542-841397 ; rockpool-cullen.co.uk ; 10 The Square)

Sweetpea Cafe £

Cuisine maison servie dans un cadre rustique, près de la gare de Broughty Ferry. De bonnes spécialités véganes et sans gluten. (01382-731866 ; 327A Brook Street)

Teas & Seas £

Cette drôle de hutte orientée vers la mer, près de Rosehearty, évoque l'univers de la pêche.

JAMES MCDOWALL/SHUTTERSTOCK ©

Arbroath Abbey

On y déguste des *cream teas* tandis que les scones maison sont délicieux. (☎7954-989737 ; Milestone House)

Abbayes et cathédrales

Arbroath Abbey

La déclaration d'Arbroath rédigée en 1320 réaffirmait l'indépendance écossaise. Elle fut envoyée depuis l'abbaye, où est exposée une copie de ce document symbolique. (HES ; www.historicenvironment.scot ; Abbey St ; adulte/enfant 6/3,60 £ ; 9h30-17h30 avr-sept, 10h-16h oct-mars)

Elgin Cathedral

La vue sur le paysage alentour est superbe depuis le haut de la tour de la cathédrale en ruines, édifiée au XIIIe siècle et surnommée "Lanterne du Nord". Magnifique collection de pierres sculptées. (HES ; www.historicenvironment.scot ; King St ; adulte/enfant 9/5,40 £ ; 9h30-17h30 avr-sept, 10h-16h oct-mars)

Pluscarden Abbey

Seul monastère médiéval britannique encore en activité. Dans ce cadre inchangé depuis des siècles, les moines se consacrent à l'apiculture et à la prière dans la lumière des vitraux. (www.pluscardenabbey.org)

Jardins secrets

Glamis Castle

La Reine mère (mère d'Élisabeth II) passa son enfance dans ce château doté de jardins ornementaux pour le moins royaux. D'inquiétantes sculptures inspirées de *Macbeth* guettent dans l'ombre des bois. (www. glamis-castle.co.uk ; adulte/enfant 15,50/10 £ ; 10h-17h30 avr-oct, dernière entrée 16h30 ; P 👪)

Gordon Castle Walled Garden

Ce jardin potager de Fochabers fut conçu il y a 200 ans pour être aussi utile que beau.

LEE SNIDER/GETTY IMAGES ©

Pitmedden Garden

Ses produits entrent dans la composition aussi bien de gins que de produits cosmétiques. (www.gordoncastle.co.uk)

Johnston Gardens

Cette petite oasis située à la périphérie occidentale d'Aberdeen est le rêve de tout photographe. La palette variée de couleurs et de textures constitue un arrière-plan parfait aux cascades et ponts japonais. (8h-1h avant le coucher du soleil)

Langley Park Gardens

Entretenu avec amour par les propriétaires actuels, ce jardin clos regorge de couleurs et de parfums entêtants. La vue s'étend jusqu'à Montrose au-delà de la prairie de fleurs sauvages. (www.langleyparkgardens.co.uk ; adulte/- de 16 ans 5 £/gratuit)

Pitmedden Garden

Flânez dans cette reconstitution d'un jardin de la Renaissance écossaise du XVIIe siècle, qui comprend presque 10 km de haie de buis et plus de 200 arbres fruitiers. (Ellon, Aberdenshire ; adulte/enfant 9-1 £)

Gin et bières artisanales

71 Brewing

Street art, architecture industrielle et cadre rustique : une ambiance typique de la ville de Dundee ! La visite commence par une première bière, avant de découvrir le processus de brassage et de savourer quelques échantillons. (www.71brewing.com ; The Ironworks ; 36-40 Bellfield Street)

Brewdog

Connue pour son image irrévérencieuse, la marque Brewdog révèle ses secrets lors de la visite guidée de la distillerie d'origine et de la Lone Wolf Distillery, à Ellon. La "DogWalk" de 1 heure 30 comprend quatre dégustations. (www.brewdog.com/blog/lone-wolf)

Brew Toon

Cette microbrasserie qui prête une attention particulière à la tradition et à la provenance des ingrédients a ressuscité un héritage disparu à Peterhead, ville de pêcheurs de la côte est. Des bières artisanales à découvrir lors d'une dégustation. (01779-476211 ; www.brewtoon.com ; 72a St Peter)

City of Aberdeen Distillery

Cette distillerie tendance a élu domicile sous des arches de chemin de fer, en plein centre-ville. Participez à la visite guidée ou créez votre propre gin au rythme des grondements des trains. (cityofaberdeendistillery.co.uk)

Glenrinnes Distillery

Contemplez du haut d'une des montagnes environnantes le domaine qui s'étend autour de la distillerie, et dégustez avec des connaisseurs le gin et la vodka bio fabriqués dans ce paysage typique des Highlands, au cours d'une demi-journée dépaysante (1340-820384 ; www.glenrinnes.com/distillery)

Whisky, gin et cocktails

Glenfiddich

Voir p. 149 (01340-820373 ; www.glenfiddich.co.uk ; entrée gratuite, visites à partir de 10 £ ; 9h30-16h30)

Quaich Bar

Voir p. 149 (01340-881204 ; craigellachiehotel.co.uk/quaich-bar ; Victoria St, Speyside, Craigellachie)

Speyside Cooperage

Voir p. 149 (01340-871108 ; www.speysidecooperage.co.uk ; visite à partir de 4 £ ; 9h-17h lun-ven, fermé Noël-début jan)

The Mash Tun

Voir p. 149 (1340-881771 ; mashtun-aberlour.com ; 8 Broomfield Square, Aberlour ; plats 13-28 £)

The Still

Voir p. 149 (01340-871488 ; www.dowanshotel.com/the-still/ ; Dowans Hotel, Dowans Road, Aberlour)

The Seven Stills

Voir p. 149 (1340-820 880 ; sevenstills.co.uk ; 30 Fife, Dufftown, Keith)

Verdant Works

Voir p. 153 (1382-309060 ; West Henderson's Wyd, Dundee ; adulte/enfant 11,75/6,50 £ ; en été lun, sam 10h-18h, dim 11h-18h)

Musées et sites touristiques

Codona's Amusement Park

Voir p. 147 (01224-595910 ; www.codonas.com ; Beach Bd ; à partir de 7 £/activité ; horaires sur le site internet)

RRS Discovery

Craigievar Castle

Voir p. 151 (NTS ; www.nts.org.uk ; adulte/enfant 14,50/11 £ ; 10h30-17h tlj juil-sept, ven-mar avr-juin)

Crathes Castle

Voir p. 151 (NTS ; 01330-844525 ; www.nts.org.uk ; adulte/enfant 14,50/11 £ ; 10h30-17h tlj avr-oct, 11h-16h sam-dim nov-mars)

Dundee Contemporary Arts

(01382-432444 ; www.dca.org.uk ; 152 Nethergate ; entrée gratuite ; mer-dim 11h-18h, jeu 19h)

Dunnottar Castle

Voir p. 146 (01569-766320 ; www.dunnottarcastle.co.uk ; adulte/enfant 8/4 £ ; 9h-17h30 avr-sept, 10h-16h30 ou 10h-crépuscule oct-mars)

Edzell Castle

Voir p. 151 (HES ; www.historicenvironment.scot ; adulte/enfant 6/3,60 £ ; 9h30-17h30 avr-sept)

Fyvie Castle

Voir p. 151 (NTS ; www.nts.org.uk ; adulte/enfant 14,50/11 £ ; 11h-17h tlj juin-août, sam-mer avr, mai, sept et oct)

McManus Art Gallery & Museum

Voir p. 153 (1382-307200 ; www.mcmanus.co.uk ; Meadowside Dundee ; entrée gratuite ; lun-sam 10h-17h, dim 12h30-14h30)

Peterhead Prison

Voir p. 147 (01779-581060 ; peterheadprisonmuseum.com ; Admiralty Gateway, South Road ; entrée adulte/enfant 9/4,50 £ ; tlj 10h-18h avr-sept, 10h-17h oct-mars)

RRS Discovery

Voir p. 153 (01382-309060 ; www.rrsdiscovery.co.uk ; Riverside Drive ; adulte/enfant 9,95/5,50 £ ; lun-sam 10h-18h, dim 11h-18h, nov-mars fermeture à 17h)

Stonehaven Lido

Voir p. 147 (01569-762134 ; stonehavenopenairpool.co.uk ; Queen Elisabeth Park ; adulte/famille 5,30/13,60 £ ; 10h-18h mai-sept)

Hébergement

The Highlander Inn

Voir p. 157 (1340-881446 ; highlander-inn-craigellachie.hotelmix.co.uk ; 10 Victoria Street, Craigellachie)

Artisanat local

Hand Pict

Cette galerie de Letham renferme les créations d'artistes et artisans de l'Angus qui se sont regroupés en coopérative. Une visite locale et authentique. (www.handpict.org ; 14 The Square ; mar-sam 10h-14h, dim 12h-16h)

Johnstons of Elgin

Cela fait plus de 200 ans que les artisans d'Elgin produisent à partir de la fibre brute des vêtements de qualité en laine et en cachemire. Visitez la boutique et l'usine historique lors d'une visite guidée. (01343-554009 ; www.johnstonsofelgin.com/visit-us/elgin-mill ; newmill ; 10h-16h30)

Logie Steading

Près de Forres, ces bâtiments agricoles des années 1920 ont été reconvertis en village d'artisans où l'on trouve livres d'occasion, créations locales et whisky. (01309-611378 ; www.logie.co.uk)

The Barn

D'excellentes œuvres d'artistes et designers écossais contemporains, montants ou établis, sont présentées dans l'espace de vente de cet espace culturel situé près de Banchory. (01330-826520 ; www.thebarnarts.co.uk)

HIGHLANDS ET ÎLES DU SUD

AVENTURES | LITTORAL | HISTOIRE

HIGHLANDS ET ÎLES DU SUD
à la carte

Le calme de la côte ouest et le frisson de l'aventure : les îles idylliques, les forêts primitives et les vestiges préhistoriques de cette région offrent un cadre à la fois varié et apaisant. Une découverte à célébrer dans un pub cosy avec un verre de whisky tourbé sur la table.

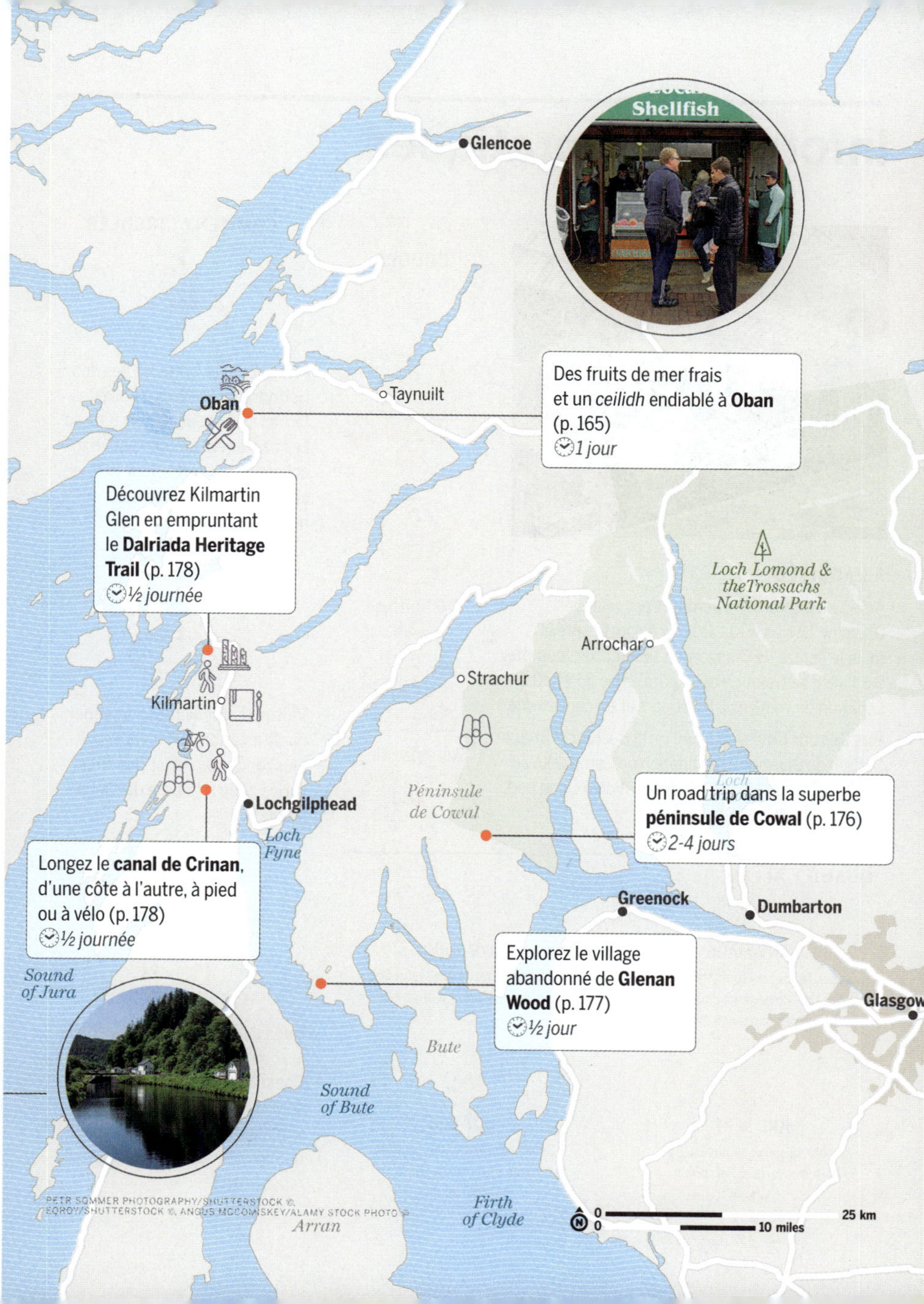
Shellfish
Glencoe
Taynuilt
Oban
Des fruits de mer frais et un *ceilidh* endiablé à **Oban** (p. 165)
1 jour
Découvrez Kilmartin Glen en empruntant le **Dalriada Heritage Trail** (p. 178)
½ journée
Loch Lomond & the Trossachs National Park
Arrochar
Strachur
Kilmartin
Péninsule de Cowal
Lochgilphead
Loch Fyne
Un road trip dans la superbe **péninsule de Cowal** (p. 176)
2-4 jours
Longez le **canal de Crinan**, d'une côte à l'autre, à pied ou à vélo (p. 178)
½ journée
Greenock
Dumbarton
Explorez le village abandonné de **Glenan Wood** (p. 177)
½ jour
Glasgow
Sound of Jura
Bute
Sound of Bute
Firth of Clyde
Arran
0 25 km
0 10 miles

Informations pratiques

© EDINBURGHCITYMOM/SHUTTERSTOCK

À L'ARRIVÉE

Avion Le plus proche aéroport est celui de Glasgow. Le bus 500 Glasgow Airport Express rallie le centre de Glasgow en 15 minutes ; comptez 9 £ l'aller. Le trajet en taxi coûte entre 25 et 30 £. Location de voitures à l'aéroport et en centre-ville.

Bus Des bus Citylink partent de la Buchanan St Bus Station de Glasgow à destination de Campbeltown et Oban. Le train ScotRail à destination d'Oban part de la Glasgow Queen St Station.

BUDGET

Visite guidée d'une distillerie 10 £

6 huîtres 12 £

Excursion de la faune en bateau £60

QUAND Y ALLER

JANV-MARS
Saison froide : les touristes se font rares dans le paysage d'hiver. Ciel noir idéal pour observer les étoiles.

AVR-JUIN
Des fleurs, de longues journées et des macareux à observer.

JUIL-SEPT
Haute saison et temps chaud. Sites ouverts et nombreux visiteurs.

OCT-DÉC
Couleurs automnales, touristes rares et verres de whisky au coin du feu.

COMMENT CIRCULER

Ferry Voyagez entre les îles des Hébrides intérieures à bord des ferries CalMac au départ d'Oban. Les passagers piétons peuvent acheter leur billet le jour même ; si vous êtes véhiculé, il est nécessaire de réserver.

Voiture Un véhicule (personnel ou de location) est le moyen le plus rapide de visiter des sites variés et de rejoindre des lieux reculés.

Bus La région est desservie par les compagnies Citylink et West Coast Motors. Certaines liaisons sont rares ; mieux vaut planifier son itinéraire en consultant les horaires. Réservation fortement recommandée.

SE RESTAURER ET PRENDRE UN VERRE

Poissons et fruits de mer La côte ouest est réputée pour ses fruits de mer frais ; Oban est surnommée la "capitale écossaise des fruits de mer". Les plateaux de fruits de mer permettent de goûter de tout. Si vous recherchez quelque chose de chaud (ou de moins cher), optez pour le *fish and chips*, à savourer en bord de mer.

Whisky Goûtez les whiskies *single malt* tourbés de l'île d'Islay directement dans une distillerie ou dans un pub cosy.

Plateau de fruits de mer
Fisherman's Kitchen (p. 185)

Café et gâteau
Brambles of Inveraray (p. 185)

SE CONNECTER ET S'ORIENTER

Wi-Fi Wi-Fi accessible aux clients de la plupart des hôtels, bars et restaurants ; Wi-Fi gratuit à bord des ferries CalMac et dans les ports. La connexion est lente et capricieuse à certains endroits.

Orientation On se repère facilement dans la région grâce aux panneaux indicateurs, aux cartes et applications. Préparez et téléchargez votre itinéraire à l'avance où cas où vous n'auriez pas de réseau.

RÉDUCTIONS DANS LES TRANSPORTS

Économisez avec les billets Citylink Explorer Pass et CalMac Hopscotch. Les tarifs ScotRail les plus avantageux sont mis en vente 12 semaines à l'avance.

OÙ LOGER

On trouve dans la région des hébergements à tous les prix – auberges de jeunesse, terrains de *glamping*, B&B, pensions et hôtels. Choisissez un ou deux points de chute à partir desquels explorer la région.

Localités	Pour/contre
Tighnabruaich	Village paisible de la "côte secrète" d'Argyll, idéal pour explorer la péninsule de Cowal. Très calme le soir et peu touristique.
Oban	Ville portuaire animée, dotée d'excellents pubs et restaurants. Très bien desservie.
Arinagour	Principal village de l'île de Coll, dans une jolie baie : s'y trouvent l'embarcadère du ferry, la poste, le magasin, le centre social et l'hôtel-bar.
Bowmore	Point de chute idéal sur Islay : boutiques, restaurants et distillerie. Pas de transport le soir.
Tobermory	Ville portuaire et colorée sur l'île de Mull. Excursions en bateau vers Staffa et les îles Treshnish. Les bons hébergements sont assez chers.
Iona	Petite île paisible qui s'explore à pied. Animée le jour en haute saison, toujours calme le soir.

ARGENT

Les cartes bancaires sont acceptées presque partout, mais il est conseillé d'avoir des espèces (y compris des pièces) pour les produits vendus en libre-service en bord de route et dans certains petits commerces. Il y a des distributeurs de billets dans les villes importantes.

Les grands classiques

Pour les infos pratiques de chaque site, reportez-vous au carnet d'adresses p. 182.

Le loch Lomond et les Trossachs

La région des Trossachs est une destination de week-end très fréquentée, tant pour ses paysages enchanteurs que ses sentiers de randonnée, pédestres et cyclistes. Collines plantées d'épaisses forêts, lochs, hôtels et restaurants toujours plus nombreux, cette région classée parc national est aisément accessible depuis les villes du Sud.

ALBAIMAGERY/SHUTTERSTOCK ©

L'île d'Islay

Île la plus au sud de l'archipel des Hébrides intérieures, Islay est une terre de landes vallonnées battue par les éléments. Elle est connue pour ses whiskies, à la saveur fumée et tourbée si particulière. Les produits de la mer, les baies aux eaux turquoise et les phoques qui s'y prélassent constituent aussi de bonnes raisons de partir à sa découverte.

JAIME PHARR/SHUTTERSTOCK ©

EQROY/SHUTTERSTOCK ©

L'île d'Arran

Cette île enchanteresse est une fête, tant pour le regard que pour les papilles : elle possède ses propres spécialités culinaires, brasserie et distilleries, et compte de nombreux hébergements. Elle concentre à elle seule toute la diversité des paysages écossais, à découvrir à pied ou à vélo.

KRAFT_STOFF/SHUTTERSTOCK ©

Iona Abbey

Pareille à une larme d'émeraude tombée au large de la côte ouest de Mull, Iona, île sacrée, lieu de sépulture des premiers rois d'Écosse, est un lieu magique à la hauteur de sa réputation. La visite de l'abbaye, agrémentée d'un musée et d'un magnifique cloître, mérite le détour.

Inveraray Castle

Tout proche du village historique d'Inveraray, sur les berges du loch Fyne, ce splendide château au donjon central crénelé, apparu dans la série *Downtown Abbey*, est la résidence des ducs d'Argyll depuis le XVe siècle. Il abrite quantité de salons et une impressionnante salle d'armes.

BYUNAU KONSTANTIN/SHUTTERSTOCK ©

Loch Awe et Kilchurn Castle

Situé à mi-chemin entre Oban et Inveraray, ce loch est le plus long d'Écosse : il s'étire sur quelque 38 km, pour une largeur ne dépassant guère 1,5 km. Des collines boisées entourent sa pointe sud, tandis que le Kilchurn Castle et d'imposantes montagnes se dressent sur sa rive nord.

STEPHEN BRIDGER/SHUTTERSTOCK ©

SUSANNE POMMER/SHUTTERSTOCK ©

Oban

Principal point d'accès à de nombreuses îles de l'archipel des Hébrides, cette cité portuaire s'ouvre sur une baie, avec une vue imprenable sur Kerrera et Mull. Entre ses restaurants de fruits de mer, ses pubs et sa fameuse distillerie, en activité depuis 1794, son charme est irrésistible ! Une balade de 1,6 km vers le nord le long de la côte vous mènera au Dunollie Castle.

STEVEHARRISONPHOTOS/SHUTTERSTOCK ©

Séjour nature sur Mull

Les paysages de Mull sont à couper le souffle : crêtes déchiquetées du Ben More, rochers de basalte noir de Burg, sable blanc étincelant, granit rose et eaux émeraude le long de la péninsule de Ross. À cela s'ajoutent une ravissante "capitale" au bord de l'eau (Tobermory), la possibilité d'observer des baleines et des oiseaux de proie, un impressionnant château, et un accès facile depuis Oban…

24 Sauts de puce dans les HÉBRIDES INTÉRIEURES

FERRIES | PLAGES | VIE SAUVAGE

Qu'il est excitant d'embarquer sur le ferry à Oban, "la porte des îles", pour découvrir les paysages irréels des Hébrides intérieures ! La vie prend un rythme plus lent dans chacune de ces îles uniques ; on y savoure pleinement des activités vivifiantes, des villages pittoresques et des littoraux paradisiaques, rudes et typiquement écossais.

OUR WILD LIFE PHOTOGRAPHY/ ALAMY STOCK PHOTO ©

Œil d'aigle

On aperçoit souvent les pygargues autour des fjords de la côte ouest de Mull. Les adultes sont reconnaissables à leurs larges ailes plates et à leur queue blanche. Ils peuvent planer très longtemps sans un battement d'ailes ; on les observe souvent dessiner des cercles haut dans le ciel.

Conseil de Martin Keivers, *propriétaire et skipper à Mull Charters*

En pratique

Circuler Les ferries CalMac circulent entre Oban et les îles, tandis que les agences Staffa Trips et Staffa Tours proposent des excursions sur l'île de Staffa et aux îles Treshnish. Tout est prévu pour les piétons et les cyclistes, mais disposer d'une voiture permet d'accéder à davantage d'endroits.

Quand Au printemps pour les fleurs sauvages ; de mai à juillet pour les macareux ; en août pour la bruyère ; en automne pour les ciels sombres, les paysages et la basse fréquentation.

Bon plan Économisez en achetant le billet de ferry Hopscotch 19 Coll & Tiree.

05 Sur la côte divine de **Tiree**, choisissez parmi les multiples activités nautiques qui profitent des vagues. En été, louez un paddle ou un kayak pour rencontrer les requins pèlerins du Gunna Sound.

04 Réservez un week-end à **Coll Bunkhouse** (p. 182) en mars ou en octobre pour observer les étoiles ou couvrez-vous bien par une nuit claire et constatez par vous-même que l'île mérite son statut de "Dark Sky Community".

03 Les macareux se regroupent à **Staffa** et **Lunga** en été. Observez de près leur interaction en groupe et leurs atterrissages souvent chaotiques lors d'une excursion en bateau avec Staffa Tours ou Staffa Trips.

01 Gravissez les pentes volcaniques du **Ben More**, seul *munro* de Mull, qui s'élève à 996 m. Départ à Dhiseig, sur la rive du Loch na Keal.

02 Niché au creux d'une baie abritée et isolée de la côte ouest d'**Iona**, **Port Ban** est une oasis secrète, véritable paradis des baigneurs, au sable blanc immaculé et aux eaux turquoise.

25 Découvrir l'île DU WHISKY

DISTILLERIES | VISITES GUIDÉES | TRADITIONS

S'il est une île où l'on serait volontiers naufragé, c'est bien Islay, l'île du whisky par excellence. Sur cette île longue de 40 km et large de 24 km seulement, on trouve pas moins de neuf distilleries (et d'autres sont à venir), ouvertes à la visite. Autant dire que c'est un paradis pour les amateurs de whisky, et une destination idéale pour ceux qui souhaitent le devenir !

IAIN MASTERTON/ALAMY STOCK PHOTO ©

En pratique

S'y rendre et circuler Les ferries CalMac partent de Kennacraig et Oban ; les vols Loganair, de Glasgow. La plupart des distilleries sont accessibles en bus (bus Islay Coaches lun-sam), taxi local, vélo ou marche à pied, par le Three Distilleries Pathway ou l'itinéraire reliant Bruichladdich à Port Charlotte.

Quand Les distilleries sont ouvertes toute l'année. Préférez septembre pour les festivals et l'hiver pour le whisky au coin du feu.

Bon à savoir Les distilleries proposent aux automobilistes et aux cyclistes des verres à emporter.

BARMALINI/SHUTTERSTOCK ©

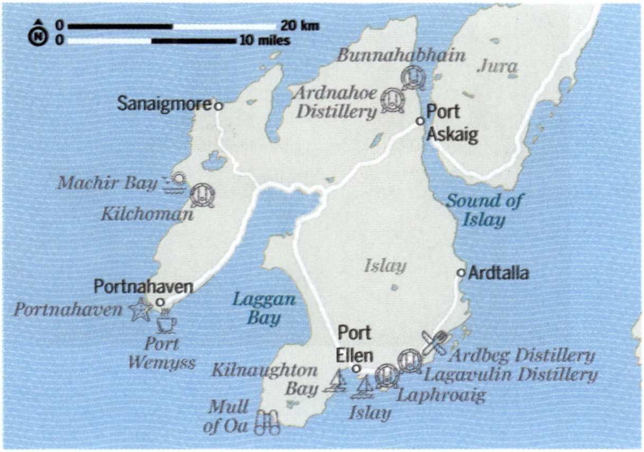

Tiré du fût Commencez la journée en beauté avec la Warehouse Experience de la **distillerie Lagavulin** (p. 185), dégustation privée de whiskies tirés du fût ; la visite est orchestrée par Iain McArthur, la "légende de Lagavulin", intarissable sur le sujet. **Bunnahabhain** (p. 184) propose une visite similaire très appréciée, intitulée Warehouse 9 Tasting Experience. L'élégant centre d'accueil des visiteurs de la distillerie offre un point de vue sur Bunnahabhain Bay et, au-delà, sur les sommets des Paps of Jura.

Le verre et l'assiette Tandis que la première production d'**Ardnahoe** (p. 184), neuvième distillerie d'Islay et la plus récente, vieillit encore dans les fûts, essayez la dégustation cuisine-whisky de son restaurant : fruits de mer d'Islay, viande de cerf aux épices et au *haggis* et tarte à l'orange et au chocolat se marient en beauté avec un *single malt* écossais.

Côté plage Dans le sable de Machir Bay, lors d'un Beach Tasting animé par l'équipe de **Kilchoman** (p. 185), découvrez tout ce qu'il faut savoir sur la seule ferme-distillerie d'Islay. La dégustation comprend quatre fondamentaux de la maison, dont le très approprié Machir Bay. À marée basse, une épave émerge à l'horizon.

Expérience totale La visite immersive de **Laphroaig** est pour le moins complète : randonnée jusqu'à la source d'eau et découpage de la tourbe, dégustation de whisky *single cask* dans l'entrepôt et embouteillage de votre échantillon souvenir. En devenant *Friend of Laphroaig* ("ami de Laphroaig"), vous serez même propriétaire d'une parcelle tourbée !

En haut à gauche Distillerie Lagavulin
En bas à gauche Dégustation de whiskies *single malt* sur Islay

Exploration gourmande

Après un délicieux déjeuner de style bistrot servi à la nouvelle remorque "Ardstream" de la **distillerie Ardbeg** (p. 184), guettez les loutres chassant le crabe sur la jetée.

Profitez d'un *afternoon tea* en plein air chez **Port Wemyss**, puis allez admirer les phoques de **Portnahaven**.

Visitez la réserve naturelle de la RSPB située sur le **Mull of Oa** et contemplez le coucher du soleil à **Kilnaughton Bay** en savourant une pizza de Peatzeria ou SeaSalt Bistro.

Embarquez pour une croisière avec l'agence **Islay Sea Adventures** (p. 182) ou longez la côte en paddle avec **Kayak Wild Islay** (p. 183).

Conseils d'Emma Clark, *propriétaire de Glenegedale House à Islay*

À la rencontre du maître distillateur

JIM MCEWAN, MAÎTRE DISTILLATEUR, ISLAY

Jim McEwan, “l’homme qui murmure à l’oreille des fûts”, génie du whisky, a consacré plus de 50 années de sa vie à l’industrie phare d’Islay. Ce fin connaisseur du breuvage doré a commencé enfant à rôder autour de la distillerie Bowmore, pour finir par diriger l’ensemble du processus tout en faisant connaître les whiskies d’Islay au monde entier.

À gauche Fûts de whisky de la distillerie Bowmore
Au milieu Jim McEwan, maître distillateur
À droite Distillerie Bruichladdich

13THREEPHOTOGRAPHY/SHUTTERSTOCK ©

La réalisation d’un rêve

Originaire de l’île d’Islay, Jim passa son enfance à jouer près du port de Bowmore, et à se faire chasser de la distillerie par le responsable. “La distillerie, c’était comme un parc d’attractions pour moi. C’était fascinant. J’ai toujours voulu y travailler.”

Le rêve de Jim se réalisa en 1963 lorsque, à 15 ans, il décrocha son premier job à l’entrepôt. Il devint ensuite apprenti tonnelier, suivant l’enseignement de David Bell, alors plus ancien tonnelier d’Écosse. “Construire des fûts, c’était la réalisation d’un rêve ; j’adorais l’odeur du chêne, du whisky, du charbon de bois qui brûlait.”

Toujours désireux d’apprendre, Jim s’installa à Glasgow pour se former à l’assemblage ; trois ans plus tard, il était capable d’assembler d’excellents whiskies *blended* qui s’exportaient à travers le monde. Il regagna Islay en tant que responsable de la distillerie Bowmore, celle-là même où il avait commencé jeune garçon – un grand honneur pour lui.

Plus tard, il devint ambassadeur de la marque Bowmore à l’étranger, voyageant dans le monde pour faire découvrir les *single malt* d’Islay, tourbés à souhait ! “En Asie, les clients pensaient qu’il y avait un problème avec le whisky à cause du goût fumé”, se souvient-il, amusé.

Faire découvrir au monde le whisky et son île natale fut pour Jim une expérience très enrichissante. “Quand on aime un produit comme j’aime le whisky et qu’on aime un lieu comme j’aime Islay, on n’a pas l’impression d’aller au travail. C’était une superbe opportunité et un grand privilège.”

IMAGE SCOTLAND/ALAMY STOCK PHOTO ©

MARTIN M303/SHUTTERSTOCK ©

Le whisky comme un don

Définitivement établi sur son sol natal, Jim continua à faire des miracles dans l'industrie du whisky. En 2001, il fut nommé maître distillateur chez Bruichladdich et contribua largement au renouveau de cette distillerie. De fait, il est à l'origine de la célèbre gamme de whiskies Octomore, qui ont la réputation d'être les plus tourbés du monde.

Malgré sa retraite en 2015, Jim reprit du service pour mettre son expertise au service de la toute nouvelle distillerie d'Islay, Ardnahoe. Aujourd'hui, il mène une vie tranquille et se contente de vendre quelques fûts sur commande. Il pratique la randonnée et profite de sa famille, notamment ses quatre petits-enfants qui vivent en Écosse continentale.

Il existe une grande connivence entre toutes les distilleries ; elles appartiennent à une famille spirituelle.

Jim n'hésite pas à commenter l'industrie du whisky d'Islay : "C'est ici que je suis né et que j'ai grandi, et l'île n'a jamais été plus belle qu'aujourd'hui, ni la qualité du whisky meilleure. Il existe une grande connivence entre toutes les distilleries ; elles appartiennent à une famille spirituelle."

Lorsqu'on lui demande ce qui explique la qualité du whisky écossais, il répond sans même réfléchir : "Je crois que le whisky est un reflet de notre caractère ; chaleureux, réconfortant, authentique et sincère. C'est comme un don qu'on nous aurait fait. Nous en avons pris soin, nous l'avons choyé, nous l'avons traité avec respect. C'est un accomplissement de notre nation, et nous pouvons en être fiers."

L'essentiel à connaître sur le whisky écossais

Un whisky *single malt* est produit par une seule distillerie à partir d'orge malté uniquement. Un *blended* est un assemblage de whiskies issus de différentes distilleries et peut contenir du whisky de grain.

Les cinq grandes régions écossaises de production de whisky sont les Highlands, les Lowlands, les îles, le Speyside et Islay. Chacune a ses propres caractéristiques.

Le whisky vieillit dans des fûts utilisés au préalable le plus souvent pour le bourbon ou le xérès. Leur vie précédente influe sur la couleur et le goût du whisky.

Islay est réputée pour ses whiskies au goût fumé et tourbé ; de la tourbe est utilisée comme combustible pour le séchage de l'orge.

26 Sur les rives du LOCH LOMOND

PAYSAGE | CROISIÈRE | RANDONNÉE À PIED OU À VÉLO

Les superbes berges du loch Lomond et leurs environs, les Trossachs, sont ponctués de villages charmants. On respire un air pur d'une exceptionnelle douceur dans ces magnifiques paysages de douces collines et de lochs, classés parc national.

ROSS ELLIOTT PHOTO/SHUTTERSTOCK ©

En pratique

S'y rendre et circuler Le Loch Lomond n'est qu'à 32 km de Glasgow. Le bus First Glasgow (www.firstglasgow.com) n°1/1A va d'Argyle Street, dans le centre de Glasgow, à Balloch (5,40 £, 1 heure 30, au moins 2/heure). Le trajet en train Glasgow-Balloch (5,90 £) dure 45 min seulement. Pour couvrir la région des Trossachs, un système de taxis à la demande (DRT) a été mis en place au tarif de transports en commun.

Quand partir Les sites touristiques du Loch Lomond, comme Balloch et Luss, connaissent une forte affluence estivale. Privilégiez la rive orientale, plus paisible et plus adaptée à la découverte du lac.

Circuler dans le parc

Le Loch Lomond et les Trossachs font partie du **Loch Lomond & the Trossachs National Park** (voir p. 182) le premier parc national d'Écosse, créé en 2002. Le parc couvre un immense secteur, de Balloch à Tyndrum et Killin au nord, et de Callander aux forêts de Cowal à l'ouest. La longueur du Loch Lomond est telle que l'accès entre la partie occidentale du parc et les Trossachs à l'est se fait par l'extrémité nord de la région via Crianlarich ou par l'extrémité sud via Drymen. Les randonneurs et les cyclistes peuvent relier les deux plus facilement grâce aux bateaux-bus sillonnant le Loch Lomond.

Auchtertyre
Crianlarich
04 Faites une halte au village de **Balquhidder** pour vous recueillir devant la tombe du charismatique chef de clan Rob Roy, puis offrez-vous une luxueuse retraite au Monachyle Mhor.
Monachyle Mhor
Balquhidder
Kingshouse
Inverarnan
Falloch
Strathyre
Loch Lomond & the Trossachs National Park
Ardlui
Ardleish
03 Longez la rive orientale du loch via le **West Highland Way**, sentier de randonnée qui s'étend sur 153 km entre Milngavie, à la périphérie nord-ouest de Glasgow, et Fort William.
Loch Katrine
Inveruglas
Inversnaid
Loch Arklet
Loch Venachar
Teith
Loch Chon
Arrochar
Tarbet
Ben Lomond
05 Montez à bord du bateau à vapeur centenaire Sir Walter Scott, à la pointe du **Loch Katrine** pour apprécier les superbes panoramas des Trossachs.
Kinlochard
Loch Ard
02 Optez pour une **croisière** depuis Luss pour explorer les îles du loch, la grotte de Rob Roy et les Arklett Falls.
Rowardennan
Gartmore
Buchlyvie
Luss
CRUISE LOCH LOMOND
Balfron
Loch Lomond
01 Depuis Glasgow, empruntez le **Clyde and Loch Lomond Cycle Way**, paisible itinéraire cyclable de 32 km jusqu'à Balloch. De là, continuez jusqu'à Tarbet, 16 km, et admirez de superbes vues sur le loch.
Drymen
Endrick
Killearn
Gartocharn Village
Arden
JOSEFKUBES/SHUTTERSTOCK ©
N
0 10 km
0 5 miles
Helensburgh
Balloch

27 De la mer à L'ASSIETTE

PRODUITS DE LA MER | CULTURE | TRADITIONS LOCALES

En plus d'être un régal pour les yeux, les eaux de la côte ouest de l'Écosse recèlent d'excellents fruits de mer. Le Seafood Trail traversant l'Argyll vous guidera dans votre quête culinaire, de ports animés en îles méconnues, de lochs infinis en lieux retirés ; partout, les produits frais, les≈cabanes de restauration en bord de mer et une hospitalité sans borne seront au rendez-vous.

En pratique

Circuler La région se parcourt en voiture ou en bus, pour les destinations desservies (westcoastmotors.co.uk). Des trains ScotRail relient Glasgow à Oban.

Quand Les fruits de mer sont proposés toute l'année même si des restaurants ferment en basse saison ; mieux vaut se renseigner à l'avance.

Bon plan Si vous avez la chance d'en trouver au menu, goûtez la galathée (*squat lobster*). Malgré son nom anglais, cet étrange crustacé n'est pas un homard ; sa chair est plus douce que celle des crevettes.

Huttes en bord de mer

Repérable à sa couleur verte, l'**Oban Seafood Hut** est une institution installée sur la jetée. Des fruits de mer à petits prix sont servis dans des assiettes en carton, sous les cris des mouettes et le bruit de moteur des ferries. Une solution plus paisible est d'aller déguster son sandwich à la crevette près de la McCaig's Tower.

Établissement familial niché dans un coin reculé de la péninsule du Kintyre,

À droite Fruits de mer de l'île de Mull

la **Skipness Seafood Cabin** (p. 185) sert des plateaux de fruits de mer. En sus, une bouteille de vin, un rayon de soleil et une jolie vue sur Arran.

Vue sur le loch Récemment ouvert sur la rive du Loch Lomond, **Luss Fish & Chip Co** (p. 185) sert des plats de poisson et du homard grillé. Plus à l'ouest, le Loch Fyne est réputé pour ses huîtres généreuses, accompagnées de cheddar fumé grillé ou panées au *panko* (chapelure japonaise) au **Loch Fyne Oyster Bar** (p. 185), près d'Inveraray.

Déjeuners insulaires Ici, point de haute technologie : trouvez le panneau rouge et appelez le minuscule ferry reliant Mull à Ulva, où **The Boathouse** (p. 185) sert des fruits de mer – la tradition veut que l'on déguste les huîtres avec la Guinness. Au **Ninth Wave** (p. 185), sur le Ross of Mull, la pêche du jour ramenée par le bateau des propriétaires s'associe aux fruits de la cueillette et aux produits des cultures de la maison pour composer des plats exceptionnels d'une grande originalité. Sur l'île de Coll, on déguste au **Coll Hotel** (p. 185) de délicieux spaghettis accompagnées de homard à la crème et du crabe à l'ail, au gingembre et au piment, tout en profitant de la vue sur Arinagour Bay et les bateaux de retour de la pêche.

Pêche durable

Les produits de la mer sont indissociables de notre mode de vie, mais la question de la durabilité est aujourd'hui plus importante que jamais. La plupart des fruits de mer de l'Argyll sont récoltés selon des méthodes éthiques et respectueuses de l'environnement ; toute prise trop petite ou inutile est rendue vivante à la mer.

Drew Stevenson, *Fisherman's Kitchen, île de Seil*

28 Road trip sur la CÔTE SECRÈTE

PAYSAGES | PÉNINSULE | VOITURE

Bordée par les Kyles of Bute et le Loch Fyne, la côte secrète de l'Argyll longe la péninsule de Cowal. Facilement accessibles depuis Glasgow, ses routes peu fréquentées débouchent sur des sentiers forestiers magiques, des plages secrètes, des perles gastronomiques – en bref, tout le charme sauvage et l'histoire palpitante des Highlands, sans la foule.

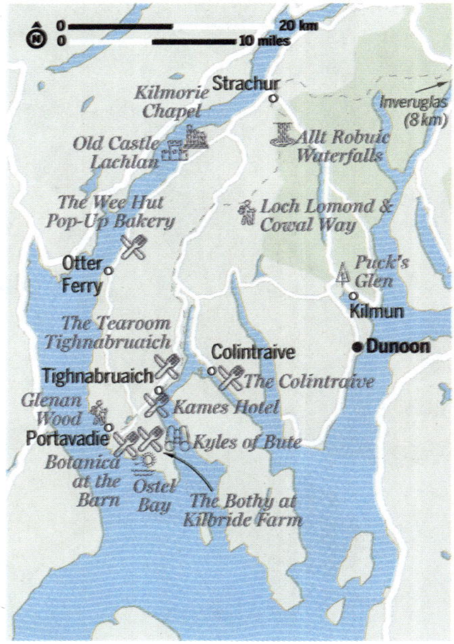

En pratique

Circuler Louez une voiture à Glasgow pour suivre la route panoramique (A83). Depuis Strachur, explorez les trois branches de la péninsule.

Quand Au printemps pour les jacinthes des bois, en septembre pour la Kyles 10 Miles (course à pied de 16 km), en automne pour les couleurs.

Moment détente Terminez par un bain dans la plus grande piscine à débordement extérieure chauffée du pays, au luxueux spa Portavadie Spa surplombant le Loch Fyne.

Haltes panoramiques

Le ravin rocailleux et enchanteur de **Puck's Glen** n'est que mousses, arbres torturés et bassins alimentés par des cascades. Les histoires de fées qui hantent la forêt deviennent plus crédibles à chaque pas. Empruntez le Waterfall Trail, peu connu, qui traverse Glenbranter et mène aux **chutes d'eau d'Allt Robuic**.

Faites une halte au **point de vue des Kyles of Bute**, sur l'A8003, près de Tighnabruaich, d'où l'on voit les magnifiques ondulations du rivage.

Cernée de dunes de sable, au bout d'un chemin agricole, **Ostel Bay** est une superbe

Ci-contre Old Castle Lachlan, Loch Fyne

plage. Au-delà du bras de mer, la silhouette des sommets d'Arran domine l'horizon.

L'**Old Castle Lachlan** est une forteresse en ruines drapée de végétation sur la rive du Loch Fyne. La **Kilmorie Chapel**, chapelle médiévale où étaient inhumés les chefs du clan Maclachlan, est accessible à pied.

Garez la voiture et parcourez à pied un tronçon du **Loch Lomond and Cowal Way**.

Dégustations locales

Deux adresses chaleureuses et conviviales où l'on sert fruits de mer et viandes élevées localement : le **Kames Hotel** (p. 185), en bord de mer, et **The Colintraive** (p. 185), situé près de l'embarcadère du ferry pour Bute.

The Tearoom Tighnabruaich (p. 185) est réputé pour ses gâteaux et scones goûteux. **The Wee Hut Pop-Up Bakery** (p. 185), à Evanachan Farm, sert aussi de bonnes pâtisseries maison.

The Bothy at Kilbride Farm mérite une halte rien que pour goûter le pain au haggis ; non loin, **Botanica at the Barn** (p. 185) est parfait pour se concocter un pique-nique : pain frais, pâté, ingrédients cueillis dans la nature et produits de traiteur.

KAREN APPLEYARD/ALAMY STOCK PHOTO ©

Un village abandonné

À deux pas du port de plaisance de Portavadie, quelques chênes centenaires dissimulent les vestiges d'un village datant de 1309. Lieu évocateur et enchanteur, Glenan Wood appartient à la communauté locale, qui assure sa conservation. Un chemin terreux grimpe jusqu'au village abandonné à travers une forêt dense. Les ruines peuplées pendant 600 ans sont aujourd'hui solitaires et livrées à la nature. Le retour par le chemin côtier permet d'apprécier la tranquillité de la plage de galets de Glenan Bay.

29 À la découverte du ROYAUME D'AUTREFOIS

RUINES | NATURE | RANDONNÉE

Mystérieux menhirs, gravures rupestres, chambres funéraires et fortins érigés sur des collines ponctuent le fabuleux site préhistorique de Kilmartin Glen. Suivez le Dalriada Heritage Trail, itinéraire de 11 km, pour remonter le cours de l'histoire humaine et revisiter 5 000 ans en un jour.

Le plus beau raccourci de Grande-Bretagne

Prolongez l'aventure par une balade à pied ou à vélo le long du **canal de Crinan** – 14 km de paysages attachants entre Ardrishaig et le village de Crinan. On y aperçoit des balbuzards, des écureuils roux, des vaches Highland et des dauphins. À l'extrémité ouest du canal, **Crinan Wood** constitue une parcelle unique de forêt tempérée humide où s'épanouit une flore rare.

En pratique

S'y rendre L'itinéraire peut se parcourir à pied ou en voiture ; il est jalonné de parkings. Les bus West Coast Motors desservent Kilmartin et le canal de Crinan depuis Oban et Lochgilphead, deux villes également accessibles en bus et en train depuis Glasgow.

Quand Quelle que soit la période, la région est peu fréquentée. Préférez fin avril ou début mai pour les jacinthes des bois, l'automne pour les paysages sous la lumière dorée.

Bonus rupestre Ne manquez pas les impressionnantes gravures rupestres d'Achnabreck.

01 Commencez par les ruines de **Carnasserie Castle** (XVIe siècle). Depuis le sommet de la tour sans toit se révèle toute l'étendue d'un paysage historique de première importance.

02 Suivez le sentier jusqu'au village de Kilmartin et découvrez le **Glebe Cairn**, où se déroulaient des rituels funéraires au début de l'âge du bronze, ainsi que l'**église de Kilmartin et son cimetière**, riche en croix élégamment gravées et en pierres sculptées.

03 Poursuivez le long de l'alignement de cairns funéraires – amas de pierres circulaires, imposants et bien préservés. Vient d'abord le **Nether Largie North Cairn**, puis le **Nether Largie Mid Cairn** et enfin le **Nether Largie South Cairn**, qui possède une chambre dans laquelle on peut entrer.

04 Un peu plus loin, le **Temple Wood Stone Circle** est un cercle de pierres datant de 3 000 av. J.-C. Il suffit de traverser un champ pour accéder aux **Nether Largie Standing Stones**, pierres dressées marquées de cupules et de cercles distinctifs.

05 La promenade se termine par l'ascension des vestiges rocailleux de **Dunadd Fort**, capitale de l'ancien royaume de Dal Riada, qui arbore d'impressionnantes gravures, dont le célèbre rocher à l'empreinte de pied.

TRÉSORS
de Kilmartin Glen

01 et 04 Dunadd Fort
Cette colline fortifiée depuis l'âge de fer est réputée pour ses empreintes gravées dans la pierre : ce sanglier (04) et ce pied (01) qui aurait joué un rôle dans la cérémonie d'investiture d'un roi de Dal Riada.

02 Art rupestre d'Achnabreck
Ces spirales et cupules vieilles de 5 000 ans semblent venues d'un autre monde. Elles constituent l'un des plus beaux exemplaires d'art rupestre préhistorique en Écosse.

03 Nether Largie South Cairn
Le plus ancien cairn du cimetière linéaire. La chambre centrale, utilisée au Néolithique pour des rituels funéraires, était divisée en quatre parties.

05 Nether Largie Standing Stones
Ces imposants menhirs marqués de 23 cupules distinctives ont donné lieu à toutes sortes de théories quant à leur fonction – du terrain de jeu de balle au pied à l'observatoire lunaire.

06

08

07

09

06 Caveau Poltalloch (cimetière de Kilmartin)

Rangée de sept pierres tombales de la famille Malcolm du domaine de Poltalloch datant du XIVe au XVIIe siècle.

07 Tombe de Neil Campbell (cimetière de Kilmartin)

Ces pierres tombales sculptées datant du XIIIe au XVIIIe siècle représentent notamment bêtes sauvages, épées, croix ou guerriers.

08 Kilmartin Cross

Conservée à l'intérieur de l'église à l'abri des intempéries, cette croix chrétienne datant des environs de 900 après J.-C. arbore des gravures d'une incroyable minutie.

09 Temple Wood Stone Circle

Ce cercle de pierres a probablement accueilli quelque rituel ou cérémonie.

Carnet d'adresses

Les grands classiques (voir p. 164)

Loch Lomond & the Trossachs National Park

(01389-722600 ; www.lochlomond-trossachs.org)

Île d'Islay

Office du tourisme à Bowmore (01496-305165 ; www.islayinfo.com ; The Square ; 10h-17h lun-sam, 12h-15h dim mars-mai, 9h30-17h30 lun-sam, 12h-15h dim juin-août, 10h-17h lun-sam sept-oct, 10h-15h lun-ven nov-fév)

Île d'Arran

Office du tourisme à Brodick (01770-303774 ; www.visitscotland.com ; 9h-17h lun-sam mars-oct, plus 10h-17h dim avr-sept, 11h-16h lun-sam nov-fév)

Iona Abbey

(01681-700512 ; www.historicenvironment.scot ; adulte/enfant 9/5,40 £ ; 9h30-17h30 avr-sept, 10h-16h oct-mars)

Inveraray Castle

(01499 302203 ; www.inveraray-castle.com ; adulte/enfant/famille 12,50/8/35 £ ; 10h-17h45 avr-oct)

Kilchurn Castle

(www.historicenvironment.scot ; Dalmally ; 9h30-17h30 avr-sept)

Oban Distillery

(01631 572004 ; www.malts.com ; Stafford St ; visite 10 £ ; 12h ou 12h30-16h30 déc-fév, 9h30-17h mars-juin et oct-nov, 9h30-19h30 lun-ven et 9h30-17h sam-dim juil-sept)

Île de Mull

Office du tourisme à Craignure (01680 812377 ; www.visitscotland.com ; Craignure ; 9h-17h lun, 8h30-17h mar-sam, 10h-17h dim sept-juin, 9h-18h15 lun, 8h30-18h15 mar-sam, 10h-16h15 dim juil-août)

Aventures insulaires

Coll Bunkhouse

Voir p. 167 (hébergement, 01879-230217 ; www.collbunkhouse.com ; Arinagour ; dort/lits jum 24/60 £ ; P)

Explore Lismore

Visite de l'île en Land Rover avec un guide local, qui inclut un délicieux pique-nique de gourmandises artisanales de The Dutch Bakery. (01631-760 291 ; explorelismore.co.uk)

Islay Sea Adventures

Voir p. 169 (01496-300129 ; islay-sea-adventures.co.uk ; sortie nature 2 heures 50 adulte/enfant 55/45 £ ; bureau Lagavulin, départ Port Ellen Harbour)

Jura Island Tours

Des paysages sauvages, 5 000 cerfs, et une distillerie de gin dans une ancienne écurie : une visite complète de l'île de Jura, accessible en ferry en passant par Islay. (isleofjura.scot)

JURAJ KAMENICKY/SHUTTERSTOCK ©

West Highland Way

Kayak Wild Islay

Voir p. 169 (7973-725456 ; www.kayakwildislay.co.uk ; Charlotte Street ; sortie accompagnée 3 heures adulte 60-75 £ ; également location de fat bike)

Kerrera Tea Garden £

Déjeuner ou pause sucrée dans ce restaurant caché au cœur d'une île. Pour y aller : cinq minutes sur le ferry partant de Gallanach puis 3,5 km de marche – suivez les panneaux ornés de théières ! (01631-566367 ; kerrerabunkhouse.co.uk)

Kiloran Beach

Pédalez jusqu'à cette plage, petit coin de paradis sur l'île de Colonsay, où l'on peut s'adonner au paddle ; vélos et planches loués par Colonsay Bikes & Boards. Beau point de vue depuis le Carnan Eoin, sommet voisin.

West Island Way

La côte escarpée s'ouvre sur une baie reculée, une campagne paisible ou les ruines d'une chapelle médiévale : long de 8 km, le Kilchattan Bay Circular est un beau tronçon de l'itinéraire de grande randonnée de l'île de Bute. (www.westislandway.co.uk)

Activités marines et faune sauvage

Basking Shark Scotland

Une rencontre marine enchanteresse. Partez à la recherche des requins pèlerins et nagez à leurs côtés en compagnie d'un biologiste marin. Excursion d'une journée au départ de Coll et circuits guidés privés depuis Oban/Tobermory. (07975 723140 ; baskingsharkscotland.co.uk ; avr-oct)

Mull Charters

Excursions en bateau au large de la côte ouest de l'île de Mull, pour peut-être apercevoir des pygargues plonger dans la mer. (www.mullcharters.com)

DAVID WOODS/SHUTTERSTOCK ©

Rothesay Castle

Seafari Adventures

Partez d'Easdale pour approcher le gouffre de Corryvreckan ou admirez les baleines et autres habitants du golfe lors d'une excursion plus longue. (www.seafari.co.uk)

Tiree Sea Tours

Pour observer la faune en parcourant à vive allure les eaux des Hébrides intérieures sur un bateau semi-rigide. L'impressionnant phare de Skerryvore se dresse sur son étroit récif rocheux. (www.tireeseatours.co.uk)

Châteaux et abbayes

Carnasserie Castle

Voir p. 179 (historicenvironment.scot/visit-a-place/places/carnasserie-castle ; accès libre en extérieur, près de Kilmartin)

Castle Stalker

Cette maison-tour médiévale est perchée sur une île confetti du Loch Laich, près d'Oban, accessible à marée basse. Prenez un café et des photos de ce lieu qui a servi de décor au film *Monty Pyton : Sacré Graal !* (01631-730354 ; www.castlestalker.com ; Portnacroish ; adulte/enfant/famille 20/10/50 £ ; visites avr-oct)

Rothesay Castle

Robuste forteresse du XIIIe siècle dotée d'une douve et de la seule enceinte circulaire d'Écosse. Au cœur de la ville victorienne de Rothesay, en bord de mer, sur Bute. (01700-502691 ; www.historicenvironment.scot ; King St ; adulte/enfant 6/3,60 £ ; 9h30-17h30 tlj avr-sept, 10h-16h sam-mer oct-mars)

Dans la chaleur des cafés et des pubs

Ben Cruachan Inn ££

Repas consistant et whisky au coin du feu, près du Loch Awe. Longue carte de whiskys *single malt*, bières artisanales et gins écossais ; portions copieuses d'excellente cuisine de gastropub. (www.bencruachaninn.com)

Brambles of Inveraray £

Sandwichs sophistiqués, délicieux gâteaux et café torréfié par la société associée Campbells of Inveraray, à savourer en extérieur dans un jardin secret. (01499-302252 ; www.inverarayhotel.com/food ; 5 Main St, Inveraray ; plats 9-13 £ ; 12h-17h, bar à partir de 19h)

Food from Argyll at the Pier £

Le restaurant le plus réconfortant d'Oban : personnel accueillant, carte au mur indiquant la provenance des ingrédients et effervescence de l'instant où l'on s'apprête à embarquer sur le ferry. (01631-563636)

Puffer Bar & Restaurant ££

Goûteux *fish and chips*, produits locaux et cuisine maison : cet établissement d'Easdale Island, salon de thé le jour, bar-restaurant le soir, est accessible en bateau à moteur. Le World Stone Skimming Championships – championnat du monde de ricochet – s'y déroule tous les ans. (01852-300022 ; pufferbarandrestaurant.co.uk)

Reef Inn ££

Bières fraîches et cocktails dans une ambiance décontractée comme à la plage dans ce bar-restaurant d'un nouvel hôtel de luxe, sur l'île de Tiree – l'"Hawaï du Nord". Non-résidents bienvenus. (www.reef-tiree.com)

The View

La fête à l'écossaise avec vue sur le port d'Oban : concerts de musique traditionnelle, danseurs des Highlands, cornemuses et *ceilidh* endiablés garantissent une soirée exaltante. (www.obanview.com)

Artisanat et photographie

Iona Craft Shop

Vous risquez fort d'avoir envie de repartir avec toute la boutique : vêtements en laine, déco pour la maison, bijoux artisanaux en marbre vert d'Iona... Également vélos à louer et café à emporter. (www.ionacraftshop.com)

Ross of Coll

Vêtements et objets colorés aux motifs inspirés de l'île de Coll, dont la célèbre drôle de vache. Dans la maison familiale de Ross et Chloe, à Arinagour. (rossofcoll.com)

The Whisky Island Gallery & Studio

Des photographies de Jura et d'ailleurs, originales ou reproduites sur des calendriers, livres ou objets. Le whisky, la vie sauvage et les paysages indomptables sont magnifiquement capturés par Konrad Borkowski, photographe primé. (the-whisky-island-gallery-studio.business.site)

Whisky et distillerie

Ardbeg Distillery

Voir p. 169 (01496-302244 ; www.ardbeg.com ; à partir de 8 £ ; 9h30-17h lun-ven tte l'année, plus sam-dim avr-oct)

Ardnahoe Distillery

Voir p. 169 (01496-840777 ; www.ardnahoedistillery.com ; Ardnahoe ; visites à partir de 10 £ ; 10h-17h)

Bunnahabhain Distillery

Voir p. 169 (01496-840557 ; bunnahabhain.com ; Islay ; lun-sam 10h-16h, dim 12h-16h)

Kilchoman Distillery

Voir p. 169 (01496-850011 ; www.kilchomandistillery.com ; Rockfield Farm, Kilchoman ; à partir de 10 £ ; 9h45-17h avr-oct, fermé sam-dim nov-mars)

Lagavulin Distillery

Voir p. 169 (01496-302749 ; www.lagavulindistillery.com ; à partir de 15 £ ; 9h15-17h tlj mars-sept, 9h45-17h lun-sam oct-déc, 10h15-16h lun-sam jan-fév)

Laphroaig Distillery

Voir p. 169 (01496-302418 ; www.laphroaig.com ; à partir de 10 £ ; 9h45-17h tlj mars-oct, 9h45-16h30 tlj nov-déc, 9h45-16h30 lun-ven jan-fév)

Restaurants de fruits de mer et tables gastronomiques

Coll Hotel

Voir p. 175 (01879-230334 ; collhotel.com ; plats 15-25 £ ; tte l'année)

Fisherman's Kitchen

Voir p. 163 (01852-300578 ; Tigh lan, Balvicar, Argyll)

Kames Hotel

Voir p. 177 (01700-811489 ; www.kames-hotel.com ; Kames ; plats 14,25/28,95 ;)

Loch Fyne Oyster Bar

Voir p. 175 (01499-600482 ; www.lochfyne.com ; Clachan, Cairndow ; plats 15-26 £ ; 9h-19h lun-sam, 10h-19h dim, 10h-17h nov-mars, restaurant 12h-17h ou 18h ;)

Luss Fish & Chip Co

Voir p. 175 (facebook.com/LussSeafoodBar ; ½ homard à partir de 14 £ ; Pâques-Toussaint)

NIALL MACTAGGART/SHUTTERSTOCK ©

Distillerie Bunnahabhain, Islay

Ninth Wave £££

Voir p. 175 (01681-700757 ; www.ninthwaverestaurant.couk ; Bruach Mhor, Fionnphort ; menu dîner 3/4/5 plats 50/58/70 £ ; service 19h-19h30 mer-dim mai-oct)

Skipness Seafood Cabin

Voir p. 175 (01880-760207 ; www.skipnessseafoodcabin.co.uk ; plats 3-18 £ ; 11h-19h dim-ven fin mai-sept)

The Boathouse

Voir p. 175 (01583-505123 ; www.boathouseongigha.com ; Ardminish ; plats 12-20 £ ; 11h30-21h mi-mars à oct ;)

The Colintraive

Voir p. 177 (01700-841207 ; www.colintraivehotel.com ; Argyll ; plats 13,5-23 £)

Tea time et scones

Botanica at the Barn

Voir p. 177 (01700 811464 : m.facebook.com/botanicatighnabruaich ; Crossroads, Tighnabruaich)

Tearoom Tighnabruaich

Voir p. 177 (01700-811188 ; www.tearoomtighnabruaich.com ; pizzas 9,50-10,75 £)

The Wee Hut Pop-Up Bakery

Voir p. 177 (facebook.com/The-Wee-Hut-Pop-Up-Bakery-115288593984510 ; Evanacham Farm)

HIGHLANDS DU CENTRE

AVENTURE | GRANDS ESPACES | WHISKY

STUDIO KAREL/SHUTTERSTOCK ©

HIGHLANDS DU CENTRE
à la carte

Passer du temps au grand air, quelle que soit la météo, fait intrinsèquement partie d'une expérience dans les Highlands. À pied, à vélo ou en bateau, le cœur sauvage de l'Écosse s'exprime hors des sentiers battus, dans des forêts peuplées de cerfs, des rivières grouillant de saumons et des lochs hantés par des monstres.

Voguez sur le **canal calédonien** (p. 204) et marquez des pauses dans des pubs flottants et des restaurants sur les berges (p. 197)
2-3 jours

Soufflez et suez jusqu'au sommet de la plus haute montagne britannique, le **Ben Nevis** (p. 200)
1 jour

Amusez-vous à reconnaître les lieux de tournage lors d'un circuit cinéma autour de **Glencoe** (p. 198)
1 jour

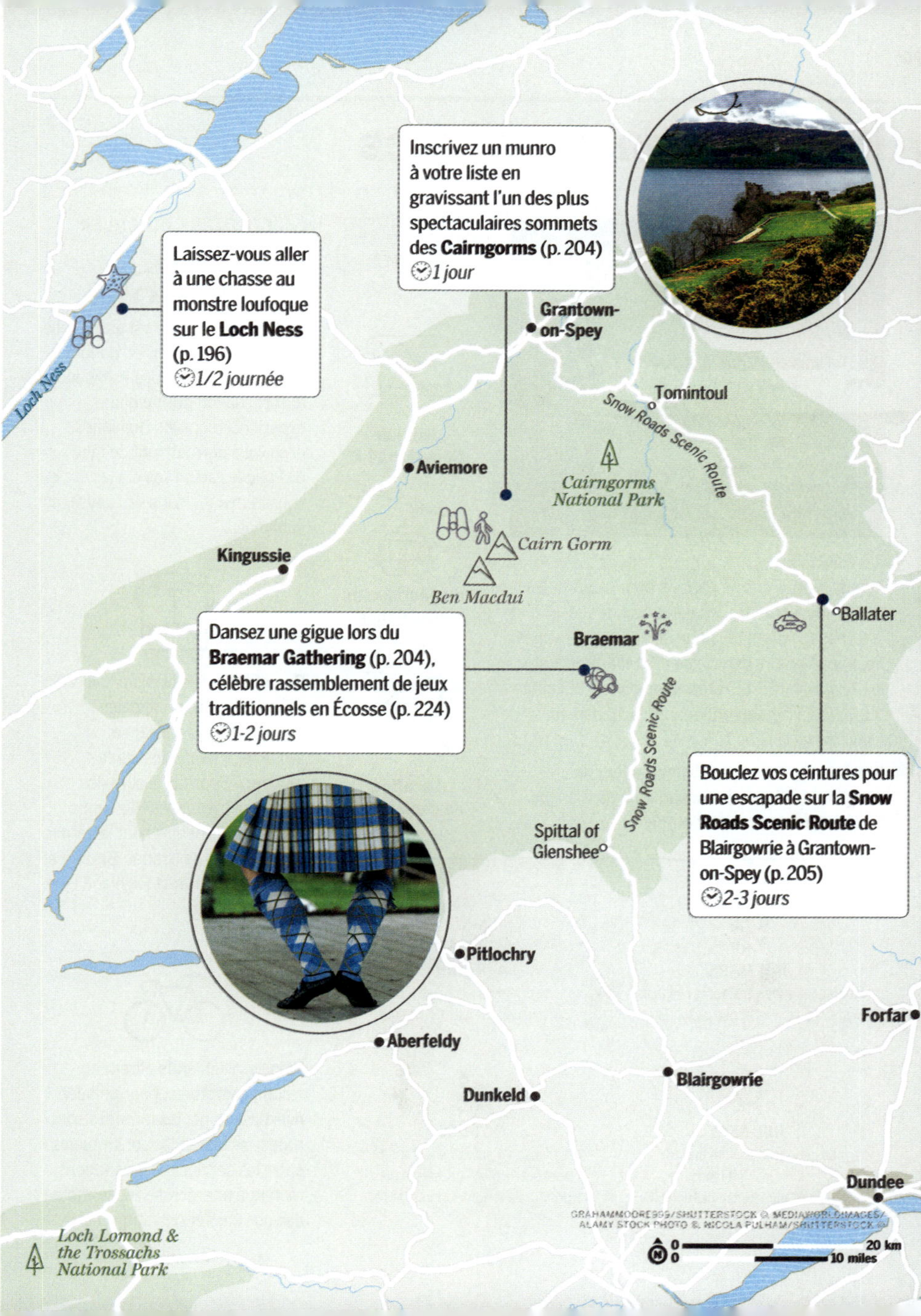
Inscrivez un munro à votre liste en gravissant l'un des plus spectaculaires sommets des **Cairngorms** (p. 204)
1 jour
Laissez-vous aller à une chasse au monstre loufoque sur le **Loch Ness** (p. 196)
1/2 journée
Dansez une gigue lors du **Braemar Gathering** (p. 204), célèbre rassemblement de jeux traditionnels en Écosse (p. 224)
1-2 jours
Bouclez vos ceintures pour une escapade sur la **Snow Roads Scenic Route** de Blairgowrie à Grantown-on-Spey (p. 205)
2-3 jours
Loch Ness
Grantown-on-Spey
Tomintoul
Snow Roads Scenic Route
Aviemore
Cairngorms National Park
Cairn Gorm
Kingussie
Ben Macdui
Braemar
Ballater
Snow Roads Scenic Route
Spittal of Glenshee
Pitlochry
Forfar
Aberfeldy
Blairgowrie
Dunkeld
Dundee
Loch Lomond & the Trossachs National Park
0 20 km
0 10 miles

Informations pratiques

À L'ARRIVÉE

Avion Points d'entrée parfaits pour explorer les Highlands du Centre, les aéroports de Glasgow et Inverness abritent plusieurs agences de voyages. Pour vous rendre dans le centre-ville, empruntez le Glasgow Airport Express (ligne 500), qui coûte 9 £, jusqu'à la gare routière de Buchanan ou, à Inverness, la ligne 11.

Bus De fréquents bus Citylink partent de Glasgow et Inverness à destination de Glencoe, Fort William, Aviemore et au-delà.

BUDGET

Visite de Speyside 14 £

Téléphérique du Nevis Range 22 £

Location de canoë 55 £

QUAND Y ALLER

JAN-MARS
Montagnes enneigées, vents cinglants, campings fermés et peu de touristes.

AVR-JUIN
Au printemps, la neige fond et la météo est assez clémente.

JUIL-SEPT
La période la plus fréquentée dans les Highlands et la meilleure météo de l'année.

OCT-DÉC
Des feuilles d'automne aux aurores boréales, la meilleure saison pour profiter de la nature sans la foule.

COMMENT CIRCULER

Voiture Une voiture est essentielle pour les explorations en dehors des grandes villes. Ces escapades font partie intégrante d'une expérience dans les Highlands : elles vous permettront de faire des pauses selon vos envies et de vous immerger dans des paysages sublimes.

Bus et train Les bus Citylink relient les villes principales et déposent les passagers aux arrêts demandés sur le parcours. ScotRail assure des liaisons à travers les Highlands : les incontournables sont la gare la plus isolée de Grande-Bretagne (Corrour) et la West Highland Line jusqu'à Mallaig.

Vélo Les Highlands offrent un terrain somptueux pour pédaler. Avertissement : les montées sont rudes, les distances sont longues entre les services et les camions roulent à une vitesse susceptible de vous éjecter de votre selle.

OÙ SE RESTAURER ET PRENDRE UN VERRE

Paradis du whisky Le whisky single malt de classe internationale coule à flots dans les Highlands du Centre, du pied du Ben Nevis au Speyside en passant par d'incroyables glens. The Glenlivet (p. 205), première distillerie du pays titulaire d'une licence, ou Royal Lochnagar (p. 205) sont d'excellents points de départ à la découverte de l'or brun.

Cuisine de pub Du chevreuil ou du saumon dans un paysage mythique, rien de moins. Les pubs légendaires de Glencoe et ceux éparpillés dans les Cairngorms sont les plus enchanteurs.

Repas incontournable

Un pique-nique sur le West Highland Way (p. 207)

Meilleur pub

The Old Forge (p. 206)

SE CONNECTER ET SE REPÉRER

Wi-Fi La plupart des hôtels, bars, cafés et restaurants disposent d'une connexion Wi-Fi pour leurs clients. Le réseau mobile n'étant pas toujours fiable, communiquez votre itinéraire à quelqu'un avant de partir en balade.

Orientation Une carte Ordnance Survey vous sera utile pour toutes les excursions dans les montagnes ou autour des lochs. Pour le reste, vous pouvez utiliser Google Maps.

FESTIVALS

Des villes comme Fort William et Aviemore voient leur population doubler durant les évènements, tels la Coupe du monde de VTT et le festival Spirit of Speyside Whisky. Réservez votre hébergement.

OÙ LOGER

Le choix d'hébergements est large et de qualité dans les Highlands du Centre. Le camping sauvage est autorisé, mais n'oubliez pas la règle d'or : laissez uniquement des empreintes et remportez tous vos déchets.

Ville/village	Pour/contre
Glencoe	Points de vue exceptionnels, déplacements à pied, à vélo ou en bateau quasi obligatoires.
Fort William	La capitale britannique des activités de plein air est entourée de montagnes et de lochs marins. Seuls les hébergements ne sont pas à la hauteur.
Inverness	La capitale *de facto* des Highlands, avec le meilleur choix d'hébergements, des auberges de jeunesse désuètes aux fabuleux cinq-étoiles.
Aviemore	Une ville de carte postale, dans un cadre montagnard charmant, avec boutiques de souvenirs, campings et gîtes rustiques en forêt.
Braemar	La localité la plus chic des Cairngorms, grâce à la proximité du château de Balmoral.
Mallaig	Jolie cité portuaire, délicieux *fish and chips* et ferry pour explorer les Small Isles, Skye ou Knoydart.

ARGENT

Les principales curiosités (montagnes, lochs, glens...) sont gratuites, tout comme le camping sauvage. Les banques et les distributeurs de billets étant rares, ayez toujours suffisamment d'espèces sur vous.

Les grands classiques

Le Loch Ness

Étroit, sombre et profond, le célèbre Loch Ness s'étire sur 57 km d'Inverness à Fort Augustus. Ses eaux glacées ont été explorées de fond en comble dans l'espoir d'y trouver Nessie, l'insaisissable monstre. Au sud-est, la route qui longe son rivage dévoile de superbes panoramas.

NITSAWAN KATERATTANAKUL /SHUTTERSTOCK ©

Ardnamurchan

À la belle saison, empruntez la route panoramique depuis Ardgour pour traverser cette péninsule de 130 km² au milieu de rhododendrons d'un rose et d'un mauve éclatant. Vous accéderez au bout du monde britannique – ou tout du moins son extrémité occidentale.

EDDIE N/SHUTTERSTOCK ©

JAN JIRAT/SHUTTERSTOCK ©

Inverness

À deux pas du Loch Ness, la cité occupe un site enchanteur à l'embouchure du Ness. Promenez-vous le long du fleuve jusqu'aux Ness Islands, de charmantes îles plantées de vénérables pins sylvestres et reliées par d'élégants ponts d'époque victorienne.

Péninsule de Knoydart

Ponctuée d'éminences sauvages et de lochs, la péninsule de Knoydart est la seule région de taille significative encore inaccessible aux voitures. On y vient pour gravir le Ladhar Bheinn (1200 m) ou pour le simple plaisir de s'isoler du monde.

DAVID SHORTO/SHUTTERSTOCK ©

Ben Nevis

Le point culminant de l'Écosse connaît un succès fou : chaque année, 100 000 marcheurs entament son ascension mais tous n'atteignent pas le sommet – un plateau de falaises abruptes où règne un climat subartique. La récompense est un panorama enchanteur.

JAMES MCGREGOR 33 /SHUTTERSTOCK ©

WILLIAM GALE/SHUTTERSTOCK ©

Glen Affric

À quelques kilomètres du village de Cannich, on découvre l'un des plus beaux glens d'Écosse. Sa partie supérieure constitue la Glen Affric National Nature Reserve, somptueux décor de lochs scintillants, de montagnes accidentées et de pins sylvestres où vivent la martre, la loutre, l'écureuil roux et l'aigle royal.

Glen Lyon

Le "plus long, le plus solitaire et le plus beau des glens (vallons) d'Écosse", si l'on en croit sir Walter Scott, s'étire sur 55 km. Partez pour une balade pleine de romantisme au milieu de ponts en pierre à l'équilibre précaire, de forêts natives et de cimes couvertes de bruyère.

CLIFF HANDS/SHUTTERSTOCK ©

Glen Coe

Le plus célèbre glen d'Écosse est sans conteste l'un des plus impressionnants mais peut aussi être l'un des plus lugubres. Gorges encaissées et sillonnées de cascades, éperons rocheux, falaises escarpées… le paysage est inoubliable.

STUART LITOFF/SHUTTERSTOCK ©

Cairngorms National Park

Le plus grand parc national du Royaume-Uni compte aussi cinq de ses six plus hauts sommets, dont l'altitude moyenne dépasse 1 000 m. Avec leur climat subartique, ces montagnes sauvages mêlant granit et bruyère résonnent du chant des oiseaux.

R SCOT/SHUTTERSTOCK ©

CIRCUMNAVIGATION/SHUTTERSTOCK ©

Blair Castle

Ce domaine aristocratique est le fief des ducs d'Atholl et chefs du clan Murray. Le château, d'un blanc immaculé, se dresse sur les pentes boisées qui surplombent la Garry. Ses 30 pièces offrent un bel aperçu de la vie des classes dirigeantes des Highlands, du XVIe siècle à nos jours.

DANIEL_KAY/SHUTTERSTOCK ©

Rannoch Moor

D'une superficie de 130 km², ce vaste plateau triangulaire revêtu de tourbières est encadré par des montagnes et parsemé d'innombrables lochs, étangs et monticules de tourbe. Un terrain de jeu somptueux à explorer à pied ou en canoë.

30 Chasse au MONSTRE

RANDONNÉES | VÉLO | CROISIÈRES

Le paysage est envoûtant : les landes ondoyantes et les montagnes criblées de pins plongent dans des eaux cristallines, qui abritent un monstre aussi mystérieux que discret. Il s'agit du loch le plus profond d'Écosse et, que vous croyiez ou non à l'existence de Nessie – le cryptide au long cou qui erre dans les abîmes du lac –, il y a de multiples manières de découvrir le Loch Ness.

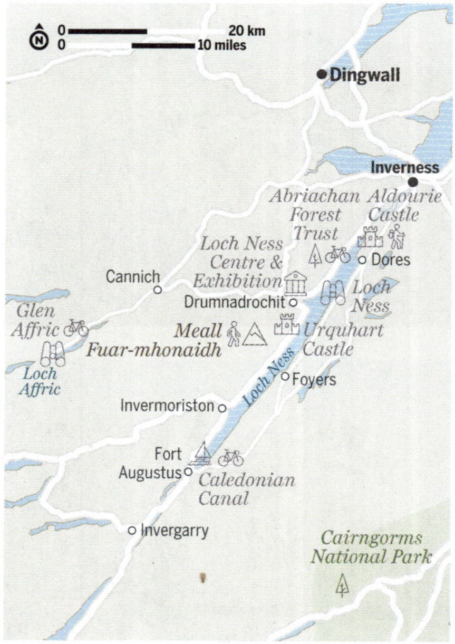

En pratique

Circuler Le Loch Ness 360° Trail, qui englobe le Great Glen Way sur la rive nord du lac et le South Loch Ness Trail avec ses sentiers d'activités sur la rive opposée, est un circuit de 106 km qui se fait en 6 jours à pied ou 3 jours à vélo.

Quand Toute l'année. Juillet et août sont les pires mois pour les *midges*.

Notre conseil Sur le site Internet du Loch Ness 360°, vous trouverez des cartes des sentiers et des itinéraires interactifs.

Sac au dos La randonnée autour du Loch Ness, à travers de vénérables forêts de pins calédoniens et le long de rivières tumultueuses, offre le meilleur des terres sauvages d'Écosse dans un rayon restreint. Gravissez le **Meall Fuar-mhonaidh**, la plus haute colline du loch (699 m) ou tentez le chemin en épingles à cheveux entre Foyers et Dores. Le secteur présente un large choix de randonnées de 2 à 3 heures, ou moins comme le circuit de 6,5 km de l'**Aldourie Castle** (p. 207) sur la rive sud.

Appuyer sur les pédales Le circuit du Loch Ness

En haut à droite Loch Ness
À droite Urquhart Castle

NIDPOR/STOCKIMONEWS/ALAMY LIVE NEWS ©

BENNY MARTY/SHUTTERSTOCK ©

Canal calédonien

Fort Augustus, à l'extrémité sud du Loch Ness, marque le début du canal calédonien, creusé à la main au début du XIXe siècle. Il coupe les terres sur 96 km en direction du sud jusqu'à Corpach, près de Fort William. Au fil de l'eau, pubs flottants et restaurants de fruits de mer. Le Boat (leboat.co.uk) loue une flotte de bateaux sans permis.

s'adresse aux cyclistes aguerris. L'**Abriachan Forest Trust**, à 19 km au sud d'Inverness, compte quant à lui 14,5 km de boucles adaptées aux familles et de tronçons plus exigeants. Dans les environs, découvrez le superbe **Glen Affric**. Vous pourrez louer un VTT ou un vélo hybride chez Ticket To Ride (p. 207) à Inverness.

La croisière s'amuse

Au bord de l'eau, à Drumnadrochit, se dresse le très kitsch **Loch Ness Centre & Exhibition** (p. 204) lieu d'exposition et point de départ de croisières (compagnies Loch Ness Castle Cruises, Loch Ness Cruises et Loch Ness by Jacobite) qui partent toutes les heures aux fins d'espionner la créature bossue et d'admirer les ruines de l'**Urquhart Castle** (p. 207).

À L'ÉCRAN
les Highlands au cinéma

01 Highlander (1986)
Christophe Lambert et Sean Connery ont sorti le grand jeu lors du tournage, à Glencoe et sur les Silver Sands of Morar.

02 *Skyfall* (2012)
Le Rannoch Moor et le glen Etive ont été témoins de l'échappée dans les Highlands de Judi Dench et Daniel Craig, au volant de l'Aston Martin de 007.

03 *Harry Potter* (2001-2011)
Tout au long de la fameuse saga de sorciers et en particulier dans la *Chambre des secrets*, le *Poudlard Express* lancé à grande vitesse emprunte le viaduc de Glenfinnan.

04 *Braveheart* (1995)
Dans ce film qui a remporté cinq Oscars, Mel Gibson, le visage maquillé en bleu et blanc, se balade en kilt de Glencoe au glen Nevis.

05 *Monty Python : Sacré Graal !* (1975)
Le célèbre et absurde Pont de la Mort (Bridge of Death) a été immortalisé près de la cascade Meeting of the Three Waters, non loin de Ballachulish.

06 *Mourir peut attendre* (2021)

Dans le dernier James Bond, l'Ardverikie Estate et le Loch Laggan, dans les Cairngorms, servent de cadre à une folle course-poursuite en 4×4.

07 *Marie Stuart, reine d'Écosse* (2018)

Le glen Feshie, dans les Cairngorms, a accueilli Saoirse Ronan et une équipe de tournage hollywoodienne pour filmer l'avancée des troupes de Marie Stuart (1542-1587).

08 *The Queen* (2006)

Le glen Feshie Estate, dans les Cairngorms, a servi de doublure au château de Balmoral, la véritable demeure de Sa Majesté la Reine.

09 *Rob Roy* (1995)

Un film entièrement tourné en Écosse, en particulier autour du Loch Leven et au Caig Falls Bridge d'Achnacarry.

10 *Local Hero* (1983)

La plage de Camusdarach, près de Morar, est la vedette, au moins autant que Burt Lancaster et Peter Capaldi (ancien Doctor Who), de ce grand classique du cinéma.

31 Ascension du BEN NEVIS

RANDONNÉE | AVENTURE | EXCURSION À LA JOURNÉE

Star incontestée des paysages des Highlands du Centre, le Ben Nevis est le point culminant de la Grande-Bretagne (1 345 m). Il surplombe tous les glens, lochs marins et montagnes, et peut être appréhendé par différentes voies au départ du camp de base, la ville de Fort William. Préparez votre sac à dos et passez une journée à gravir crêtes et arêtes – et surtout traitez ce géant avec le respect qui lui est dû.

JOSEFKUBES/SHUTTESTOCK ©

En pratique

S'y rendre Deux parcours d'une distance de 16 à 18 km, nécessitant chacun une journée de marche, mènent au sommet. Descriptions détaillées sur Walk Highlands (walkhighlands.co.uk).

Quand La neige couvre la montagne de novembre à avril ; la meilleure période s'étend donc de fin mai à début octobre. Les crampons, les piolets et l'expérience sont obligatoires pour une ascension hivernale.

Notre conseil En février, le Fort William Mountain Festival met la montagne à l'honneur avec des projections de films et des événements.

JOHN A CAMERON/SHUTTESTOCK ©

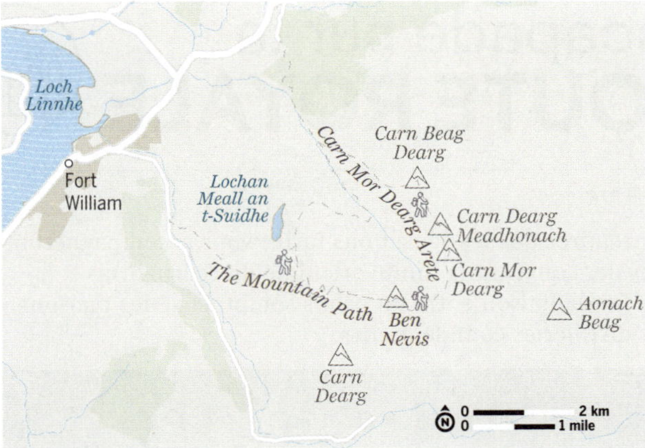

Choisir son parcours

The Mountain Path Depuis le Glen Nevis Visitor Centre, l'ascension la plus directe commence sur le pont traversant la rivière Nevis avant de grimper sur un terrain escarpé, avec un point de vue fabuleux sur les Mamores. Plus loin, le chemin bien marqué zigzague sur un versant rocailleux, qui permit à une Ford T de monter jusqu'à la cime en 1911. Le sommet, couronné par des cairns et les ruines d'une station météorologique du XIXe siècle, peut être atteint en 3 heures 30 à 4 heures 30. Cet itinéraire attire environ 125 000 randonneurs par an, donc évitez les week-ends.

Arête de Carn Mor Dearg Ce parcours figure parmi les plus belles randonnées de montagne en Europe : de quoi séduire les randonneurs ayant un penchant pour les crêtes vertigineuses. N'abordez pas cette ascension à la légère – il faut 4 heures 30 à 5 heures 30 pour gagner le sommet, ce qui est plus long et éprouvant que la première solution. Il faut aussi franchir la crête accidentée du Carn Mor Dearg et affronter une dernière pente abrupte sur un versant de rochers. Les récompenses sont nombreuses : des vues spectaculaires sur les falaises, les contreforts et les ravins du Ben Nevis aux rigoles rocheuses de la face occidentale de l'Aonach Mor, la montagne adjacente. Commencez sur le parking de la face nord près de Torlundy et ne partez pas sans une carte et une boussole. En cas de brouillard, réfléchissez à deux fois avant de vous lancer.

En haut à gauche Randonneurs gravissant le Ben Nevis
En bas à gauche Vaches des Highlands au pied du Ben Nevis

Moisson de sommets

Dans les Highlands du Centre, la course aux *munros* est un art à part entière. Voici quatre autres défis qui feront vibrer votre âme de randonneur.

Schiehallion, Pitlochry Une large crête et un sommet légendaire à 1 083 m d'altitude, avec une vue ahurissante sur le Loch Rannoch (4-6 heures/9,6 km).

Aonach Eagach, Glencoe La plus étroite arête rocheuse de Grande-Bretagne relie le Meall Dearg au Sgorr nam Fiannaidh. Il faut avoir le cœur bien accroché (7-9 heures/9,6 km).

Buachaille Etive Mòr, Glencoe La magnifique façade rocheuse de cette montagne iconique est très intimidante (7-8 heures/12,8 km).

Braeriach, Cairngorms Troisième plus haut sommet de Grande-Bretagne (1 296 m), préservé de la foule en raison du long trajet d'approche à pied ou à vélo (8-10 heures/25,7 km).

32 Escapade sur la ROUTE ROYALE

HISTOIRE | WHISKY | ROAD TRIP

Très vite, vous comprendrez que les sensations fortes vous accompagneront tout le long de la Route royale. Longeant la limite orientale du Cairngorms National Park, ce parcours fait la liaison entre un palais somptueux, des maisons de clans ancestrales et des distilleries confidentielles.

BYUNAU KONSTANTIN/SHUTTESTOCK ©

Jeux écossais

À Braemar, septembre rime avec lancer de tronc, tir à la corde et danse des Highlands (*Highland Fling*) lors du **Braemar Gathering** (p. 204), le rassemblement annuel de jeux écossais royaux. Malgré la frénésie et les hurlements, il s'agit d'un événement sophistiqué et la famille royale y assiste systématiquement, une tradition initiée par la reine Victoria en 1848. Achetez vos billets bien à l'avance.

En pratique

Circuler Le mieux est de prévoir 3 à 4 jours pour profiter de cet itinéraire de 201 km. Il est possible de le parcourir à vélo, mais sur le tronçon entre Blairgowrie et Braemar, les montées et les descentes abruptes s'enchaînent et les services sont limités. Attendez-vous à des routes à voie unique, à des virages serrés et à des moutons entêtés.

Quand Toute l'année, ou en septembre pour le Braemar Gathering.

Notre conseil Propriété de Manuela et Iwan Wirth, marchands d'art suisses, The Fife Arms (p. 206), à Braemar, abrite des suites somptueuses, un restaurant, un pub et un bar à cocktails, sur le thème de l'histoire royale.

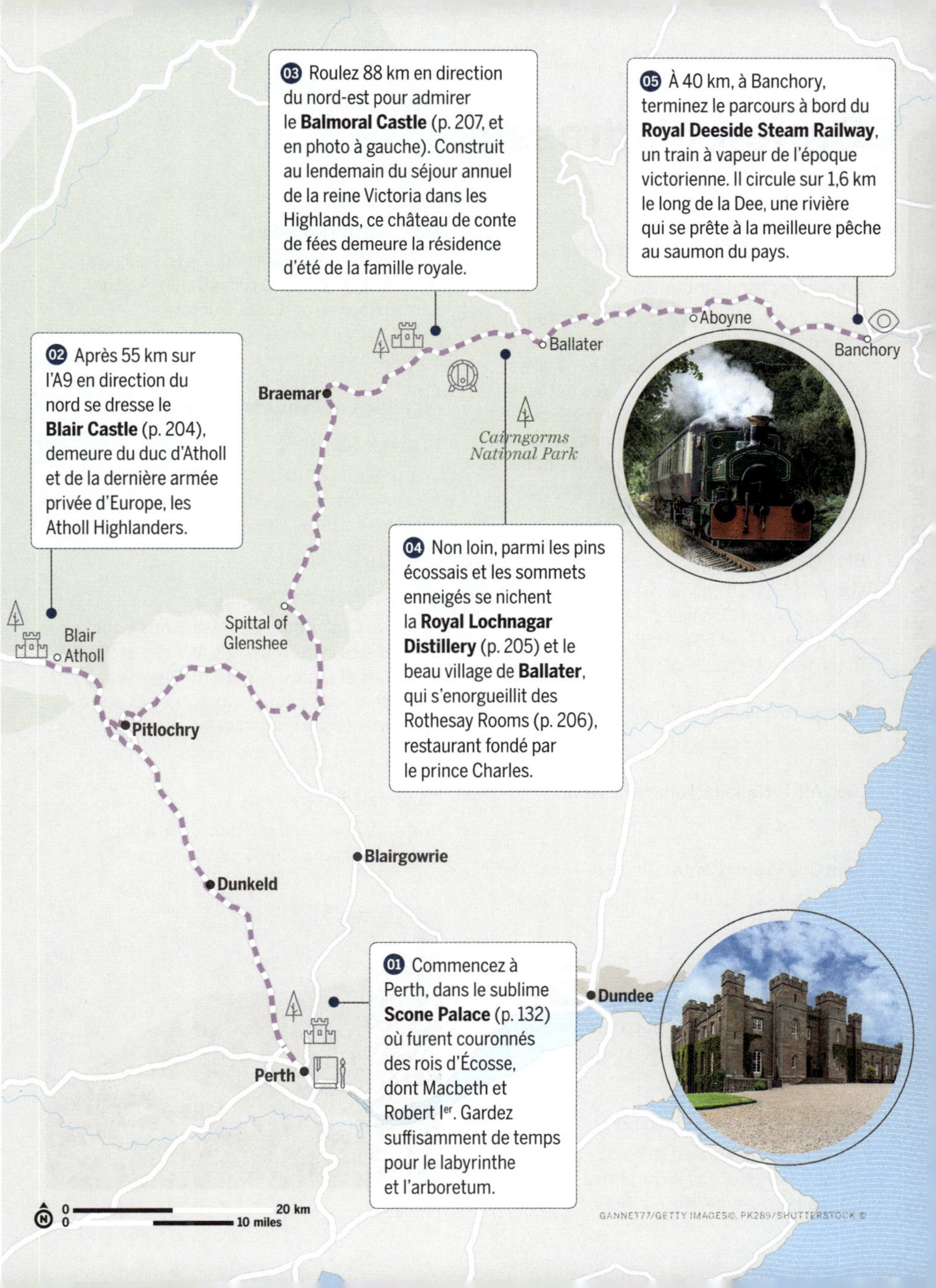

01 Commencez à Perth, dans le sublime **Scone Palace** (p. 132) où furent couronnés des rois d'Écosse, dont Macbeth et Robert Ier. Gardez suffisamment de temps pour le labyrinthe et l'arboretum.

02 Après 55 km sur l'A9 en direction du nord se dresse le **Blair Castle** (p. 204), demeure du duc d'Atholl et de la dernière armée privée d'Europe, les Atholl Highlanders.

03 Roulez 88 km en direction du nord-est pour admirer le **Balmoral Castle** (p. 207, et en photo à gauche). Construit au lendemain du séjour annuel de la reine Victoria dans les Highlands, ce château de conte de fées demeure la résidence d'été de la famille royale.

04 Non loin, parmi les pins écossais et les sommets enneigés se nichent la **Royal Lochnagar Distillery** (p. 205) et le beau village de **Ballater**, qui s'enorgueillit des Rothesay Rooms (p. 206), restaurant fondé par le prince Charles.

05 À 40 km, à Banchory, terminez le parcours à bord du **Royal Deeside Steam Railway**, un train à vapeur de l'époque victorienne. Il circule sur 1,6 km le long de la Dee, une rivière qui se prête à la meilleure pêche au saumon du pays.

Carnet d'adresses

Les grands classiques (voir p. 192)

Ardnamurchan Lighthouse

Ce phare en granit gris de 36 m de haut a été édifié en 1849 pour garder la pointe occidentale de la Grande-Bretagne. C'est un haut lieu de l'observation des cétacés. De mai à septembre, vous pourrez voir des bancs de dauphins, des baleines de Minke et même des orques. Prévoyez des jumelles. (01972 510210 ; www.ardnamurchanlighthouse.com ; Ardnamurchan Point ; 10h-17h avr-oct)

Blair Castle

Voir p. 195 (01796-481207 ; www.blair-castle.co.uk ; demeure et jardins adulte/enfant 14/8,50 £, jardins seuls 7,70/3,50 £ ; 10h-17h30 Pâques-oct, 10h-16h sam-dim nov-Pâques)

Cairngorms National Park

(www.cairngorms.co.uk)

Glen Affric National Nature Reserve

(www.nts.scot)

Glen Coe Visitor Center

(NTS ; 01855-811307 ; www.nts.org.uk ; parking 4 £ ; 9h30-16h)

Inverness Tourist Office

Service de réservation hôtelière et vente de billets pour des circuits et croisières (01463-252401 ; www.visitscotland.com ; 36 High St ; 9h-17h)

Loch Ness Centre & Exhibition

(01456 450573 ; www.lochness.com ; adulte/enfant 8,45/4,95 £ ; 9h30-18h juil-août, 9h30-17h Pâques-juin et sept-oct, 10h-16h nov-Pâques)

Péninsule de Knoydart

Le ferry Western Isles Cruises (passagers) relie Mallaig à Inverie (25-40 min, 4/jour lun-sam, 3/jour dim) d'avril à octobre. (01687-462233 ; www.westernislescruises.co.uk ; Mallaig-Knoydart adulte/enfant 11/5,50 £)

Sites et évènements majeurs

Braemar Gathering

Voir p. 202 (01339-755377 ; www.braemargathering.org ; Princess Royal & Duke of Fife Memorial Pk ; adulte/enfant à partir de 12/2 £ ; sept)

Cairngorms Dark Sky Park

Le lieu le plus réputé des Highlands pour voir des aurores boréales et les rois des étoiles gaéliques et pictes. Autour de Glenlivet et Tomintoul ; des circuits nocturnes et autres évènements sont organisés. (www.cairngormsdarkskypark.org)

Canal calédonien

Voir p. 197 (Ardchattan House, Canal Side ; www.scottishcanals.co.uk ; 10h-16h mer-dim)

PAUL BUTCHARD/SHUTTESTOCK ©

Glen Clova

Culloden Battlefield

Le site de la plus célèbre défaite de Bonnie Prince Charlie et de la dernière bataille de la révolte jacobite du XVIIIe siècle, particulièrement sanglante. Divers artefacts et une représentation théâtrale immersive vous feront revivre cet évènement marquant au Culloden Visitor Center (NTS ; www.nts.org.uk ; adulte/enfant 11/9,50 £ ; 10h-16h mer-dim)

Glen Clova

Le plus beau des cinq Angus Glens, avec le Loch Brandy joliment isolé, s'étire sur 32 km au nord de Kirriemuir. L'occasion de randonnées à travers la bruyère et de balades plus faciles, propices à l'observation de la faune (aigles, chevreuils et écureuils roux). Parking de la Forestry Commission et points de départ de randonnées dans le Glen Doll, au centre des rangers (01575- 550233 ; www.forestryandland.gov.scot ; Glen Doll ; parking 2 £ ; 9h-16h30)

Snow Roads Scenic Route

Un itinéraire de 145 km entre Blairgowrie et Grantown-on-Spey. À travers le pare-brise, vous verrez défiler les beaux paysages des Cairngorms. Le parcours est jalonné de distilleries, châteaux, points de vue et pistes cyclables. (www.snowroads.com)

Distilleries

Aberfeldy Distillery

Une approche exhaustive du *single malt*, avec des circuits guidés, des dégustations, un musée historique, une boutique, un bar à whiskies, un café et même des cours avec exercices pratiques. (1887 822010 ; www.dewars.com/gl/en/aberfeldydistillery/ ; visites à partir de 9 £ ; 10h-16h lun-sam)

Dalwhinnie Distillery

Fondée en 1897, cette distillerie perchée à 326 m, avec son immanquable cheminée d'origine, est plantée dans un décor de tourbe

GWYNETH BELL/SHUTTESTOCK ©

L'île de Rum, vue depuis l'île d'Eigg

et de montagnes qui donne encore plus de caractère au whisky. (01540 672219 ; Dalwinnie@malts.com ; Dalwhinnie ; 10h-16h)

Royal Lochnagar Distillery

Voir p. 203 (01339-742700 ; www.malts.com/en-gb/distilleries/royal-lochnagar ; Ballater 10h-17h lun-sam, fermé à 16h et les lundis en janv-fév)

The Glenlivet

Première distillerie du pays à avoir obtenu une licence, elle conserve de pleins fûts d'histoire ! Au bord de la rivière Livet, près de Ballindalloch, au cœur de la région du whisky de Speyside. Visites et dégustations. (01340-821720 ; www.theglenlivet.com ; Ballindalloch ; visite à partir de 12,50 £ ; 9h30-18h mars-oct)

Repas mémorables

Bridge of Orchy Hotel ££

Jadis paradis des randonneurs, désormais une table gastronomique. Au menu, saumon fumé maison et fruits de mer écossais. Sur le West Highland Way, avec de belles balades à faire dans toutes les directions. (01838-400 208 ; https://www.bridgeoforchy.co.uk/ ; Argyll ; plat déj 14-24 £ ; 8h-dernière commande 20h45)

Culdearn House ££

Dans cette villa de l'époque victorienne, à Grantown-on-Spey, on sert un menu dégustation de quatre plats ainsi que

60 whiskies *single malt* soigneusement sélectionnés. (01479-872106 ; https://www.culdearn.com/ ; Woodlands Terrace, Grantown-on-Spey ; menu quatre plats 48 £/pers)

Rosethay Rooms ££

Voir p. 203 (01339-753816 ; www.rothesay-rooms.co.uk/ ; déj/dîner 3 plats 28/35 £ ; 12h-14h et 18h-21h ven et sam, 12h-15 h dim)

The Cross at Kingussie ££

Chambres et menus dégustation très prisés. Dans cet ancien moulin dédié à la fabrication du tweed, l'ambiance est désormais résolument moderne. Desserrez votre ceinture pour un festin de chevreuil, soufflés et vins idoines. (01540-661166 ; www.thecross.co.uk ; tweed mill Brae, à hauteur d'ardbroilach rd, Kingussie ; déj/dîner 3 plats 30/55 £, menu dégustation 57 £ ; 12h-14h et 19h-20h30)

Bières et points de vue

Black Isle Brewery £

Une brasserie bio, avec des pratiques durables tout à fait admirables dans la ferme et le potager. Visites, boutique de bières et hébergement possible. À quelques kilomètres au nord du Kessock Bridge. (01463-811871 ; www.blackislebrewery.com ; old Allangrange ; 10h-17h lun-sam)

Clachaig Inn £

Le pub légendaire de Glencoe propose trois bars, dont le Boots Bar en plein air, environ 400 whiskies, 130 gins écossais, de la musique en live, des tonneaux en guise de sièges et du feu dans la cheminée. (01855-811252 ; www.clachaig.com ; 11h-23h dim-jeu, jusque tard ven-sam)

Fife Arms

Voir p. 202 (01339-720200 ; www.thefifearms.com ; Mar Rd, Braemar)

Kenmore Inn £

Cette ancienne auberge datant de 1572 jouit d'une vue superbe sur la rivière Tay. Repérez le poème griffonné par Robert Burns sur la cheminée du Poet's Bar. (01887 830205 ; www.kenmorehotel.com ; The Square, Kenmore ; 12h-23h lun-jeu, jusqu'à minuit ven-sam, 12h30-23h dim)

The Old Forge £

Le pub le plus isolé de la Grande-Bretagne continentale, dans le Knoydart. Pour s'y rendre, il faut prendre le ferry à Mallaig ou marcher 29 km depuis Kinlochhourn. *Ceilidhs* et *ales* locales, mais aussi bières trappistes sélectionnées par le propriétaire belge. (01687-462267 ; www.theoldforge.co.uk ; Inverie ; plats 17-40 £ ; 11h30-minuit jeu-mar mars-oct)

En bateau ou à vélo

Île d'Eigg

En 1997, la centaine d'habitants d'Eigg ont racheté leur île et l'ont transformée en une sorte de paradis durable. Vous y trouverez une faune exceptionnelle, des plages et la maison de disques Lost Map. (www.isleofeigg.org)

Nova Spero

Jadis un solide navire de pêche, désormais un bateau de croisières, avec hublots, cloche de quart et treuil d'amarrage. Il est basé à Kinlochleven ; des aventures de plusieurs jours sont proposées toute l'année.

Loch Morlich

Ticket to Ride

Voir p. 197 (01463-419160 ; www.tickettoridehighlands.co.uk ; Bellfield Park ; à partir de 30 £/jour ; 9h-17h30 avr-oct)

Grands espaces

Glencoe Mountain Resort

La première station de ski d'Écosse, avec descentes fabuleuses en hiver, sentiers de VTT exceptionnels en été. et vue sur le Buachaille Etive Mor. (01855-851226 ; www.glencoemountain.com ; Kingshouse ; télésiège adulte/enfant 12/8 € ; 9h-16h30)

Loch Morlich

Ce loch situé au cœur des Cairngorms est une ode à la vie lovée dans une forêt de pins calédoniens. Profitez de paddle, kayak et canoë, depuis le rivage. Vous verrez des balbuzards, des écureuils roux et des grands tétras.

Mountain Bike World Cup

Les pentes abruptes de Fort William accueillent chaque année la Coupe du monde de VTT – si vous voulez défier la gravité, tentez l'effroyable Witch's Trails dans la station de Nevis Range. (www.fortwilliamworldcup.co.uk ; juin)

West Highland Way

Au départ de Milngavie, cet itinéraire sinueux de 155 km rejoint Fort William à travers les beaux paysages des Highlands. L'excursion la plus mémorable est le Devil's Staircase ("escalier du diable"), une randonnée reliant Kingshouse à Kinlochleven. Vos genoux s'en souviendront ! (www.west-highland-way.co.uk)

Châteaux et sites historiques

Aldourie Castle

Voir p. 196 (01463-751309 ; www.aldouriecastle.co.uk/ ; adulte/enfant 9/4,50 ; visites guidées lun-sam avr-oct, coïncidant avec les horaires des ferries)

GIMAS/SHUTTERSTOCK ©

Blair Castle

Balmoral Castle

Voir p. 203 (01339-742534 ; www.balmoralcastle.com ; Crathie ; visites guidées adulte/enfant 15/6 £ ; 10h-17h avr-juil, dates limitées oct-déc)

Braemar Castle

Juste au nord de Braemar, ce château à tourelles de 1628 servit de garnison aux forces gouvernementales après la révolte jacobite de 1745. En 2007, la gestion de la forteresse a été reprise par la communauté locale, qui propose des visites guidées de ses appartements. (www.braemarcastle.co.uk ; adulte/enfant 10/4 £ ; 10h-17h tlj juil-août, mer-dim avr-juin, sept-oct)

Kinloch Castle

Sur l'île de Rum, ce chef-d'œuvre architectural en grès rouge offre un voyage dans le temps jusqu'à l'époque édouardienne. Les visites guidées coïncident avec l'arrivée du ferry venant du continent (avril-octobre). (0131-3144181 ; www.isleofrum.com ; adulte/enfant 9/4,50 ; visites guidées lun-sam avr-oct, coïncidant avec les horaires des ferries)

Urquhart Castle

Voir p. 197 (HES ; 01456 450551 ; www.historicenvironment.scot ; adulte/enfant 9,60/5,80 £ ; 9h30-18h avr-oct, 9h30-16h30 nov-mars)

HIGHLANDS DU NORD

GRANDS ESPACES | HISTOIRE | AVENTURE

HEINZ WOHNER/IMAGE PROFESSIONALS GMBH/ALAMY STOCK PHOTO

HIGHLANDS DU NORD
à la carte

Ciels infinis, littoral découpé et lande à perte de vue : difficile d'imaginer nature plus sauvage. Il y a tant d'espace que vous vous retrouverez souvent seul sur la rive d'un loch ou sur une plage immaculée. Et si vous ressentez le besoin de voir du monde, il vous suffira d'assister à des jeux traditionnels des Highlands.

STEFANO ZACCARIA/SHUTTERSTOCK ©

Informations pratiques

À L'ARRIVÉE

Aéroport d'Inverness Situé à 32 km de Dingwall, la plus grande ville du sud de la région.

Gare ferroviaire d'Inverness Point de départ de la Far North Line et de la Kyle Line.

Gare routière d'Inverness Multiples liaisons, pour Dornoch et Ullapool notamment.

SE CONNECTER ET S'ORIENTER

Le réseau Wi-Fi est moins fiable à l'écart des villes. Téléchargez les cartes ou emportez les versions papier.

ARGENT

Les familles économisent sur les trajets en train grâce au "Kids for a Quid" – aller-retour à 1 £ pour les enfants. Voir scotrail.co.uk.

OÙ SE LOGER

Localité	Pour/contre
Dornoch	Grande diversité d'hébergements et de restaurants ; plage et terrain de golf.
Durness	Bonne base pour Cape Wrath. Auberge de jeunesse, hôtels, camping et B&B.
Ullapool	Des hébergements pour tous les budgets. Pratique pour explorer la côte ouest.
Wick	Large choix d'hébergements. Bonne base pour des excursions à la journée dans le Caithness.

CIRCULER

Voiture Le meilleur moyen pour explorer les secteurs les plus isolés.

Trains et bus Desservent la plupart des villes et villages, mais leur fréquence est parfois limitée.

Vélo Une excellente manière de découvrir les petites routes paisibles des Highlands.

OÙ SE RESTAURER ET PRENDRE UN VERRE

Fromage crowdie Ce fromage crémeux produit à Tain se marie très bien avec les biscuits à l'avoine.

Poisson fumé Le poisson préparé dans les fumoirs traditionnels a un goût différent de celui fumé au bois.

Distilleries de gin des Highlands Les distilleries de Dunnet Bay et Badachro (p. 226) utilisent des plantes locales comme les fleurs d'ajonc et l'argousier.

Meilleur chocolat chaud

Cocoa Mountain (p. 229)

Pain plat incontournable

Ems & Co Cafe & Bakehouse (p. 229)

QUAND Y ALLER

MARS-MAI
Météo instable, moins de monde. Floraison printanière.

JUIN-AOÛT
La météo la plus agréable ; les sites touristiques sont très fréquentés.

SEPT-NOV
Les températures baissent. Moins de monde, les arbres changent de couleurs.

DÉC-FÉV
Les mois les plus froids. Certaines infrastructures touristiques sont fermées.

Les grands classiques

Pour les infos pratiques de chaque site, reportez-vous au carnet d'adresses p. 226.

Cape Wrath

Pointe nord-ouest de la Grande-Bretagne, ce cap, sauvage et un peu intimidant, se rejoint en ferry. Un phare y guide depuis 1828 les bateaux naviguant dans ces eaux redoutables. À 5 km à l'est se dressent les falaises de Clo Mor, colonisées par les oiseaux marins.

DEJONCKHEERE/SHUTTERSTOCK ©

Inverewe Garden

À 9,5 km au nord de Gairloch, ce splendide jardin se pare de mille couleurs en toute saison. Le Gulf Stream, qui réchauffe le climat local, a permis à Osgood MacKenzie de créer en 1862 ce paradis exotique et boisé.

KEVIN EAVES/SHUTTERSTOCK ©

Plockton

Avec ses jolis cottages chaulés ponctuant une baie de carte postale, Plockton est un village idyllique, qui évoque un décor de cinéma. Sur le front de mer frangé de palmiers, le petit port festonné de voiliers s'anime de bons restaurants et, l'été, d'une course de régates.

DAN BRIDGE/SHUTTERSTOCK ©

DAVID W BIRD/SHUTTERSTOCK ©

North Coast 500

Cette route de 500 miles (environ 800 km) longe l'essentiel de la côte nord de l'Écosse. Au gré d'un road trip mémorable, on reste ébloui devant la grande variété des paysages qui se déroulent : landes désolées, montagnes austères, prairies côtières fertiles et immenses plages de sable blanc.

SHAUN DODDS/SHUTTERSTOCK ©

Loch Maree

S'étirant sur 19 km entre Poolewe et Kinlochewe, le Loch Maree est considéré comme l'un des plus beaux lochs d'Écosse. Il est enserré entre deux monts imposants, le Slioch au nord-est et le Beinn Eighe au sud-ouest. On peut y observer l'été des plongeons arctiques (oiseaux marins).

PHILL BEALE/SHUTTERSTOCK ©

Eilean Donan Castle

Posé sur une petite île à l'entrée du Loch Duich, le château est relié au continent par un vieux pont cintré en pierre. Vous y découvrirez une excellente exposition, des photos du château lors du tournage du film *Highlander* et une épée utilisée durant la bataille de Culloden en 1746.

HOURVARI/SHUTTERSTOCK ©

Dunrobin Castle

Avec ses tours et tourelles, Dunrobin Castle est un vrai château de conte de fées, à 2 km de Golspie. Un nombre impressionnant de trophées de chasse ornent les 22 pièces (sur 187) qui se visitent. À l'extérieur, vous admirerez de beaux jardins s'étendant jusqu'à la mer et des démonstrations de fauconnerie.

33 Sur les rails **DU NORD**

TRAIN | PAYSAGES | EXPLORATION

Pour apprécier l'immensité des paysages du Nord, montez dans un train jusqu'au terminus de la ligne. La Far North Line promet des vues éblouissantes sur le littoral des Highlands, avec maintes occasions de faire des pauses pour explorer cette nature sauvage.

LACHLAN/SHUTTERSTOCK ©

En pratique

S'y rendre et circuler Il faut 4 heures 30 pour parcourir la ligne dans sa totalité, d'Inverness à Wick. Il y a 24 gares donc n'hésitez pas à marquer des pauses pour explorer, mais anticipez bien car les trains sont peu fréquents. Voir scotrail.co.uk.

Quand En été, vous profiterez des horaires d'ouverture saisonniers et de températures plus douces, mais en hiver les paysages enneigés sont spectaculaires.

Notre conseil En vous installant du côté droit du train, vous aurez une chance de voir des phoques sur les plages entre Brora et Helmsdale.

MIKE KIPLING PHOTOGRAPHY/ALAMY STOCK PHOTO ©

Bonnes adresses en bord de ligne

Pause gâteau Dotée d'une jolie verrière, la gare de Dingwall abrite **Ems & Co Cafe & Bakehouse** (p. 229). Commandez un pain plat turc ou un petit pain à la cannelle et observez les départs et arrivées des trains.

Fresques historiques La gare d'Invergordon abrite des représentations de scène des années 1940 avec des soldats en kilt attendant leur départ pour la guerre. Dans le centre-ville, vous découvrirez d'autres fresques figurant des épisodes de l'histoire locale.

Dans la gorge À 1,6 km de la gare de Golspie, la **Big Burn Walk** est une promenade verdoyante, traversant cascades et ponts au-dessus de vallées. Après la randonnée, commandez un remontant à emporter au

GEORGE HIGHLANDS/SHUTTERSTOCK ©

Gares reconverties

À **Helmsdale**, l'ancienne maison du chef de gare a été transformée en un hébergement insolite tout équipé. La gare de Tain a été quant à elle aménagée en **Platform 1864** (p. 229), un restaurant prisé des locaux, où les plats sont mitonnés à partir de produits régionaux et qui compte un *beer garden*.

En haut à gauche Train sur la Far North Line, Dingwall
En bas à gauche Big Burn Walk
En haut à droite Gare d'Invergordon

Coffee Bothy (p. 229) et baladez-vous sur la promenade du front de mer de Golspie.

Faune sauvage La gare de Forsinard est aussi le centre d'accueil des visiteurs **Forsinard Flows** (p. 229). Une passerelle en bois mène à une tour d'observation d'où le regard embrasse un paysage de tourbières. On peut observer des oiseaux, dont des busards Saint-Martin, des pluviers dorés et des cincles.

La rue la plus courte du monde Fêtez votre arrivée à Wick, terminus de la ligne, avec un repas dans la rue la plus courte du monde. La porte du restaurant du **Mackays Hotel** (p. 227) est l'unique construction d'Ebenezer Pl. C'est une bonne adresse pour goûter la gastronomie régionale, avec des produits locaux comme le merlu de Scrabster. Vous ne serez pas déçu de la marche de 1,6 km qui mène au **Castle of Old Wick**, dont les ruines majestueuses se dressent au sommet d'une falaise. Sur le chemin du retour, plongez dans "The Trinkie", la piscine extérieure de Wick.

Témoignage de passager

Des champs fertiles du Sud à l'arrière-pays aride autour de Lairg, j'ai toujours le sentiment que la ligne dévoile de plus en plus de secrets à mesure qu'elle fait route vers le Nord. Tandis que le train remonte en direction de la côte, roulant presque au bord de l'eau, vous apercevrez par moments des plages étincelantes, en particulier près de Brora. Vous traverserez aussi un territoire magique, une sorte de toundra, sans le permafrost. Ce paysage unique, appelé les Flows, est vaste, précieux et humble. Mon chez-moi. Puis, avant même de vous en rendre compte, vous retrouverez le monde habité.

Niall Laybourne, *Photographe, habitant du Caithness et usager régulier de la Far North Line*

À gauche Castle of Old Wick
En bas Forsinard Flows Nature Reserve

Arrêts demandés

La ligne est jalonnée de gares dans lesquelles les trains s'arrêtent à la demande des passagers (*request stop*). Très belle manière d'explorer cet itinéraire.

Nuit dans un wagon ferroviaire aménagé Passez la nuit à la gare de Rogart (p. 229) où des wagons des années 1960 ont été transformés en hébergement avec kitchenette. Ils ont conservé beaucoup d'éléments d'origine comme les cordons d'appel d'urgence et les pancartes interdisant de fumer. Voir sleeperzzz.com.

Gare du château Dunrobin, à l'origine la gare privée du duc de Sutherland, est l'une des plus charmantes de la ligne, avec une architecture Arts and Crafts. De là, vous pourrez visiter le château (p. 226). Durant une démonstration de fauconnerie, vous sentirez peut-être le vol d'un faucon pèlerin au-dessus de votre tête.

Pays de l'or Le chant des oiseaux et le murmure de la rivière sont les seuls bruits que vous entendrez à la gare de Kildonan, l'une des moins usitées en Écosse. En 1869, la ruée vers l'or attira ici des cohortes de prospecteurs. Ils s'établissaient à environ 1,6 km de la gare, dans une localité appelée Baile an Or ("ville de l'or" en gaélique).

34 Cape WRATH

NATURE SAUVAGE | CIRCUIT ORGANISÉ | AVENTURE

Le point le plus septentrional de l'Écosse est aussi le plus sauvage. Il se situe à l'écart du réseau routier et c'est le dernier morceau de terre avant l'Arctique. Optez pour un périple aventureux jusqu'au phare de Cape Wrath, ponctué de hautes falaises et peuplé d'oiseaux marins.

SUSIE KEARLEY/ALAMY STOCK PHOTO ©

En pratique

S'y rendre et circuler On ne peut pas arriver en voiture à Cape Wrath. Les visiteurs doivent prendre un ferry au Keoldale Pier (à 4 km de Durness) pour traverser jusqu'au cap, d'où ils peuvent poursuivre en minibus.

Quand Le ferry circule d'avril à octobre, mais il est parfois annulé en raison de la météo ou des marées. L'accessibilité dépend aussi du ministère de la Défense qui effectue souvent ici des exercices militaires. Voir visitcapewrath.com.

Notre conseil Durness compte de nombreux hébergements et c'est un bon point de chute en cas d'annulation du ferry.

RICHARD BURDON/ALAMY STOCK PHOTO ©

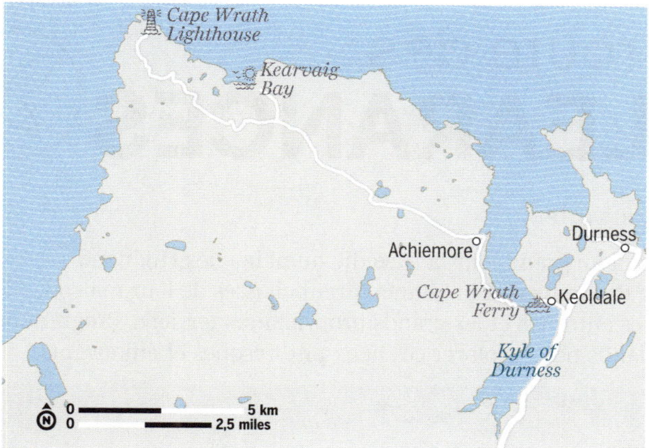

En haut à gauche Point de vue depuis le phare de Cape Wrath
En bas à gauche Phare de Cape Wrath

Chacun son cap

Ferry et bus La route du Cape Wrath est séparée du continent par un bras d'eau appelé le Kyle of Durness. Le **plus petit ferry de Grande-Bretagne** (p. 226) le traverse en 10 minutes. Un minibus attend à l'arrivée du ferry et conduit les passagers jusqu'au **phare** (18 km). La route est cahoteuse – elle fut construite en 1826 pour les déplacements à cheval – mais les conducteurs distraient leurs passagers en donnant beaucoup d'informations intéressantes sur Cape Wrath. Vous aurez un peu de temps avant le trajet de retour : éloignez-vous du phare pour contempler les vastes landes et les plus hautes falaises de Grande-Bretagne, et faites une pause dans l'un des cafés les plus isolés d'Écosse, l'Ozone (p. 229).

À vélo Parcourir la route à vélo vous permettra de devenir membre du club **Cape Wrath Fellowship**. Il vous suffira de faire un selfie sur votre monture devant le phare et de l'envoyer à Cycling UK. Il faut obligatoirement embarquer son vélo sur le ferry ; pas de location à Cape Wrath.

Une nuit sur la plage Les randonneurs peuvent gagner la **Kearvaig Bay**, une superbe plage avec un cottage blanc dans lequel on peut passer la nuit. Il s'agit d'un refuge sans équipement : une expérience proche du camping (voir moutainbothies.org.uk). Si on les prévient, les conducteurs du minibus peuvent déposer ou récupérer des randonneurs au bout de la route menant à la baie.

Faune sauvage de Cape Wrath

L'observation de la faune de Cape Wrath est une expérience stimulante pour les sens et le mental. Vous serez forcément marqué par l'isolement, les hautes falaises, le vent, la lumière jaillissant du ciel infini, le fracas des vagues en contrebas et bien sûr les cris et les plongeons spectaculaires des oiseaux marins, en particulier des colonies de fous de Bassan.

Macareux, petits pingouins et guillemots enchaînent les vols entre les falaises, tandis que les fulmars s'élancent dans le vide avec légèreté et caquètent sans répit autour de leur nid. Plus bas, les mouettes se regroupent en colonies, tandis que les cormorans utilisent les algues pour former leur nid.

Donald Mitchell, *Médiateur nature, organisation High Life Highland*

35 La route des CLEARANCES

ROAD TRIP | MONUMENTS | HISTOIRE

Plusieurs sites révèlent au grand jour la tragédie humaine des Highland Clearances, durant laquelle des milliers d'habitants furent chassés de leur maison, aux XVIIIe et XIXe siècles, par les autorités et les grands propriétaires terriens. Programmez un road trip dans les Highlands pour explorer ces lieux pittoresques et émouvants.

En pratique

S'y rendre et circuler L'église de Croick, première étape de cet itinéraire, se trouve à 70 km d'Inverness. Pour découvrir tous les sites, il faut compter 5 heures de route.

Quand Partez plutôt de juin à août pour profiter d'une météo clémente, les sites étant en majorité en extérieur.

Notre conseil À Helmsdale, le Timespan Museum (p. 228) vous en apprendra beaucoup sur les Clearances. Son café est une excellente adresse pour goûter une cuisine locale – les herbes proviennent du jardin tandis que le crabe et le saumon sont issus de la pêche locale.

Souvenirs des Clearances

Au Timespan, on peut voir une "chaise du Sutherland". Fabriqué à l'époque des Highland Clearances, ce modèle était volontairement conçu pour une position près du sol, c'est-à-dire sous l'épaisse fumée de tourbe qui sortait de la cheminée dans les maisons traditionnelles.

Jacquie Aitken, *Conservatrice du patrimoine à Timespan*

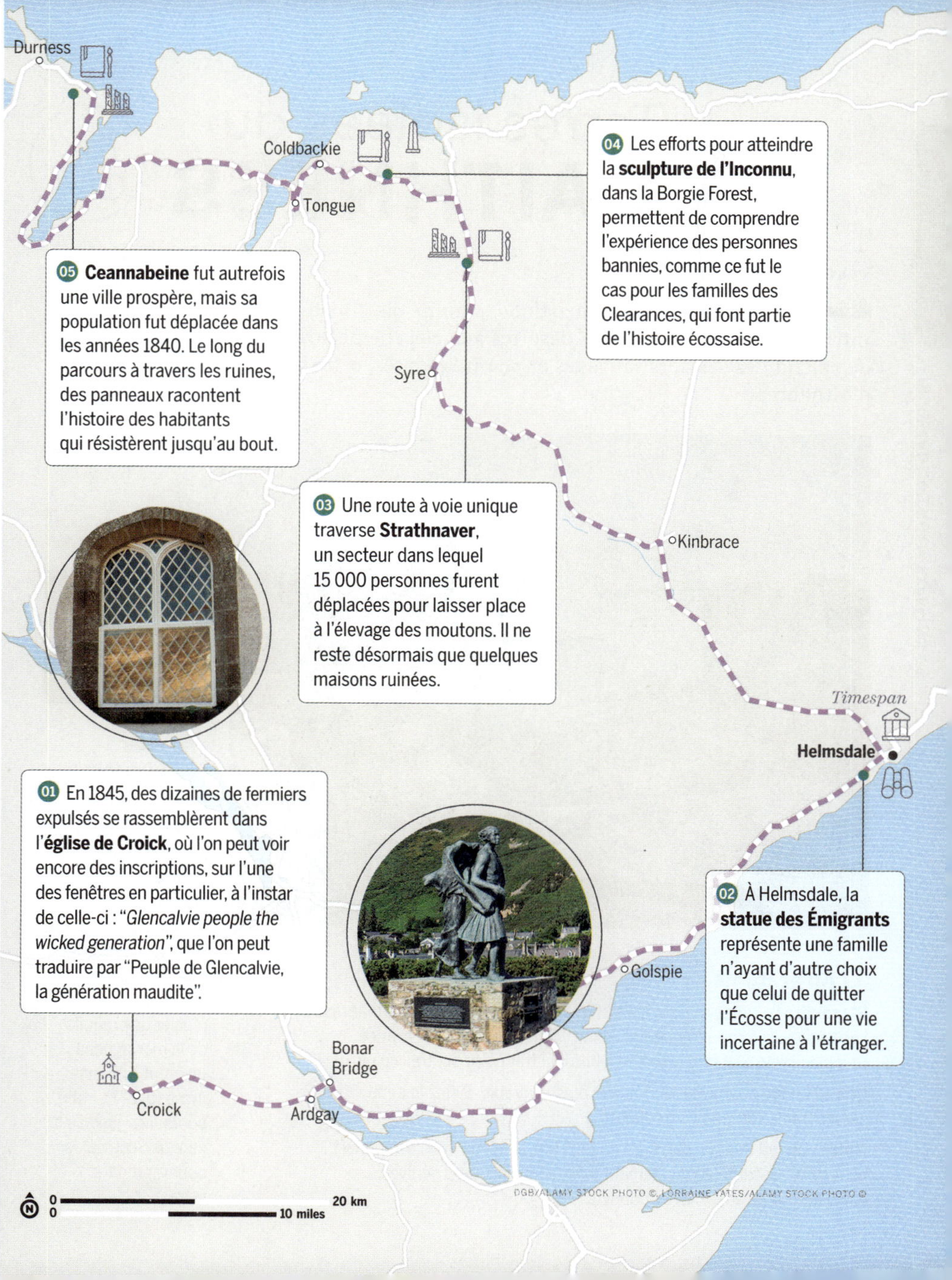

01 En 1845, des dizaines de fermiers expulsés se rassemblèrent dans l'**église de Croick**, où l'on peut voir encore des inscriptions, sur l'une des fenêtres en particulier, à l'instar de celle-ci : "*Glencalvie people the wicked generation*", que l'on peut traduire par "Peuple de Glencalvie, la génération maudite".

02 À Helmsdale, la **statue des Émigrants** représente une famille n'ayant d'autre choix que celui de quitter l'Écosse pour une vie incertaine à l'étranger.

03 Une route à voie unique traverse **Strathnaver**, un secteur dans lequel 15 000 personnes furent déplacées pour laisser place à l'élevage des moutons. Il ne reste désormais que quelques maisons ruinées.

04 Les efforts pour atteindre la **sculpture de l'Inconnu**, dans la Borgie Forest, permettent de comprendre l'expérience des personnes bannies, comme ce fut le cas pour les familles des Clearances, qui font partie de l'histoire écossaise.

05 **Ceannabeine** fut autrefois une ville prospère, mais sa population fut déplacée dans les années 1840. Le long du parcours à travers les ruines, des panneaux racontent l'histoire des habitants qui résistèrent jusqu'au bout.

36 Terres isolées du CAITHNESS

VÉLO | LOCHS | SOLITUDE

Cet itinéraire cyclo-touristique, jalonné de 11 lochs et de sites au passé intrigant, traverse des landes désertes aux ciels démesurés. Empruntant de splendides sentiers sauvages et peu fréquentés, cette boucle part de la gare d'Altnabreac.

GARY BRUCE/SHUTTERSTOCK ©

Aller plus loin

Pour un parcours plus long (34 km), poursuivez après le Loch More jusqu'à Westerdale, où un moulin en pierre a été bâti sur les berges. Gagnez ensuite Halkirk pour vous régaler de produits de la mer, agneau ou bœuf à l'Ulbster Arms (p. 227). Enfin, poursuivez jusqu'à la gare de Scotscalder pour reprendre le train.

En pratique

S'y rendre Le trajet en train dure 30 minutes entre Thurso et Altnabreac. Les liaisons sont peu fréquentes, donc il faut s'organiser à l'avance. Une place vélo doit être réservée à bord du train. Voir scotrail.co.uk.

Quand En été pour avoir la météo la plus favorable. Évitez le dimanche car les trains sont moins fréquents.

Notre conseil Pour ce parcours de 22,5 km, le mieux est d'avoir un VTT ou un VTC. La route au revêtement irrégulier, mais sans dénivelé, convient même au cycliste néophyte.

01 La **gare d'Altnabreac** n'est desservie par aucune route publique, ce qui en fait l'une des plus isolées d'Écosse. Les trains s'arrêtent à la demande.

05 Le **Loch More** est un endroit plaisant pour un pique-nique. On y trouve une petite plage avec vue sur les collines où l'on peut parfois apercevoir des biches.

03 Le **Lochdhu**, qui signifie “loch noir”, est dominé par une impressionnante demeure de style baronnial, agrémentée d'une tour. Construite en 1895, elle fut à l'origine un pavillon de chasse et est aujourd'hui une résidence privée.

02 Près de la gare, l'ancienne **école** arbore une pancarte insolite : “Altnabreac DC, twinned with Washington DC”, signalant le jumelage entre les deux villes.

04 Désormais abandonné, le **Dalnawillan Lodge** fut jadis la résidence d'Archibald Sinclair, membre du cabinet de Winston Churchill. Ses parties de chasse au tétras étaient agrémentées de pique-nique arrosé de cherry brandy.

ANGUS ALEXANDER CHISHOLM/ ALAMY STOCK PHOTO ©, VINCENT LOWE/ ALAMY STOCK PHOTO ©

HIGHLAND GAMES

04

01

02

05

06

03

01 Kilt

Le règlement des jeux stipule que les participants aux jeux de force doivent porter un kilt. Leurs couleurs et motifs sont spécifiques à chaque clan.

02 Jet de haggis

Une épreuve originale : juchés sur un tonneau de whisky, les participants doivent lancer une portion de haggis le plus loin possible.

03 Chef de clan

Un poste honorifique tenu par une célébrité locale. Le chef de clan remet les prix et mène les cérémonies d'ouverture et de clôture.

04 Pipe Band (corps de cornemuses et percussions)

L'un des moments forts des jeux est le défilé de centaines de joueurs de cornemuses et de percussions.

05 Danse des Highlands

Il s'agirait d'une danse de guerrier célébrant la victoire lors d'une bataille ou de l'imitation d'un combat de cerfs.

06 Lancer de tronc

Les athlètes des Highland Games lancent un tronc appelé *caber*, pouvant peser jusqu'à 68 kg. Le but est de l'envoyer le plus loin possible.

07

08

10

09

11

07 Expositions de bétail

Des races locales, comme la vache Highland, sont souvent présentées lors des Highland Games.

08 Produits locaux

Les jeux des Highlands sont d'excellentes occasions de goûter des plats écossais, comme ces *scotch egg* (boulette de chair à saucisse garnie d'un œuf dur), ou d'acheter de l'artisanat local.

09 Tir à la corde

Deux équipes tirent une corde chacune de l'autre côté, le but étant de faire perdre du terrain à l'équipe adverse. Le tout sous les encouragements des entraîneurs et du public.

10 Concours de cornemuse solo

Les sonneurs de cornemuse sont jugés sur différents styles de musique, notamment le pibroch, aux mélodies lentes et classiques.

11 Lancer de marteau

Les concurrents font tourner le marteau au-dessus de leur tête puis le lancent aussi loin que possible. Le marteau peut peser jusqu'à 10 kg.

Carnet d'adresses

Les grands classiques (voir p. 212)

Cape Wrath

Pour gagner le cap, il faut prendre le ferry (07719- 678 729 ; www.capewrathferry.wordpress.com ; aller-retour 10 £, vélo 15 £ ; 10h-16h30 mai-sept) Cette embarcation pour piétons et cyclistes traverse le Kyle of Durness en 10 minutes. Les piétons peuvent continuer avec Cape Wrath Mini Bus (07742-670196 ; www.visitcapewrath.com ; aller-retour 13 £ ; mai-sept) sur les 19 km restants (50 min).

Dunrobin Castle

(01408-633177 ; www.dunrobincastle.co.uk ; adulte/enfant 11/6 £ ; 10h30-16h30 avr-mai et oct, 10h-17h tlj juin-sept)

Eilean Donan Castle

(01599-555202 ; www.eileandonancastle.com ; Dornie ; adulte/enfant/famille 10/6/29 £ ; 10h-18h avr-sept, 10h-17h oct, 10h-16h fév, nov-déc, fermé janv)

Inverewe Garden

(NTS ; 01445-712952 ; www.nts.org.uk ; tarif plein/réduit 13/11,50 £ ; 9h30-18h juin-août, 9h30-17h mars-avr et sept, 9h30-17h30 mai, 9h30-16h oct, 10h-16h nov-fév)

North Coast 500

Cet itinéraire de 830 km, à parcourir à vélo ou en voiture, débute à Inverness et traverse les paysages côtiers et somptueux de la région. (northcoast500.com)

Plockton

Les trains circulant entre Kyle of Lochalsh (3 £, 15 min) et Inverness (24,50 £, 2 heures 30) s'arrêtent à Plockton jusqu'à 4 fois par jour à l'aller et au retour. (www.visitplockton.com)

Whisky et fruits de mer sur la côte ouest

Badachro Distillery

Voir p. 211 (01445-741282 ; www.badachrodistillery.com ; ven 10h-16h)

Balblair Distillery

Cette distillerie, à 10 km de Tain, apparaît dans le film *La Part des anges* de Ken Loach. La visite s'achève par la dégustation d'un dram de whisky aux saveurs fruitées et épicées. (1862-821273 ; www.balblair.com ; Edderton, Tain ; lun-ven 10h-16h30)

Dunnet Bay Distillery

Voir p. 211 (01847-851287 ; www.dunnetbaydistillers.co.uk ; Dunnet)

Kishorn Seafood Bar ££

Une cabane en rondins bleue, à environ 6 km de Lochcarron. Les plateaux de fruits de mer débordent de langoustes, moules, crabes, langoustines et Saint-Jacques. (01520-733240 ; www.kishornseafoodbar.co.uk ; A896, Kishorn ; plats8-18 £ ; mar-dim juil-août, jeu-dim mar-oct)

Lochinver, au pied du Canisp et du Suilven

Mackays Hotel

Voir p. 216 (☎1955-602323 ; www.mackayshotel.co.uk ; plats 14-27 £)

Ulbster Arms

Voir p. 222 (☎0184-7831641 ; www.ulbsterarmshotel.co.uk ; Bridge Street, Halkirk)

Shieldaig Bar & Coastal Kitchen ££

Le toit-terrasse avec vue sur le loch est le lieu idéal pour savourer une pizza aux fruits de mer cuite au feu de bois. (☎01520-755251 ; www.shieldaigbarcoastalkitchen.co.uk ; Shieldaig ; plats 10-21 £ ; 12h-14h30, 16-20h30)

Sites naturels

Bealach na Bà

En voiture ou à vélo, cette route tortueuse et pentue offre de fabuleux panoramas de montagne. Le sommet, situé entre Kishorn et Applecross, culmine à 626 m.

Duncansby Stacks

Peu de visiteurs font le déplacement jusqu'à ces formations rocheuses spectaculaires, qui surgissent de la mer et abritent de vastes colonies d'oiseaux marins. À 3,2 km à pied de John O'Groats. (Excursion en bateau ☎01955-611353 ; www.jogferry.co.uk ; adulte/enfant 19/9,50 £ ; mi-juin à août)

Forsinard Flows Nature Reserve

Voir p. 216 (centre d'accueil ☎01641-571225 ; www.rspb.org.uk/reserves-and-events/reserves-a-z/forsinard-flows ; lun-ven 9h-17h)

Lochinver

Pour de superbes paysages de montagne, gagnez cette ville et ses environs. Lochinver est le point de départ de la randonnée menant au pic Suilven.

Smoo Cave

On accède à cette grotte, située à Durness, par un long escalier débouchant sur l'entrée,

Duncansby Stacks

haute de 15 m. Une passerelle couverte mène à une cascade. Circuits organisés pour aller plus loin. (☎ 01971-511704 ; www.smoocavetours.com ; adulte/enfant 6/3 £ ; 11h-16h avr, mai, sept-oct, 10h-17h juin-août)

Musique, théâtre et jeux traditionnels

Halkirk Highland Games

Hommes musclés en kilt lançant des troncs d'arbres, corps de cornemuse, danseurs et bien plus encore. Organisés le dernier samedi de juillet, les jeux traditionnels de Halkirk attirent des milliers de spectateurs. (halkirkgames.co.uk)

Lyth Arts Centre

La programmation de ce centre d'art saura satisfaire tous les publics : théâtre, humour, musiques du monde, danses et spectacles familiaux. Court trajet en voiture depuis Wick. (lytharts.org.uk ; Lyth Old School Road, Keiss)

Sonneurs de cornemuses de Dornoch

Le samedi soir, de mai à septembre, le corps de cornemuses défile sur la place de Dornoch. Des danses des Highlands accompagnent la musique. (visitdornoch.com)

The Ceilidh Place

Excellente programmation de musique traditionnelle écossaise dans West Argyll St,

La rue principale de Dingwall

à Ullapool. Également librairie, galerie d'art, restaurant, bar et hébergement. (01854-612103 ; www.theceilidhplace.com ; 14 West Argyle St ; ch 130-180 £ ; P)

Timespan Museum

Voir p. 220 (01431-821327 ; www.timespan.org.uk ; Dunrobin St ; adulte/enfant 4/2 £ ; 10h-17h Pâques-oct, 14h-16h mar, 10h-15h sam-dim nov-Pâques)

Côte, plages et jardins

North Coast Sea Tours

Circuit en bateau jusqu'à la formation rocheuse Old Man of Stoer, qui surgit de la mer sur 60 m de hauteur. Vous pourrez ensuite observer les macareux et autres oiseaux marins de Handa Island. Depuis l'embarcadère de Kylesku. (07939-386330 ; northcoastseatours.co.uk ; à partir de adulte/enfant 20/10 £)

Sandwood Bay

L'une des plages les plus belles et préservées du Royaume-Uni, avec du sable rose, des dunes et des falaises. À 6,4 km à pied du parking le plus proche, à Blairmore.

Thurso-East

En hiver, les surfeurs du monde entier débarquent à Thurso pour dompter les vagues. La jetée sur le port est un bon endroit pour admirer leurs exploits. (www.discoverthurso.co.uk)

Produits des Highlands

Alchemist Gallery

Aménagé dans une ancienne pharmacie, à Dingwall, cette galerie présente les œuvres d'artistes et designers locaux. Des expositions thématiques sont organisées régulièrement. (01349-368200 ; alchemistgallery.co.uk ; 48 Hight Street ; lun-sam 10h-15h)

Lochinver Craft Market

Certains vendredis, les artisans s'installent sous la halle pour ce marché local. Poteries, bijoux, vêtements, art, produits frais... (www.madeinassynt.co.uk)

The Storehouse

Un court trajet en voiture depuis Dingwall vous mènera à ce restaurant et épicerie vendant des produits frais de la ferme, du pain et du fromage de la région. Également une sélection pointue de gins, whiskies et bières. (01349-830038 ; thestorehouse.scot ; Foulis Ferry, Evanton ; lun-sam 9h-17h)

Café, gâteaux et délices

Cafe Ozone

Voir p. 219 (01971-511 314 ; https://www.visitcapewrath.com/around-cape-wrath/ozone-cafe/ ; 24h/24)

Plage de Thurso

Coffee Bothy

Voir p. 216 (☎1408-633022 ; Fountain Road, Golspie ; plats 8-17 £)

Cocoa Mountain £

Les chocolats chauds sont prisés des locaux, au moins autant que les truffes aux saveurs originales comme cappuccino-whisky-caramel. Deux magasins, l'un à Dornoch et l'autre au Balnakeil Craft Village à Durness. (☎01971-511233 ; www.cocoamountain.co.uk ; Balnakeil ; plats 4-8 £ ; 9h-18h Pâques-oct)

Highland Farm Cafe £

Une éco-construction moderne bénéficiant d'une vue merveilleuse sur le Cromarty Firth. Savoureux petits-déjeuners et succulents burgers au haggis. À environ 5 km de Dingwall. (☎01349-867475 ; highlandfarmcafe.co.uk ; tlj 9h-17h)

Secret Tea Garden £

Délicieux scones et gâteaux servis dans un magnifique jardin, à Drumbeg. (☎7972-653249 ; Tigh na Bruach)

Whaligoe Steps Cafe and Restaurant ££

Sélection de thé en nature, ramen et pizzas. Les baies vitrées offrent un superbe point de vue depuis le haut des falaises. À 12 km au sud de Wick. (☎01955-651702 ; www.whaligoesteps.co.uk ; The Square, Whaligoe, Ulbster ; plats 5-15 £ ; 10h30-17h30 jeu-dim mi-mars à sept, 11h-17h sam-dim oct-déc)

Escales en gare

Ems & Co Cafe & Bakehouse

Voir p. 215 (☎7922-089222 ; www.emsandco.co.uk ; Station Square, Dingwall , plats 15-30 £ ; jeu-sam 10h-16h)

JOHN A CAMERON/SHUTTERSTOCK ©

Sandwood Bay

Forsinard Flows Visitor Centre

Voir p. 216 (☎01641-571225 ; www.rspb.org.uk ; Forsinard ; centre des visiteurs 9h-17h avr-oct, chemins ouverts toute l'année)

Helmsdale Station

Voir p. 215 (helmsdalestation.co.uk)

Platform 1864

Voir p. 215 (☎01862-894181 ; www.platform1864.com ; 1 Station Rd ; plats 12-23 £ ; restauration 10h-15h et 17h-21h30, jusqu'à 20h nov-fév)

Rogart Station

Voir p. 217 (☎01408-641343 ; www.sleeperzzz.com ; gare de Rogart ; s/lits jum/qua 46/58/88 £, B&B s/d avec sdb 55/69 £ ; Pâques-oct)

Wick Heritage Centre

Voir p. 216 (☎01955-605393 ; www.wickheritage.org ; 20 Bank Row ; adulte/enfant 4/0,50 £ ; 10h-17h avr-oct, dernière entrée 15h45)

SKYE ET LES HÉBRIDES EXTÉRIEURES

HISTOIRE | RANDONNÉE | PLAGES

SKYE ET LES HÉBRIDES EXTÉRIEURES
à la carte

L'aventure vous attend sur la côte ouest de l'Écosse. Sur Skye, vous serez séduit par les paysages époustouflants, les châteaux d'un autre temps et les adresses gastronomiques, tandis que dans les Hébrides extérieures, vous goûterez la quiétude dans un décor de menhirs et de plages somptueuses.

Admirez les falaises vertigineuses et les oiseaux rares sur l'archipel isolé de **St Kilda** (p. 252)
1-2 jours

Explorez les **plages de South Harris**, par exemple Luskentyre et Seilebost (p. 253)
1 jour

Pédalez sur la **Golden Road** à travers un superbe paysage sauvage (p. 249)
½ journée

Remontez 5 000 ans en arrière en contemplant les impressionnants **mégalithes de Callanish** (p. 253)
½ journée

Choisissez des articles en tweed Harris tissé à la main au **Tarbert Tweed Shop** (p. 254)
½ journée

Marchez jusqu'au **Quiraing** en traversant l'un des paysages les plus étonnants d'Écosse (p. 252)
½ journée

Roulez sur la **Calum's Road**, le fruit de 10 ans de travail d'un homme (p. 244)
½ journée

Goûtez le whisky doux et fumé de la célèbre **Talisker Distillery** (p. 255), sur Skye
½ journée

Baladez-vous dans les jolis jardins entourant l'**Armadale Castle**, en bord de mer (p. 252)
½ journée

Informations pratiques

MINO SURKALA/SHUTTERSTOCK ©

À L'ARRIVÉE

Skye Reliée par un pont, donc facilement accessible depuis le continent. On peut venir en voiture, en train (jusqu'à Kyle of Lochalsh puis un bus Stagecoach) ou en bus.

Hébrides extérieures Connectées au continent, à Skye et aux autres îles de l'archipel par les ferries de CalMac. Il y a aussi un aéroport à Stornoway sur Lewis – les avions de Loganair volent depuis/vers Édimbourg, Glasgow et Inverness – ainsi qu'un petit aéroport à Barra.

BUDGET

Fish & chips 6,50 £

Visite d'une distillerie 12 £

Circuit faune sauvage en bateau 40 £

QUAND Y ALLER

JANV-MARS
Temps froid et humide, beaucoup de sites sont fermés.

AVR-JUIN
Période idéale, avec un temps assez clément et moins de monde qu'en été.

JUIL-SEPT
Beau temps mais beaucoup de monde. Skye est vraiment bondée, les Hébrides extérieures le sont moins.

OCT-DÉC
Habillez-vous chaudement pour affronter le climat implacable ; vous aurez souvent les sites pour vous seul.

COMMENT CIRCULER

Voiture Le moyen le plus facile et pratique d'explorer les îles. Une voiture vous permettra de gagner des sites difficiles d'accès et de vous arrêter où vous voudrez pour admirer les paysages souvent spectaculaires. Louez une voiture sur le continent, à Tarbert (Skye) ou à Stornoway (Lewis).

Bus Stagecoach assure des bus réguliers à travers Skye. Un billet journalier coûte 7,30 £. Sur les Hébrides extérieures, divers bus locaux assurent des liaisons irrégulières en journée, mais rarement le soir ou le dimanche.

Ferry Les ferries CalMac relient Skye aux Hébrides extérieures – et les îles des Hébrides entre elles. Les prix vont de 3 à 15 £ par personne et de 11 à 70 £ par voiture (aller).

SE RESTAURER ET PRENDRE UN VERRE

Produit de la mer Aucun voyage en Écosse ne peut se concevoir sans un festin de fruits de mer, tout juste pêchés. Tout est à goûter : du saumon aux coquilles Saint-Jacques en passant par les langoustes et les langoustines.

Alcools Du whisky Talisker doux et fumé au Harris Gin acidulé mais sucré, les amateurs de spiritueux seront dans leur élément.

Saucisses Le boudin le plus réputé du pays vient de Stornoway, sur l'île de Lewis. Vous en trouverez sur tous les menus de la région ; il entre généralement dans la composition du petit-déjeuner écossais complet.

Meilleurs fruits de mer

The Three Chimneys (p. 255)

Whisky incontournable

Isle of Raasay Single Malt (p. 255)

CONNEXION

Wi-Fi Disponible et fiable dans les hôtels et restaurants partout sur Skye. Il y a même une connexion Wi-Fi publique et gratuite à Portree, la plus grande ville de l'île. Dans les Hébrides extérieures, le réseau est plus lent et moins efficace – et il ne faut pas compter sur le réseau téléphonique pour la sauvegarde de données. Les meilleures sources d'information sur place sont le Tourist Office de Portree (p. 253) et de Stornoway (p. 254).

SE PRÉPARER À LA PLUIE

Les averses arrivent en toute saison, et généralement sans prévenir. Ayez toujours un vêtement imperméable avec vous.

OÙ LOGER

La plupart des visiteurs s'aventurent dans cette région pour se rapprocher de la nature. Vous aurez le choix entre le confort d'une grande ville ou un retour aux sources encore plus proche de la nature.

Localité	Pour/contre
Portree	Bien desservie ; hôtels, restaurants et boutiques. Très fréquentée en été.
Péninsule de Sleat	La pointe sud de Skye est verdoyante et paisible, mais il faut rouler longtemps pour atteindre la plupart des sites majeurs.
Stornoway	La principale ville des Hébrides extérieures est une base pratique et confortable, mais vous n'aurez pas la sensation, si merveilleuse, d'être loin de tout.
Côte ouest de Harris	Séjournez dans un B&B surplombant le spectaculaire littoral sablonneux. Le bémol : difficilement accessible sans voiture.
St Kilda	L'île la plus isolée de Grande-Bretagne est une option unique, mais le trajet est long et le camping rudimentaire.

ARGENT

Les cartes bancaires sont acceptées presque partout, mais prévoyez des espèces pour les petits établissements, cafés ou musées par exemple.

Les grands classiques

Pour les infos pratiques de chaque site, reportez-vous au carnet d'adresses p. 252.

CHRIS HOFF/SHUTTERSTOCK ©

Cuilin Hills

Cette chaîne de montagnes déchiquetées forme la toile de fond de l'île de Skye. Ses sommets, qui pourtant ne culminent qu'à 993 m, rappellent ceux des Alpes, avec des crêtes en lame de rasoir, des cimes en dents de scie, des pentes d'éboulis et de la roche nue à perte de vue.

HELEN HOTSON/SHUTTERSTOCK ©

Île de Harris

Au sud de Lewis, Harris est le joyau du chapelet d'îles que sont les Hébrides extérieures. Il s'agit d'une sublime combinaison de montagnes déchiquetées, de plages vierges magnifiques, de machair couvert de fleurs et de paysages rocheux.

HELEN HOTSON/SHUTTERSTOCK ©

Île de Lewis

Dans la partie occidentale de l'île, les Callanish Standing Stones constituent de saisissants vestiges préhistoriques. Ces 13 mégalithes disposés autour d'un monolithe central forment un monument aussi impressionnant que mystérieux.

Quiraing

La baie de Staffin est dominée par l'impressionnant escarpement de basalte de Quiraing, dont les éboulements et les aiguilles constituent l'un des paysages les plus évocateurs de Skye. Cet escarpement est accessible à pied, depuis le parking situé au plus haut point de la route secondaire reliant Staffin à Uig.

EYESTRAVELLING/SHUTTERSTOCK ©

Dunvegan Castle

Autrefois propriété du chef du clan MacLeod, ce château fort impressionna sir Walter Scott qui le visita en 1814. À l'intérieur, en plus des épées, argenterie et portraits de famille, vous pourrez observer le *Fairy Flag*, une bannière de soie diaphane du IVe-VIIe siècle, ainsi que le gilet et une mèche de cheveux de Bonnie Prince Charlie.

JOSE ARCOS AGUILAR ©

CORLAFFRA/SHUTTERSTOCK ©

St Kilda

À environ 72 km à l'ouest de North Uist, St Kilda est un groupe d'aiguilles rocheuses surgissant de la mer et d'îles déchiquetées entourées de falaises. Ces îles inscrites au Patrimoine mondial de l'Unesco abritent plus d'un million d'oiseaux.

PAOLO TROVO/SHUTTERSTOCK ©

Skye Museum of Island Life

Les paysans de Skye menaient aux XVIIIe et XIXe siècles une vie très rude, illustrée dans ce musée au moyen de cottages au toit de chaume, de *crofts*, de granges et d'outils. Derrière le musée, dans le cimetière de Kilmuir, une grande croix celtique signale la tombe de Flora MacDonald, héroïne jacobite.

37 Randonnée à TROTTERNISH

RANDONNÉE | POINTS DE VUE | EXCURSION À LA JOURNÉE

Enfilez vos chaussures de marche pour explorer les paysages somptueux de la péninsule de Trotternish, sur Skye. Commencez par l'époustouflante randonnée de Quiraing, enchaînez avec l'ascension brève mais abrupte de l'Old Man of Storr et reprenez votre souffle avec le circuit de Scorrybreac.

WAYLEEBIRD/SHUTTERSTOCK ©

En pratique

S'y rendre Trotternish est la péninsule la plus septentrionale de Skye. Pour atteindre les points de départ des randonnées, le plus simple est d'être en voiture (depuis Portree, roulez direction nord sur l'A855). Le bus n°57A, peu fréquent, vous dépose à proximité.

Quand L'été est la meilleure période pour randonner. La météo étant très changeante, prévoyez toujours des vêtements adaptés.

Notre conseil Terminez la journée avec un repas mémorable au superbe **Scorrybreac Restaurant** (p. 255), qui domine le port de Portree.

FRANCESCO BONINO/SHUTTERSTOCK ©

Le Quiraing

Cet ensemble de falaises découpées, formations rocheuses et plateaux herbeux, caractéristique de Skye, est traversé par un superbe itinéraire de randonnée. Cette boucle difficile de 6,5 km (2 heures) est très fréquentée en été, donc partez aussi tôt que possible pour éviter l'affluence et trouver une place sur le parking ; le lever de soleil est magnifique. Suivez les indications pour quitter l'A855 à Brogaig et roulez sur environ 3,2 km pour atteindre le parking de Quiraing.

KACA SKOKANOVA/SHUTTERSTOCK ©

La Prison

En face du parking, le chemin de randonnée mène à une formation rocheuse très accidentée, baptisée la Prison. La ressemblance avec une forteresse devient

Rocher et cascade

Pour un panorama spectaculaire sans effort physique, arrêtez-vous au point de vue de **Kilt Rock** entre l'Old Man of Storr et le Quiraing. Cette falaise haute de 90 m est composée de colonnes de basalte évoquant les plis d'un kilt. Non loin, les **Mealt Falls** se jettent élégamment dans l'océan blanchi par l'écume.

En haut à gauche Le Quiraing
En haut à droite Randonnée jusqu'à l'Old Man of Storr
À gauche La Prison

plus évidente à mesure qu'on avance sur le sentier ; il faut franchir un petit ruisseau et grimper un éboulis à côté de la protubérance.

L'Aiguille

Après la Prison, vous découvrirez une série de formations rocheuses pareilles à des colonnes, notamment l'Aiguille (Needle), élancée et acérée. Plus loin, le sentier accroché à la falaise descend en virages serrés dans la vallée, avant de remonter.

La Table

Au sommet (540 m), le point de vue s'ouvre de toutes parts. Par temps clair, le regard porte au-delà des îles de Raasay et Rona, jusqu'au continent. Vous pourrez contempler la Table, un plateau lisse qui aurait été utilisé pendant des siècles par les habitants pour protéger le bétail des envahisseurs. Ensuite, le sentier pentu et souvent boueux vous ramènera au parking.

Revenir par un autre chemin

Gagnez la côte ouest de Trotternish, jalonnée de sites intéressants, et retrouvez Portree par un autre chemin.

Skye Museum of Island Life (p. 252) Un village préservé, avec des cottages aux toits de chaume offrant un aperçu de la vie rurale.

Tombe de Flora MacDonald Non loin se dresse la tombe de Flora MacDonald, qui aida Bonnie Prince Charlie à échapper à la capture.

Fairy Glen Un paysage singulier et enchanteur, avec un roulis de collines verdoyantes, des *lochans* (étangs) et des formations rocheuses, juste à l'est de la ville d'Uig.

The Galley Cafe (p. 255) Commandez un en-cas à emporter et roulez jusqu'aux ruines charmantes du Caisteal Uisdean pour un pique-nique au bord du loch.

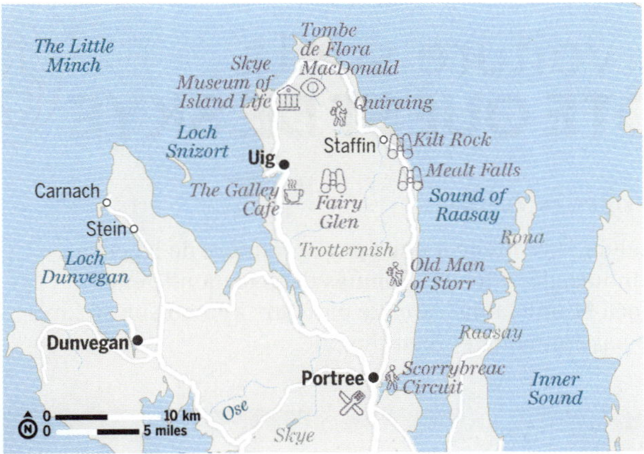

À gauche Cercle de pierres de Fairy Glen
En bas Skye Museum of Island Life

L'Old Man of Storr

Une autre randonnée de Trotternish mène à l'Old Man of Storr, une émergence rocheuse de 50 m, qui évoque le pouce enterré d'un géant. Un chemin empierré et balisé gravit la colline depuis un parking à côté du Loch Leathan, en retrait de l'A855. Le sentier se détériore rapidement et devient rocailleux, puis de plus en plus abrupt, accidenté et boueux tandis qu'il serpente jusqu'au sommet. En seulement 45 minutes, vous vous trouverez au pied de l'Old Man et pourrez contempler le paysage en contrebas. Redescendez par le même chemin (30 min).

Le circuit de Scorrybreac

Cette boucle facile (45 min), le long de la mer, est une bonne manière de conclure en beauté une journée active. Commencez sur le petit parking derrière le Cuillin Hills Hotel (p. 252). Suivez les indications : vous passerez devant un hangar à bateaux puis gravirez la colline jusqu'au Nicolson Memorial, qui rend hommage à l'un des plus anciens clans d'Écosse. Non loin, un point de vue offre une jolie perspective sur la baie de Portree. Continuez jusqu'à Black Rock, un site prisé des oiseaux marins. Vous suivrez ensuite un chemin côtier qui se rétrécit et longe plusieurs fermes à saumons. Assez vite, le chemin grimpe à nouveau dans les terres et rejoint Portree.

38 En voiture sur la CÔTE OUEST DE SKYE

FAUNE MARINE | WHISKY | VIRÉE EN VOITURE

Le littoral occidental de Skye invite à une épopée routière de légende, avec des paysages côtiers inouïs, des whiskies réputés dans le monde entier, des châteaux en bord de loch et une faune rare. Le parcours s'étend sur 80 km mais la journée s'annonce passionnante et bien remplie.

DALE KELLY/SHUTTERSTOCK ©

Plages de rêve

La route de la côte ouest longe de jolis tronçons de littoral. Les plus beaux sont **Coral Beach**, un sublime croissant de sable d'un blanc étincelant, constellé d'algues corallines, et la **Talisker Bay Beach**, une paisible crique de sable encadrée de hautes falaises, avec en prime une cascade impétueuse.

En pratique

S'y rendre Depuis le continent, suivez l'A87 et traversez le Skye Bridge. Après environ 42 km, vous verrez les indications pour Dunvegan (A863) : c'est le départ de votre itinéraire routier.

Quand C'est en été que vous aurez le plus de chance d'avoir du soleil, mais aussi plus de visiteurs. Si possible, privilégiez les mois de mai ou septembre.

Pause déjeuner Goûtez des fruits de mer au Dunvegan Prawn & Mussel Bar (p. 255).

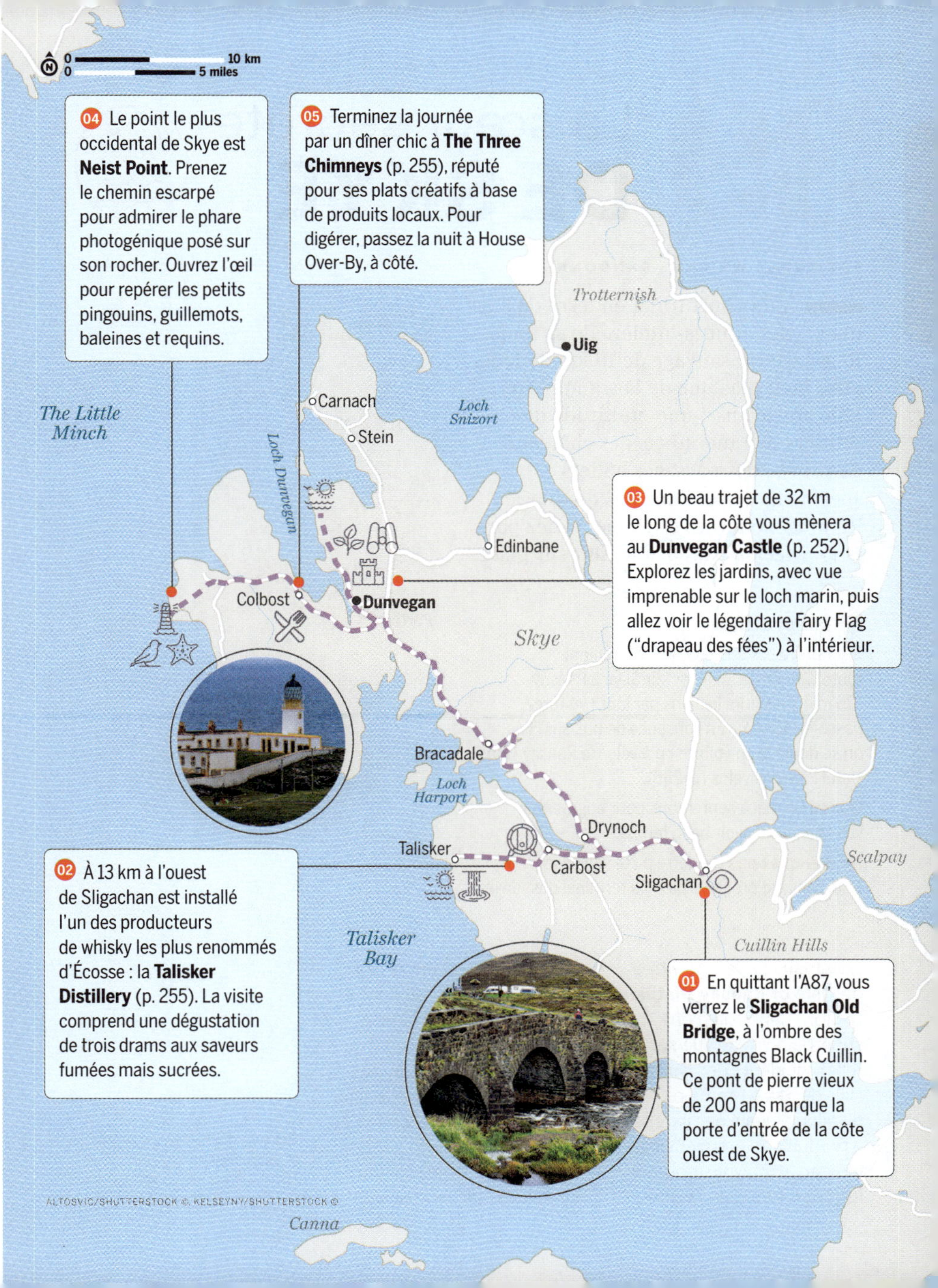

01 En quittant l'A87, vous verrez le **Sligachan Old Bridge**, à l'ombre des montagnes Black Cuillin. Ce pont de pierre vieux de 200 ans marque la porte d'entrée de la côte ouest de Skye.

02 À 13 km à l'ouest de Sligachan est installé l'un des producteurs de whisky les plus renommés d'Écosse : la **Talisker Distillery** (p. 255). La visite comprend une dégustation de trois drams aux saveurs fumées mais sucrées.

03 Un beau trajet de 32 km le long de la côte vous mènera au **Dunvegan Castle** (p. 252). Explorez les jardins, avec vue imprenable sur le loch marin, puis allez voir le légendaire Fairy Flag ("drapeau des fées") à l'intérieur.

04 Le point le plus occidental de Skye est **Neist Point**. Prenez le chemin escarpé pour admirer le phare photogénique posé sur son rocher. Ouvrez l'œil pour repérer les petits pingouins, guillemots, baleines et requins.

05 Terminez la journée par un dîner chic à **The Three Chimneys** (p. 255), réputé pour ses plats créatifs à base de produits locaux. Pour digérer, passez la nuit à House Over-By, à côté.

39 La sœur secrète DE SKYE

SOLITUDE | WHISKY | RANDONNÉE

À un court trajet en ferry de Skye mais à des années-lumière de sa foule, Raasay, terre sauvage de 16 km de long, offre bien plus que de la tranquillité. L'île abrite aussi une multitude de sentiers de randonnée, des châteaux en ruines, des paysages côtiers spectaculaires et l'une des distilleries les plus modernes d'Écosse. Venez pour la journée ou passez une nuit sur place.

En pratique

S'y rendre Les ferries CalMac circulent toute l'année de Sconser sur Skye à Raasay (25 min, plusieurs liaisons par jour ; voiture/passager 13/4 £). En l'absence de bus sur l'île, on se déplace en voiture ou à vélo ; le Raasay House Hotel loue des vélos (p. 255).

Quand De mai à septembre, pour augmenter vos chances d'avoir beau temps.

Ne manquez pas La pierre picte vieille de 1 300 ans est proche à pied du terminal des ferries.

Le whisky La façade vitrée de l'**Isle of Raasay Distillery** (p. 255) bénéficie d'un superbe point de vue sur le relief accidenté des Cuillin Hills de Skye. Première distillerie légale de l'île, elle a produit son premier *single malt* en 2021. Vous pourrez le goûter lors d'une visite-dégustation ; si l'envie vous prend, passez la nuit dans la luxueuse Borodale House, l'hôtel de la distillerie.

La Calum's Road Dans les années 1960, la municipalité échouant continuellement à améliorer l'accès au nord de Raasay, un fermier du nom de Calum MacLeod décida

En haut à droite Tonneaux de l'Isle of Raasay Distillery
En bas Vans au bord de la Calum's Road, près du Loch Arnish

TOM RICHARDSON SCOTLAND/ALAMY STOCK PHOTO ©

VINCENT LOWE/ALAMY STOCK PHOTO ©

Skye en miniature

L'île de Raasay est un secret bien gardé. Elle recèle toutes les possibilités qui font le succès de Skye : whisky, randonnées, gastronomie, belles plages, paysages hallucinants et activités de plein air... Mais tout cela sur une île beaucoup plus petite, ce qui permet de tout faire bien plus facilement. Je suppose qu'on pourrait dire que Raasay est la petite sœur cool de Skye.

Carol Anderson, *Raasay Tourism Group*

de prendre les choses en main. Durant une décennie, outillé d'une pelle et d'une pioche, il transforma un étroit sentier en route carrossable, sur 2,8 km. La **Calum's Road** reste aujourd'hui encore un parcours magnifique ; elle débute juste après l'intimidant Brochel Castle.

La colline Depuis le terminal des ferries, on peut rejoindre à pied (boucle de 3 heures) le **Dùn Caan**, point culminant de l'île au sommet arrondi. Le sentier serpente à travers des villages de mineurs, des forêts de pins et des landes criblées de lochs, avant de grimper jusqu'à la cime (443 m). Le tronçon final est abrupt et rocailleux mais le panorama mérite bien tous ces efforts.

40 St Kilda : tout au bout DU MONDE

ÎLE | OISEAUX | EXCURSION À LA JOURNÉE

Situé à environ 160 km à l'ouest du continent, St Kilda est le plus isolé de tous les archipels britanniques. C'est aussi l'un des plus beaux, grâce à ses éperons rocheux surgissant de la mer, à ses colonies d'oiseaux marins et à sa fascinante culture insulaire. Pour jouir de cet isolement merveilleux, il vous faudra un budget, du temps et l'estomac bien accroché.

VINCENT LOWE/ALAMY STOCK PHOTO ©

En pratique

S'y rendre Les bateaux de Kilda Cruises (p. 255) et Sea Harris partent de Leverburgh sur Harris. Sinon, Go to St Kilda (gotostkilda.co.uk) propose des croisières depuis/vers Skye.

Quand Les bateaux circulent presque tous les jours de fin avril à septembre. Même en été, une météo capricieuse peut entraîner des annulations de dernière minute ; prévoyez un jour de marge.

Budget 220-260 £, selon la compagnie. Des arrhes sont exigées pour les réservations.

ANDY SUTTON/ALAMY STOCK PHOTO ©

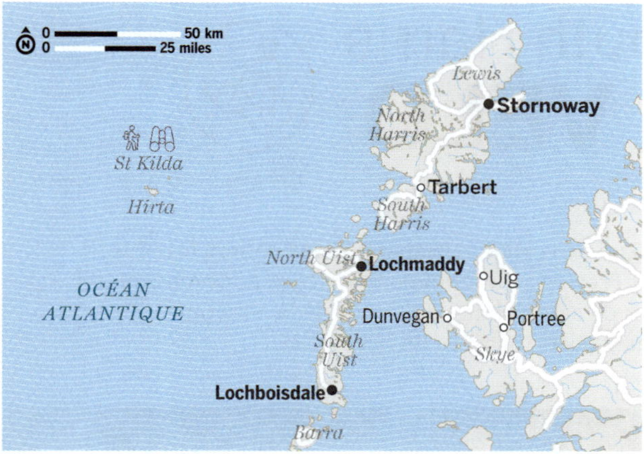

Traversée houleuse Toute expérience sur St Kilda commence par un trajet en bateau mouvementé (3 heures) en pleine mer. Heureusement, les estomacs s'apaisent quand **Hirta**, la principale île de l'archipel, apparaît à l'horizon. On a l'impression de se retrouver au bout du monde et l'arrivée dans un petit village pittoresque fait l'effet d'une surprise.

Vie insulaire Malgré son isolement, St Kilda a abrité pendant environ 2 000 ans une petite communauté, longtemps restée sans communication avec le reste du continent. Aujourd'hui, on peut explorer le village historique au centre de Hirta, ainsi que les *cleitean* aux alentours – des huttes en pierre utilisées pour faire sécher la viande d'oiseaux (longtemps seule alimentation carnée).

Paysages renversants L'atout de Hirta est incontestablement sa nature sauvage. Randonnez le long de la côte sud jusqu'à **Ruival** ou gravissez le **Conachair** au nord pour profiter de paysages variés, des pâturages verdoyants où broutent quelques moutons de Soay aux falaises vertigineuses envahies par des colonies d'oiseaux marins bien actives.

Nidification des fous de Bassan Du grand labbe gris-brun au facétieux macareux au bec orange, les oiseaux de Hirta offrent un spectacle inoubliable. Toutefois, gardez un peu de mémoire dans votre appareil pour le voyage de retour en bateau, quand vous passerez tout près des éperons rocheux de St Kilda, autour desquels volent des milliers de fous de Bassan à tête jaune (l'odeur du guano est marquante aussi).

En haut à gauche Cottages à Hirta
En bas Randonneurs gravissant le Conachair

Séjourner sur St Kilda

Si une journée ne vous suffit pas, vous pourrez camper à Hirta. Un petit camping géré par le National Trust for Scotland propose des emplacements pour six personnes, avec toilettes, douches rudimentaires et eau potable. Il n'y a ni électricité, ni Wi-Fi ou réseau mobile et vous devrez apporter votre réchaud et de la nourriture ; prévoyez large au cas où votre départ serait retardé. Réservation obligatoire (p. 255).

41 South Harris À VÉLO

PLAGES | VÉLO | POINTS DE VUE

South Harris se targue de certains des panoramas côtiers les plus impressionnants d'Écosse. Prévoyez au moins une journée pour en explorer tous les recoins, des plages de sable blanc idylliques de la côte ouest aux paysages lunaires constellés de bruyère de la côte est.

COLIN PALMER PHOTOGRAPHY/ ALAMY STOCK PHOTO ©

Deux jours plutôt qu'un

Si vous préférez un rythme plus tranquille, prévoyez de passer une nuit sur place. La paradisiaque Scarista Beach, qui se situe juste avant la moitié de cet itinéraire (4,8 km après MacLeod's Stone), est bordée de charmants B&B. C'est aussi une base idéale pour l'ascension du Chaipaval.

En pratique

S'y rendre et circuler En été, des ferries desservent chaque jour Tarbert depuis Uig, sur Skye. Les horaires sont publiés sur le site Internet de CalMac. Pas de location de vélo à Tarbert, mais vous pourrez en louer un auprès de Bike Hebrides (p. 255) à Stornoway sur Lewis, ou embarquez le vôtre gratuitement sur le ferry.

Quand En été pour une météo plus favorable.

En bref Distance : 84 km. Difficulté : moyenne à élevée (dénivelé à l'entrée et à la sortie de Tarbert).

01 Commencez par un bref détour à **Luskentyre Beach** pour contempler le sable blanc, les eaux turquoise et les dunes plantées – en général vous aurez ce paysage pour vous seul.

02 À 9,6 km au sud-ouest de Luskentyre se dresse la solitaire **MacLeod's Stone**. Ce menhir vieux de 5 000 ans se tient sur un tronçon de littoral sablonneux absolument spectaculaire. L'endroit rêvé pour pique-niquer.

03 Pédalez à travers Leverburgh, le deuxième plus grand village de l'île, pour atteindre la superbe **St Clement's Church** (p. 253), une église antérieure à la Réforme. À l'intérieur, admirez le tombeau d'Alasdair Crotach MacLeod (XVIe siècle).

04 Depuis Rodel, mettez le cap au nord pour rejoindre la **route de la côte est**, qui serpente à travers un terrain aride joliment rocailleux. Juste après Aird Mhige, engagez-vous sur la **Golden Road**, une route sauvage jalonnée de lochs.

05 Votre escapade se termine au point de départ : **Tarbert**. Si vous arrivez à temps, visitez l'**Isle of Harris Distillery** (p. 255) et dégustez son sublime gin infusé aux algues, au goût légèrement sucré.

42 Histoire sur LEWIS

HISTOIRE | CULTURE | EXCURSION À LA JOURNÉE

Plus grande île des Hébrides extérieures, Lewis abrite trois sites historiques passionnants, facilement accessibles depuis la capitale, Stornoway. Commencez par un cercle de pierres néolithique, visitez une forteresse de l'âge de pierre puis explorez une habitation traditionnelle du XIXe siècle.

En pratique

S'y rendre et circuler À Stornoway, il y a un petit aéroport (desservi par Loganair) et un terminal de ferries CalMac, qui arrivent régulièrement d'Ullapool, sur le continent. Une voiture facilitera vos déplacements tandis que le bus (W2) offre de rares liaisons, avec des arrêts à Callanish, Carloway et Arnol.

Quand Les sites sont ouverts toute l'année ; la plupart étant en extérieur, prévoyez des vêtements chauds et imperméables en hiver.

Budget Arnol Blackhouse : 6 £. Callanish et Carloway : gratuit.

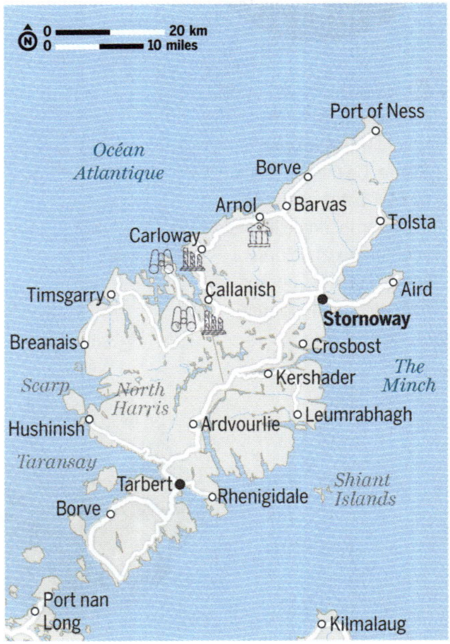

Menhirs Depuis Stornoway, roulez 27 km vers l'ouest et vous atteindrez les **mégalithes de Callanish** (p. 253), 13 grosses pierres agencées en cercle autour d'un monolithe central. De là, 40 autres pierres symbolisent une croix. Erigé entre 3 000 et 1 500 av. J.-C., ce site, plus ancien que Stonehenge, offre un superbe point de vue sur le Loch Roag et l'île de Bernera.

Construction fortifiée Un peu plus haut sur la côte se trouve le broch **Dun Carloway** bien conservé. Édifié autour de 200 av. J.-C. pour se protéger des envahisseurs venus de l'océan, certains de ses murs arrondis en

En haut à droite Mégalithes de Callanish
En bas à droite Broch de Dun Carloway

NATALIA YATSKEVICH/SHUTTERSTOCK ©

JOE GOUGH/SHUTTERSTOCK ©

Figurines de Lewis

Découvertes sur l'île en 1831, ces figurines appartiennent à un jeu d'échecs datant de l'époque médiévale, en ivoire de morse et dent de cachalot. Très expressifs, les visages des pièces témoignent de l'extraordinaire talent du/des sculpteur(s). Vous pourrez les admirer au National Museum of Scotland à Édimbourg et au British Museum à Londres, ainsi qu'au Museum nan Eilean (p. 253) à Lewis, qui a bénéficié d'un prêt à long terme.

Lydia Prosser,
Conservatrice au National Museum of Scotland, département d'histoire et archéologie médiévales

pierre sèche se dressent encore à 9 m. Rendez-vous au centre d'accueil des visiteurs pour en apprendre davantage sur l'histoire et la signification culturelle de l'édifice.

Maison hébridéenne Arnol et sa **Blackhouse** (p. 253) se situent 14,5 km plus au nord (et 2 000 ans plus tard). Animaux et fermiers vivaient ensemble sous le même toit de chaume jusqu'au milieu du XXe siècle. Pénétrez à l'intérieur pour sentir l'odeur du feu de tourbe ; la "maison noire" doit son nom à la suie qui noircit les murs.

Carnet d'adresses

Les grands classiques (voir p. 236)

Callanish Standing Stones

(HES ; www.historicenvironment.scot ; 24h/24)

Cuillin Hills

(www.dunvegancastle.com/cuillin-mountains)

Dunvegan Castle

(01470-521206 ; www.dunvegancastle.com ; adulte/enfant 14/9 £; 10h-17h30 Pâques à mi-oct)

Ile de Harris (Na Hearadh)

(www.visitscotland.com/destinations-maps/lewis-harris-stornoway)

Quiraing

(01851-703088 ; www.visitouterhebrides.co.u ; 26 Cromwell St ; 10h-16h avr-oct, fermé dim nov-mars)

Skye Museum of Island Life

(01470-552206 ; www.skyemuseum.co.uk ; Kilmuir ; adulte/enfant 4/0,50 £ ; 9h30-17h lun-sam Pâques-fin sept)

St Kilda

(www.nts.org.uk/visit/places/st-kilda)

Sites naturels

Armadale Castle Garden

Organisés autour d'un château du XVIIe siècle en partie ruiné, dans le sud de Skye, ces vastes jardins jouissent d'une belle vue sur le continent. Le billet comprend l'accès à un musée consacré au clan Donald. (Museum of the Isles, 01471-844305 ; www.armadalecastle.com ; adulte/enfant 9/5 £ ; 9h30-17h30 avr-oct, 10h-15h lun-ven mars et nov)

Balranald Nature Reserve

Avec son mélange de riches prairies, de dunes et de zones humides, cette réserve peu visitée, sur North Uist, est un paradis pour les oiseaux. Tendez l'oreille pour repérer le chant de chaque espèce. (www.rspb.org.uk)

Fairy Pools

Les "piscines des fées" sont une succession de bassins bleu-vert et de cascades charmantes. Il s'agit d'un des sites les plus magiques de Skye. Venez tôt le matin ou en fin de journée pour éviter la foule. (www.dunvegancastle.com/fairy-pools)

Our Lady of the Isles

Symbole de résistance, cette sculpture en granit (Notre-Dame-des-Îles) se dresse sur 9 m de hauteur, à South Uist. Elle fut construite sur des terres prévues pour l'installation d'un missile du ministère de la Défense, ce qui fit échouer le projet du gouvernement.

Plages de sable

Traigh Mhòr

Prisée des randonneurs, cette belle plage de sable blanc, à l'extrémité de Barra, est aussi

CHRIS ALLAN/SHUTTERSTOCK ©

Jardin de l'Armadale Castle

une piste d'atterrissage pour les avions, avec des liaisons régulières. Elle est réputée pour ses dunes herbeuses et ses vagues puissantes (idéales pour le surf). Pour vous y rendre, louez un vélo. (Barra Bike Hire, 07876 402842 ; www.barrabikehire.co.uk ; Castlebay ; 12/18 £ la demi-journée/journée ; 9h-17h lun-sam)

Traigh Seilebost

Parmi les plages époustouflantes de South Harris, Seilebost se distingue avec son sable fin, bordé de machair coloré de primevères. Elle offre également un point de vue sur une autre belle plage, Luskentyre. (www.visitouterhebrides.co.uk/our-islands/harris)

Musées et sites historiques

Arnol Blackhouse

Voir p. 251 (HES ; 1851-710395 ; www.historicenvironment.scot ; Arnol ; adulte/enfant 6/3,60 £ ; 9h30-17h30 lun-sam avr-sept, 10h-16h lun, mar et jeu-sam oct-mars)

Dun Carloway Broch and Visitor Centre

Voir p. 250 (Carloway, Lewis ; avril-sept)

Kildonan Museum

Sur South Uist, ce petit musée regroupe d'intéressants artefacts et expositions sur les îles Uist et leurs habitants. Également boutique d'artisanat, café et espace dédié aux arts du spectacle. (01878-710343 ; www.kildonanmuseum.co.uk ; Kildonan ; adulte/enfant 3£/gratuit ; 10h-17h avr-oct)

Museum nan Eilean

Au sein du Lews Castle de Stornoway, cet espace d'exposition présente les aspects de la vie sur les Hébrides, les métiers insulaires ainsi que six des célèbres figurines d'échecs de Lewis. (www.lews-castle.co.uk ; Lewis Castle ; gratuit ; 10h-17h lun-mer et ven-sam avr-sept, 13h-16h mêmes jours oct-mars)

GREG BALFOUR EVANS/ALAMY STOCK PHOTO ©

Plage Traigh Mhòr

Portree Tourist Office

Voir p. 235 (01478-612992 ; www.visitscotland.com/destinations-maps/isle-skye ; Bayfield Rd ; 10h-16h lun-sam toute l'année, horaires étendus juin-août)

Seallam ! Visitor Centre

Le nom du centre d'accueil des visiteurs situé juste au nord de Leverburgh, sur Harris, signifie "Laisse-moi te montrer" en gaélique. Les expositions sont consacrées à l'histoire et à la nature des Hébrides extérieures. Également un centre de généalogie pour les personnes réalisant des recherches sur leurs ancêtres hébridéens. (www.hebridespeople.com/visitor-centre/ ; entrée exposition 3 £ ; lun-sam 10h-17h, fermé lun-mar en hiver)

Staffin Dinosaur Museum

À Skye, ce musée fondé par le chasseur de dinosaures, Dugald Ross, et apprécié des familles conserve une intéressante collection d'empreintes et fossiles de dinosaures.(01470-562321 ; www.staffindinosaurmuseum.com ; 3 Ellishadder, Staffin ; adulte/enfant 2/1 £ ; 9h30-17h)

St-Clement's Church

Voir p. 249 (Rodel ; 9h-17h lun-sam)

Stornoway Tourist Office

Voir p. 235 (☎01851-703 088 ; www.visitouterhebrides.co.uk ; 26 Cromwell St ; ⏰10h-16h avr-oct, fermé dim nov-mars)

Galeries d'art

Dandelion Designs

Cette charmante petite galerie est installée à Stein, localité agricole de la péninsule de Waternish, sur Skye. Des artistes locaux y exposent un large choix de peintures, photographies et artisanat. (☎01470-592 218 ; www.dandelion-designs.co.uk)

Island Darkroom

Dominant la lande constellée de lochs de Lewis, cette galerie de photographie expose de beaux tirages réalisés sur place, dans la chambre noire. Également ateliers de photographie argentique. (☎07599-217 064 ; islanddarkroom.com ; 5c Achmore ; ⏰jeu-sam 10h-17h)

Raasay Gallery

Sur l'île voisine de Skye, cette galerie expose de jolies toiles. Mais le plus beau paysage se trouve à l'extérieur, avec une vue spectaculaire sur les Cuillin Hills. (☎01478-660 241 ; raasaygallery.co.uk ; Freeview, West Suisnish)

Skoon Art Gallery

Plusieurs galeries d'art sont installées sur la côte est de South Harris, notamment Mission House, Finsbay et Holmasaig. Si vous avez peu de temps, rendez-vous directement à Skoon, aménagé dans une petite ferme reconvertie. (☎1859-530 268 ; www.skoon.com ; 4 Geocrab)

Artisanat des Hébrides extérieures

Borgh Pottery

Dans cet atelier installé au nord de Lewis, on peut acheter des céramiques faites à la main et s'inspirant des paysages alentours. Admirez l'artiste Sue Blair sur son tour de potière et offrez-vous un souvenir. (☎01851-850 345 ; borghpottery.co.uk ; Fivepenny House)

Hebridean Jewellery

Surplombant la plage d'Iochdar sur la côte nord-ouest de South Uist, ce bijoutier à l'écart des sentiers battus est spécialiste des créations en or et argent, avec des motifs traditionnels pictes et celtiques. (☎01870-610 288 ; www.hebrideanjewellery.co.uk ; Iochdar, South Uist)

Isle of Skye Candle Company

Ce petit producteur vend des bougies en cire ainsi que des diffuseurs de parfum, des savons et des bains moussants. L'Écosse étant la première source d'inspiration, vous pourrez ramener dans vos valises des fragrances de whisky, d'algues et de bruyère. (☎01471-820 145 ; skyecandles.co.uk)

Tarbert Tweed Shop

Cette boutique de Tarbert propose un large éventail d'articles en tweed Harris, des vestes de costume aux couvertures, en passant par les chapeaux et les sacs à main. (☎01859-502 040 ; Caberfeidh, harristweedisleofharris.co.uk)

St Clement's Church sur l'île de Harris (p. 253)

Distilleries

Isle of Harris Distillery

Voir p. 249 (01859-502 212 ; www.harrisdistillery.com ; Main St ; visites guidées 12 £ ; 10h-17h lun-sam)

Isle of Raasay Distillery

Voir p. 244 (01478-470 178 ; www.raasaydistillery.com ; Borodale House ; adulte/enfant 15/10 £ ; 9h30-17h30 lun-sam)

Talisker Distillery

Voir p. 243 (01478-614 308 ; www.malts.com/en-gb/brands/talisker ; Carbost ; visites à partir de 15 £ ; 9h-17h30 lun-sam, 10h-17h30 dim avr-oct, horaires réduits nov-mars)

Bonnes tables et saveurs sucrées

Dunvegan Prawn & Mussel Bar

Voir p. 242 (dunvegan-prawn-and-mussel-bar.business.site ; Dunvegan ; plats 2-6 £)

Scorrybreac

Voir p. 239 (01478-612 069 ; www.scorrybreac.com ; 7 Bosville Tce ; dîner 4 plats 60 £ ; 17h-21h mar-sam mars-oct, horaires réduits nov-déc)

The Three Chimneys

Voir p. 243 (01470-511258 ; www.threechimneys.co.uk ; Colbost ; plats 30-35 £ ; 12h15-13h45 lun-sam mi-mars à oct, plus dim Pâques-sept, 18h30-21h15 tlj toute l'année)

The Galley Cafe

Voir p. 240 (7485-133 316 ; www.facebook.com/thegalleyskye ; Carnbeag)

Hébergements

Cuillin Hills Hotel

Voir p. 241 (01478-612003 ; www.cuillinhills-hotel-skye.co.uk ; Scorrybreac Rd ; ch à partir de 245 £ ; P)

GREG BALFOUR EVANS/ALAMY STOCK PHOTO ©

Dégustation de whiskies écossais

Hirta camping (St Kilda)

Voir p. 247 (National Trust for Scotland ; 01463 732 635 ; www.gotostkilda.co.uk/tours/st-kilda-independant-camping-trip ; réservation obligatoire stkildainfo@nts.org.uk ; Stein Jetty, Skye ; tarif 20 £/nuit)

Activités à vélo et en bateau

Bike Hebrides à Stornoway

Voir p. 248 (location de vélo, www.bikehebrides.com ; 6 Strand Street ; VTT adulte/enfant 27,5 £/25 £, également VAE)

Kilda Cruises

Voir p. 246 (excursion en bateau, 01859-502 060 ; www.kildacruises.co.uk ; Leverburgh Pier ; 235 £/pers)

Raasay House Hotel (location de vélo)

Voir p. 244 (location de vélo, raasay-house.co.uk ; location jour adulte/enfant 60/15 £)

Sea Harris

Voir p. 246 (excursion en bateau, 01859-502 007 ; www.seaharris.com ; Leverburgh Pier ; 220 £/pers ; avr-sept)

LES ORCADES

ARCHÉOLOGIE | PLAGES | ARTISANAT

LES ORCADES
à la carte

Les visiteurs qui découvrent cet archipel, parfois plus semblable à la Scandinavie qu'à l'Écosse, sont séduits par les myriades de monuments anciens et les paysages évoquant les sagas des Vikings. Les temps passés sont certes gravés dans la pierre mais les habitants demeurent les véritables gardiens de cet héritage.

Saluez le saint patron des Orcades à la **St Magnus Cathedral** (p. 272)
1-2 heures

Grimpez les 176 marches du **phare de North Ronaldsay** (p. 274) pour un point de vue éblouissant
1 heure

Prenez le vol régulier le plus court du monde entre **Westray** et **Papa Westray** (p. 262)
1 jour

Explorez un village plus ancien que les pyramides d'Égypte à **Skara Brae** (p. 272)
½ journée

Assistez à la fabrication de meubles des Orcades à **Kirkwall** (p. 267)
1 heure

Respirez l'air marin à l'occasion d'une randonnée le long des **falaises de Yesnaby** (p. 273)
½ journée

PQL89/SHUTTERSTOCK ©

Informations pratiques

À L'ARRIVÉE

Aéroport de Kirkwall Vols directs depuis les villes écossaises. À l'arrivée, prenez le bus pour Kirkwall (4,8 km).

Ferries Pour les Orcades, de Thurso à Stomness, et de Gill's Bay à St Margaret's Hope.

SE CONNECTER

Le Wi-Fi public est gratuit au Kirkwall iCentre et dans certains commerces de Mainland. Dans les îles extérieures, connexion limitée.

ARGENT

Prévoyez du liquide pour acheter des produits locaux (œufs, légumes, gâteaux, conserves) dans des "honesty boxes".

OÙ LOGER

Ville/village	Pour/contre
Kirkwall	Le centre névralgique de l'archipel, animé mais parfois bondé.
Stromness	Un caractère pittoresque, maritime et historique, mais peu d'hébergements.
St Margaret's Hope	Proche des meilleurs sites d'observation de la faune marine, mais loin de la ville.

COMMENT CIRCULER

Voiture Nécessaire pour explorer au-delà des villes et des sites majeurs.

Bus Des bus circulent entre Kirkwall et Stromness ; ils sont moins voire peu fréquents en zone rurale.

Ferry et avion Dans les deux cas, départ de Mainland vers les îles extérieures, mais sachez qu'il n'y a aucun transport public sur ces îles.

SE RESTAURER ET PRENDRE UN VERRE

Pattie Supper Spécialité à base de viande hachée, pommes de terre et oignons, servie avec des frites.

Fattie Cutties Biscuits aux fruits originaires de Westray ; achetez-les dans des épiceries.

Bere Bannocks Ces pains plats sont confectionnés avec une variété ancienne et locale d'orge.

Orkney Fudge Confiserie crémeuse et caramélisée.

Produits de la mer À déguster au **Murray Arms Hotel** (p. 274)

QUAND Y ALLER

JANV-MARS
Journées courtes et froides ; vous verrez peut-être des aurores boréales.

AVR-JUIN
Températures parfois douces ; nombreux festivals.

JUIL-SEPT
Températures chaudes et jours longs ; l'idéal pour les visites en extérieur.

OCT-DÉC
Températures basses et journées courtes ; peu de touristes sur les sites.

Les grands classiques

Pour les infos pratiques de chaque site, reportez-vous au carnet d'adresses p. 272.

Scapa Flow

La baie est un superbe port naturel, et à ce titre a accueilli diverses flottes, à commencer par celle des Vikings. Les plongeurs aguerris auront la chance de se retrouver nez à nez avec des épaves datant de la Première Guerre mondiale.

DUCHY/SHUTTERSTOCK ©

Maeshowe

Ce tombeau à chambres funéraires de l'âge de pierre est vieux de cinq millénaires. Il est composé de lourdes dalles de grès transportées sur plusieurs kilomètres et il est orné de fascinantes inscriptions vikings.

PECOLD/SHUTTERSTOCK ©

Île de Hoy

De tous les côtés, les paysages sont à couper le souffle. Sur la côte est, des baies aux eaux turquoise ; au nord, une réserve ornithologique ; sur le littoral ouest, d'imposantes falaises et des collines couvertes de bruyère. Une randonnée vous emmènera au sommet du spectaculaire rocher Old Man of Hoy.

AT WORLD'S EDGE/SHUTTERSTOCK ©

LEON WILHELM/SHUTTERSTOCK ©

Skara Brae

Situé près d'une baie ourlée d'une plage, à 13 km au nord de Stromness, ce village de l'époque néolithique est plus ancien que Stonehenge et les pyramides de Gizeh. Mis au jour dans les années 1850, il témoigne de l'activité humaine d'il y a 5 000 ans.

GIMAS/SHUTTERSTOCK ©

Earl's Palace

Très bel exemple d'architecture de style Renaissance française en Écosse, ce palais fut bâti par le comte Patrick Stewart – fils bâtard du roi Jacques V et tyran cruel – exécuté à Édimbourg pour trahison. La construction du palais débuta vers 1600, mais elle ne put être menée à terme, faute d'argent.

DUCHY/SHUTTERSTOCK ©

St Magnus Cathedral

Cette vaste cathédrale, construite en grès rose au début du 12e siècle, est appelée « la lumière du nord ». À l'intérieur, les épitaphes qui ornent les murs témoignent de l'importance accordée au deuil, et aux pierres tombales, aux XVIIe et XVIIIe siècles.

CHRISTY NICHOLAS/SHUTTERSTOCK ©

Tomb of the Eagles

À l'extrémité sud de South Ronaldsay, dans un cadre spectaculaire au sommet d'une falaise, se tient le tombeau des Aigles (l'entrée se fait sur le ventre, sur un petit chariot !), une construction néolithique en pierre, qui contient les restes de plus de 340 défunts, vieux de cinq millénaires.

43 Escapade sur Papa WESTRAY

NATURE | PLAGES | PATRIMOINE

Quand le vent est favorable, le vol entre les îles de Westray et Papa Westray, dans l'archipel des Orcades, dure autour d'une minute – le vol régulier le plus court du monde, d'après le *Guinness des Records*. Mais Papa Westray est une destination grandiose qui mérite d'y passer bien plus que quelques minutes...

En pratique

S'y rendre Réservez un vol aller-retour de Kirkwall à Papa Westray avec Loganair. La plupart des vols s'arrêtent à Westray avant de poursuivre jusqu'à Papa Westray. Sur l'île, surnommée "Papay" par les Orcadiens, tout se fait à pied.

Quand Toute l'année, mais la météo est plus clémente au printemps et en été.

Notre conseil De retour à l'aéroport de Kirkwall, demandez votre certificat de vol personnalisé en guise de souvenir.

Passé dévoilé Remontant à 3800 av. J.-C. environ, la ferme néolithique de **Knap of Howar** (p. 274) se targue des plus anciennes pierres levées du nord-ouest de l'Europe. Non loin de là, dans le cimetière de **St Boniface Kirk** (p. 274), des pierres pictes indiquent l'existence d'un site religieux beaucoup plus ancien que l'édifice du XIIe siècle que l'on voit aujourd'hui. Le **Kelp Store** (p. 274) présente des expositions dédiées à l'histoire passionnante de Papay, tandis que le musée agricole de **Holland Farm** (p. 274) témoigne d'un mode de vie révolu.

Randos nature Au printemps et en été, la **North**

En haut à droite Knap of Howar
À droite South Wick Beach

DANITA DELMONT/ALAMY STOCK PHOTO ©

DOUG HOUGHTON ORKNEY/ALAMY STOCK PHOTO ©

Une île inhabitée

Un ferry de passagers appartenant à la communauté fait le trajet jusqu'à l'île inhabitée de Holm of Papay, au large de la côte est de Papa Westray. Le mieux préservé et le plus remarquable des trois cairns dolméniques néolithiques découverts ici est aussi le plus grand. Des lumières éclairent l'intérieur, ce qui permet d'avancer sans risque. Réservez bien à l'avance via Papay Ranger (p. 274).

Hill Nature Reserve se couvre de fleurs sauvages, dont la rare primevère écossaise. Le **North Hill Trail** suit la côte sur 6,5 km et permet d'observer guillemots, petits pingouins et fulmars et macareux nichant dans les falaises. Autre solution : marchez 4 km le long de la **Burland Walk** jusqu'au St Tredwell's Loch, peuplé d'échassiers et d'oiseaux aquatiques.

Plages désertes Baladez-vous le long des plages près de North Wick et South Wick sur la côte est, avec des phoques pour seuls compagnons. À l'extrémité sud de l'île, à Bothican, une paisible baie en forme de fer à cheval enchasse des eaux peu profondes couleur aigue-marine.

44 Les Orcades NÉOLITHIQUES

ARCHÉOLOGIE | MONUMENTS | CERCLES DE PIERRE

Construits il y a des millénaires, les villages en pierre des Orcades ont laissé une empreinte durable dans le paysage de l'archipel, et en particulier au Heart of Neolithic Orkney, un épicentre de monuments remarquables inscrits sur la liste du Patrimoine mondial de l'Unesco. Vastes cercles de pierre, cairns funéraires et habitations ancestrales conservent encore aujourd'hui leur part de mystère.

DANITA DELIMONT/ALAMY STOCK PHOTO ©

En pratique

Circuler Une voiture offre plus de liberté (location à Kirkwall). Vous pourrez aussi grimper dans un bus Stagecoach de Kirkwall vers les principaux sites mentionnés.

Quand Les sites sont ouverts toute l'année mais peuvent être bondés en été, en particulier les jours d'arrivée des bateaux de croisière.

Notre conseil Réservez vos billets pour Maeshowe (p. 272). Des visites gratuites du Ring of Brodgar et des Stones of Stenness sont proposées en été. Pour plus de détails, voir historicenvironment.scot.

JAROSLAV SEKERES/SHUTTERSTOCK ©

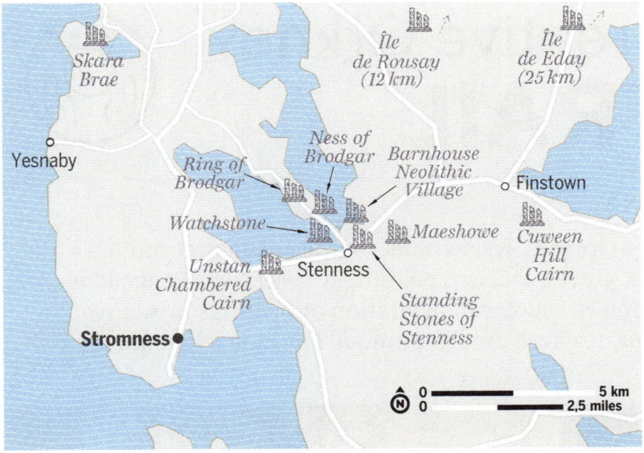

En haut à gauche Entrée de Maeshowe
En bas à gauche Ring of Brodgar

Sépulture collective Le couloir de **Maeshowe** mène à une salle principale et trois chambres funéraires aux murs gravés d'inscriptions vikings et soutenus par de gigantesques dalles de grès défient la gravité. Le billet d'entrée pour ce tombeau vieux de 5 000 ans comprend une visite guidée instructive.

Majestueuses pierres levées Non loin, les **Stones of Stenness** éclipsent tout le reste autour d'elles. Approchez-vous du foyer, au milieu des hautes sentinelles, à l'endroit où les habitants se rassemblaient probablement vers 3 000 av. J.-C. Une courte marche vous mènera à la **Barnhouse**, un village néolithique découvert en 1984.

Fouilles néolithiques En vous dirigeant à pied ou en voiture vers le Ring of Brodgar, vous serez d'abord accueilli par la **Watchstone** ("pierre de guet"), l'une des nombreuses pierres solitaires, avant d'atteindre le **Ness of Brodgar** (p. 274), où des fouilles font connaître les populations néolithiques des Orcades et d'ailleurs. En été, vous pourrez voir les archéologues occupés à mettre au jour l'immense réseau de constructions. Datant d'un peu plus de 4 000 ans, le site voisin du **Ring of Brodgar**, sis dans un amphithéâtre naturel, est le troisième plus grand cercle de pierres de Grande-Bretagne et son rôle demeure énigmatique.

Village enfoui Protégé par une couche de terre, le village néolithique de **Skara Brae** (p. 272) a été incroyablement bien conservé. Les lits et commodes en pierre sont assez semblables à ceux que l'on utilise aujourd'hui. Dans le centre d'accueil des visiteurs sont exposés les objets découverts sur place.

Sites néolithiques loin de la foule

Unstan Chambered Cairn Un type de poterie caractéristique nommé Unstan Ware et des ossements humains ont été découverts durant les fouilles de ce monument funéraire vieux de 5 000 ans, sur Mainland.

Cuween Hill Chambered Cairn Des crânes d'humains et de chiens ont été mis au jour ici, également sur Mainland ; ils témoignent d'anciens rites funéraires. Sachez qu'il est nécessaire de ramper pour explorer ce tombeau peu éclairé.

Island of Rousay Une courte traversée en ferry vous mènera à "l'Égypte du Nord", qui concentre plus de 150 sites anciens. Le Midhowe Chambered Cairn est l'un des plus beaux.

Island of Eday L'île attire peu de touristes et vous aurez sans doute le Vinquoy Chambered Cairn et certaines des plus hautes pierres levées des Orcades pour vous seul.

45 Creative Orkney TRAIL

ART | ARTISANAT | SHOPPING

Dans les ateliers des Orcades, les artisans vous accueilleront tout en continuant à sculpter, filer, graver, tourner, peindre et tisser. Ils partagent avec enthousiasme leurs techniques, sources d'inspiration et histoires insulaires. Admirez leur atelier et repartez avec un objet unique fabriqué à la main.

MARKFERGUSON2/ALAMY STOCK PHOTO ©

Chaises des Orcades

Depuis des siècles, les Orcadiens se blottissent autour de la cheminée sur des chaises typiques des Orcades. Elles se reconnaissent à leur structure en bois et à leur dossier en joncs tissés, haut et incurvé. Jadis considérées comme utilitaires, elles sont devenues de véritables icônes du design écossais et exposées au V&A Dundee (p. 154).

En pratique

Circuler Une voiture est conseillée pour plus de souplesse ; location à Kirkwall. Pour gagner les îles extérieures, il faut prendre les Orkney Ferries ou les vols Loganair. Des bus circulent fréquemment entre Kirkwall et Stromness mais plus rarement dans les zones rurales. Téléchargez l'application Traveline pour le détail des transports publics.

Quand Beaucoup d'ateliers sont ouverts uniquement au printemps et en été.

Bon plan Procurez-vous une brochure des sentiers au VisitScotland Information Centre à Kirkwall.

01 Visitez l'atelier d'Alison Moore à **Dounby** (p. 275) : ses bijoux ornés de pierres reflètent son passé de géologue. Juste à côté, Castaway Crafts (p. 275) vend des articles en tweed faits main et des créations de plus de 100 artistes locaux.

02 Continuez 5 km direction sud jusqu'à **Harray**, où les céramiques d'Andrew Appleby à Fursbreck Pottery (p. 275) et les objets en bois tourné dans l'atelier de Michael Sinclair (p. 275) témoignent du passé néolithique des Orcades.

03 Seize kilomètres plus loin à **Kirkwall**, la traditionnelle fabrication des chaises des Orcades se poursuit à Orkney Handcrafted Furniture (p. 275) et Scapa Crafts (p. 275). Robin Palmer crée des céramiques tactiles et Ortak organise des visites de l'atelier de bijouterie.

04 Continuez sur 9,6 km pour une pause-déjeuner à **The Kirk Gallery & Café** (p. 275) à Tankerness. Les collections de bijoux de **Sheila Fleet** sont exposées dans l'église rénovée, tandis que le café propose une cuisine orcadienne.

05 Terminez 28 km plus au sud à la **Hoxa Tapestry Gallery** (p. 275). Une véritable affaire de famille : mère, fille et fils conjuguent leurs talents artistiques pour créer des tapisseries, tapis, peintures et fils.

5 000 ans de créativité orcadienne

MOTIFS INSULAIRES IMAGINÉS AUTREFOIS PAR LES ARTISANS

Les artisans d'aujourd'hui des Orcades ne sont que le dernier chapitre d'une histoire de 5 000 ans de talent insulaire. S'inspirant des premiers habitants de l'archipel, ils font perdurer des techniques et des traditions héritées des générations précédentes. Bon nombre de découvertes archéologiques époustouflantes révèlent les origines et l'évolution de la créativité des Orcades.

À gauche Bijoux des Orcades
Au centre Rouet
À gauche Artisan réalisant une chaise des Orcades

TBKMEDIA.DE/ALAMY STOCK PHOTO ©

Quand les potiers de l'époque néolithique s'installaient pour créer et fabriquer, ils n'imaginaient certainement pas le retentissement qu'auraient leurs modestes ustensiles cinq millénaires plus tard. Au premier regard, le tesson de poterie découvert au Ness of Brodgar est assez quelconque, mais une analyse poussée de la surface a révélé les empreintes d'un des premiers artisans des Orcades. Sur le site, d'autres indices importants ont été figés dans l'argile, par exemple celui d'un morceau de tissu, découvert sur un tesson de poterie.

Cette période de mutation vit l'introduction de la poterie, de la pierre polie et de monuments gigantesques. Les communautés du nouvel âge de pierre créaient avec des outils rudimentaires des objets dont la vocation était aussi bien pratique qu'esthétique. Cet âge reste une source d'inspiration pour les artisans d'aujourd'hui, en particulier les pierres levées et les bijoux retrouvés, tandis que d'autres imitent des découvertes anciennes en reproduisant sur des bols et des récipients des motifs vieux de plusieurs millénaires.

Durant les âges du bronze et du fer, les créateurs s'ajoutèrent à la liste des talentueux artisans des Orcades. S'il avait existé une version du Creative Trail du XXIe siècle durant l'âge de fer, les potiers, tisserands et joailliers auraient tous développé leur commerce comme aujourd'hui.

Ce que l'on sait du passé créatif des Orcades vient principalement des archéologues qui sondent le sol, à la recherche d'autres pièces du puzzle. Parfois, ils trouvent de l'or, ou encore mieux : du bois, rare du fait de la détérioration plus rapide des matériaux organiques.

WERNER FORMAN/UNIVERSAL IMAGES GROUP/GETTY IMAGES ©

HEMIS/ALAMY STOCK PHOTO ©

Sur le site de The Cairns fut ainsi découvert un bol en bois sculpté vieux de 2 000 ans, extraordinairement bien conservé, et dont les réparations sophistiquées en bronze témoignent d'une harmonie entre techniques anciennes et plus récentes. La mise au jour d'un vêtement intact, conservé dans une tourbière, fut un autre cadeau inespéré de l'âge de fer. Après examen, des spécialistes ont affirmé que l'"Orkney Hood" (capuchon des Orcades), vieux de 2 000 ans, témoignait d'une grande maîtrise des techniques de filage et tissage.

Des innovations apparurent avec l'arrivée des Vikings, qui importèrent d'autres techniques et des objets artisanaux, mais surtout une langue et une culture inconnues. Des trésors dissimulés dans des bateaux-sépultures ont mis en lumière leur goût pour les bijoux ornementés et les objets finement décorés. L'une des plus étranges découvertes faites sur les Orcades est la Scar Dragon Plaque, une plaque ornée de deux têtes de dragons superbement découpées. Plus que tout autre, c'est sans doute l'époque des Vikings qui a le plus influencé les créateurs contemporains. Partout dans l'archipel, les vitrines des musées présentent des objets rares, gravés de runes nordiques et de créatures mythiques. De la même manière que les artisans vikings embarquaient leurs biens sur des bateaux et faisaient du négoce, les créateurs orcadiens vendent désormais leurs pièces à des visiteurs voyageant sur des ferries et des navires de croisière. Certes, les bateaux sont plus grands, mais pour le reste les choses n'ont guère changé.

> Le travail des artisans d'aujourd'hui porte l'influence du passé préhistorique des Orcades...

Découverte de l'artisanat local

L'association Orkney Creative Hub a été fondée pour soutenir une nouvelle vague d'artistes et de créateurs. Si les visiteurs sont bienvenus aux ateliers, ces derniers ne sont pas conçus comme des expériences touristiques. La plupart des participants sont des habitants désireux d'acquérir de nouvelles compétences : tissage, filage, peinture et feutrage notamment. Les cours offrent une occasion authentique de rejoindre le mouvement créatif des Orcades et de fabriquer un souvenir unique sous la férule d'un artisan professionnel. Les séances d'initiation couvrent diverses disciplines artistiques, durent généralement plusieurs heures et se déroulent à Kirkwall. Les ateliers à réserver à l'avance sur orkneycommunities.co.uk/orkneycreativehub.

46 St Magnus WAY WALK

RANDONNÉE | PAYSAGES | PÈLERINAGE

Marchez sur les traces du saint patron des Orcades : un itinéraire de 93 km qui débute à Egilsay et s'achève devant la St Magnus Cathedral (photo ci-dessous). Le chemin de pèlerinage balisé longe un littoral magnifique, rejoint des sites majeurs et offre de larges panoramas avant de gagner le cœur de l'archipel, à Kirkwall.

L'histoire de saint Magnus

Plus de 900 ans après son martyre, l'héritage de saint Magnus continue d'imprégner la culture des Orcades. Magnus Erlendsson régna sur les Orcades aux côtés de son cousin Haakon ; leurs rapports, harmonieux au départ, se détériorèrent fortement par la suite. Durant des négociations de paix sur l'île d'Egilsay, Haakon trahit Magnus et commandita son meurtre. Initialement enterré à l'endroit de sa mort, sa dépouille fut par la suite transférée à Birsay. Après une série de miracles revendiqués par la communauté religieuse, il fut canonisé et son neveu fonda la cathédrale St Magnus en son honneur ; les reliques de Magnus furent emmurées dans l'un des piliers de la cathédrale.

En pratique

S'y rendre et circuler Orkney Ferries assure une liaison régulière entre Tingwall et le début du parcours à Egilsay. Des bus Stagecoach s'arrêtent à proximité du début et de la fin de chaque tronçon, mais ils sont rares.

Quand Au printemps et en été pour les meilleures conditions climatiques.

Temps limité La randonnée de 18,4 km d'Orphir à Kirkwall, pour une bonne dose d'histoire et de paysages.

Bon plan Téléchargez l'application St Magnus Way.

01 À Egilsay, perchée à proximité de l'endroit d'où Haakon supervisa l'exécution de son cousin, la **St Magnus Kirk** (p. 274) qui date du XIIe siècle est le point de départ de cet itinéraire.

02 Prenez le ferry pour regagner Mainland et visiter la **St Magnus Church** à Birsay ; vous découvrirez un spectaculaire mémorial en vitrail. L'édifice actuel se dresse à l'emplacement d'un ancien lieu de culte.

03 Les vestiges de la plus ancienne église ronde médiévale d'Écosse, **St Nicolas Church** (p. 274) bénéficient d'un cadre pittoresque le long de la côte d'Orphir. Sa construction aurait été décidée par Earl Haakon pour se repentir de la mort de Magnus Erlendsson.

04 À Kirkwall, la **St Magnus Cathedral** (p. 272) est le joyau du trio d'édifices religieux éponymes. La robuste façade en grès rouge dissimule un intérieur joliment orné.

Carnet d'adresses

Les grands classiques (voir p. 260)

Earl's Palace

(01856-871918 ; www.historicenvironment.scot ; Watergate ; adulte/enfant 6/3,80 £ ; 9h30-17h30 avr-sept)

Île de Hoy

(01856-701356 ; hoyorkney.com ; Orkney)

Maeshowe

(01856-761606 ; www.historicenvironment.scot ; adulte/enfant 9/5,40 £ ; 10h-17h avr-sept, 10h-16h oct-mars, dernière entrée 1 heure avant la fermeture ; accès bus n°8S entre Kirkwall et Stromness, via le Ring of Brodgar et Skara Brae ; billet 3,65 £, 55 min)

Scapa Flow

(Scapa Flow Visitor Centre & Museum ; 01856-791300 ; www.orkney.gov.uk ; Lyness ; 10h-16h30 lun-sam mars-avr et oct, 9h-16h30 lun-sam mai-oct, du premier au dernier ferry dim mai-sept)

St Magnus Cathedral

(01856-874894 ; www.stmagnus.org ; Broad St ; 9h-18h lun-sam et 13h-18h dim avr-sept, 9h-13h et 14h-17h lun-sam oct-mars)

Skara Brae

(01856-841815 ; www.historicenvironment.scot ; adulte/enfant nov-mars 7/4,20 £, avr-oct billet combiné avec la Skaill House 8/5 £ ; 9h30-17h30 avr-sept, 10h-16h oct-mars)

Tomb of the Eagles

(01856-831339 ; www.tomboftheeagles.co.uk ; Cleat ; adulte/enfant 7,80/3,50 £ ; 9h30-17h30 avr-sept, 10h-12h mars, 9h30-12h30 oct)

Distilleries et brasseries

Deerness Distillery

Dans cette distillerie construite sur mesure, à la campagne, les gins, vodkas et liqueurs de café, lauréats de nombreux prix, sont mis en bouteilles et étiquetés à la main, selon un processus artisanal. (01856-741264 ; www.deernessdistillery.com ; Newhall, Orkney ; lun-ven 11h-17h)

Highland Park Distillery

Depuis plus de 200 ans, cette distillerie en périphérie de Kirkwall produit des *single malts* recherchés dans le monde entier. Participez à une visite guidée pour découvrir ses origines vikings.(01856-874619 ; www.highlandpark.co.uk ; Holm Rd ; visite adulte/enfant 15/10 £ ; visite 10h-16h tlj avr-oct, lun-ven nov-mars)

Orkney Brewery

Une école victorienne offre un cadre unique à cette brasserie. Les secrets de la bière artisanale sont dévoilés dans l'ancienne salle de classe qui a conservé sa décoration d'origine.(01856-841777 ; www.orkneybrewery.

Plage et distillerie de Scapa

co.uk ; Quoyloo ; visite adulte/enfant 7,50/4,25 £ ; 10h-16h30 lun-sam et 11h-16h30 dim mi-mars à déc)

Orkney Distillery

Goûtez la gamme de Kirkjuvagr Gin, souvent récompensé et distillé dans un bar-café à l'élégante façade noire, sur le front de mer de Kirkwall. Visitez les coulisses ou élaborez votre propre gin sous la houlette d'un spécialiste. (01856-875338 ; www.orkneydistilling.com ; Ayre Rd ; visite adulte/enfant 15/8 £ ; visite 11h et 14h mer-sam)

Scapa

Moins connue, cette distillerie de whisky bénéficie d'un emplacement privilégié sur un promontoire côtier. Contournez l'entrée à l'avant et cheminez sur le sentier de la falaise depuis Scapa Beach, afin d'arriver par la porte "secrète" à l'arrière, plus pittoresque. (01856-873269 ; www.scapawhisky.com ; Kirkwall ; visite 50 min 25 £ ; jeu-ven 13h, magasin 10h-12h et 14-17h)

Swannay Brewery Shop

Cette bière servie dans de nombreux bars des Orcades est brassée dans une ancienne ferme laitière, au nord de Mainland, à 30 min en voiture de Kirkwall. Toute les produits sont en vente dans le petit magasin. (01856-721700 ; www.swannaybrewery.com ; Birsay ; lun-ven 10h-15h)

Sentiers côtiers

Brough of Birsay

Rejoignez à marée basse cet îlot jadis habité par des Pictes et des Vikings. Explorez l'impressionnante colonie nordique sans vous laisser piéger par la marée montante. (HES ; www.historicenvironment.scot ; adulte/enfant 6/3,60 £ ; 9h30-17h30 mi-juin à sept)

Old Man of Hoy

Depuis Rackwick, une montée escarpée révèle un panorama sur toute la côte nord

TRAVELLINGFATMAN/SHUTTERSTOCK ©

Brough of Birsay

de l'Écosse. Vous atteindrez ensuite l'un des plus hauts promontoire marins de Grande-Bretagne. (accès à pied depuis le terminal des ferries de Moaness ; 7 heures environ aller-retour)

Vat of Kirbister

Faites une pause sur un banc judicieusement installé à côté d'un arc rocheux, à Stronsay. Facile d'accès et idéal pour une pause pique-nique. (www.orkney.com/listings/vat-of-kirbister, accès libre)

Yesnaby

Suivez le sentier le long des incroyables falaises de grès de Yesnaby, sur Mainland. Les arcs érodés et les éperons rocheux surgissant de la mer, malmenés par les vagues puissantes, offrent des points de vue sensationnels. (www.orkney.com/plan/itineraries/west-coast-walk-itinerary)

Sites historiques et balades à pied

Barony Mill

Écoutez le chuintement de la roue à eau et le cliquetis des machines tandis qu'une variété d'orge ancienne, appelée *bere*, est transformée en farine. Depuis le XIXe siècle, les choses ont peu changé dans ce moulin de Birsay. (01856-721439 ; www.baronymill.com ; A967 ; adulte/enfant 3,50 £/gratuit ; 11h-16h30 mai-sept)

Holland Farm

Voir p. 262 (westraypapawestray.co.uk/holland-farm)

Italian Chapel

Voici tout ce qu'il reste d'un camp de prisonniers de guerre, où logeaient des soldats italiens travaillant à la construction des chaussées de Churchill. Ceux-ci ont bâti la chapelle durant leur temps libre à partir de deux hangars métalliques et de divers matériaux de récupération, en déployant un exceptionnel talent artistique. (☎ 01865-781268 ; adulte/enfant 3 £/gratuit ; 🕘 9h-18h30 juin-août, 9h-17h mai et sept, 10h-16h lun-sam et 10h-15h dim avr et oct, 10h-13h nov-mars)

Knap of Howar

Voir p. 262 (www.historicenvironment.scot/visit-a-place/places/knap-of-howar ; gratuit ; 🕘 24h/24)

Ness of Brodgar

Voir p. 265 (www.nessofbrodgar.co.uk ; 🕘 visites début juil-fin août)

Papay Ranger & Papay Tour

Voir p. 263 (☎ 07931 235213/7970-732615 ; www.papawestray.co.uk).

Phare de North Ronaldsay

Du sommet du plus haut phare terrestre de Grande-Bretagne, la vue sur les îles Orcades et Shetland est à couper le souffle, tout comme les 176 marches pour y arriver. (North Ronaldsay Lighthouse ; www.northronaldsay.co.uk ; 🕘 10h-17h mai-août ou sur rdv)

St Boniface Kirk

Voir p. 262 (www.papawestray.co.uk/papay/st-boniface-kirk.html)

St Magnus Kirk

Voir p. 271 (Egilsay ; www.historicenvironment.scot/visit-a-place/places/st-magnus-church-egilsay)

St Nicolas Church

Voir p. 271 (Orphir ; www.historicenvironment.scot/visit-a-place/places/earls-bu-and-church-orphir)

The Kelp Store

Voir p. 262 (Papa Westray Heritage and Arts Centre, www.thekelpstore-papawestray.com)

Adresses de gourmets

Argo's Bakery £

À Stromness, les pâtisseries tout juste sorties du four provoquent des files d'attente à l'heure du déjeuner. Commandez un Bere Bannock, délicieux pain orcadien. Les becs sucrés ne manqueront pas l'Orkney Fudge. (☎ 1856-850245 ; www.argosbakery.co.uk ; 50 Victoria St ; Stromness)

Beiting & Brew £

À Kirkwall, ce spécialiste de la cuisine de rue est devenu une adresse culte pour les habitants. Les produits traditionnels des Orcades sont revisités avec originalité ; le menu change régulièrement mais les combinaisons surprenantes sont toujours au rendez-vous. (www.facebook.com/orkneystreetfood/ ; Garrison Road, Hatston Industrial Estate ; 🕘 mer-dim 7h30-14h30, ven 17h-20h30)

Birsay Bay Tearoom £

Entre avril et septembre, ce café populaire de Birsay sert des plats du jour "Taste of Orkney" (goût des Orcades), à déguster de préférence avec un thé en profitant de la vue sur la mer.(☎ 01856-721399 ; www.birsaybaytearoom.co.uk ; en-cas 3-8 £ ; 🕘 10h30-17h jeu-lun avr-sept, 10h30-16h jeu-lun fév, mars et début oct, 10h30-16h jeu-dim nov-déc ; 📶)

Murray Arms Hotel, ££

Les habitués rafolent des produits de la mer débarqués chaque jour du bateau familial et servis sur des plateaux généreux.

Les coquilles Saint-Jacques pêchées à la main fondent dans la bouche. (☎1557- 814207 ; www.themurrayarmsgatehouse.com ; High St, St Margaret's Hope ; d à partir de 200 £ ; ⏲tte l'année)

Artisanat et festivités

Atelier Alison Moore

Voir p. 267 (☎01856-771511 ; www.alisonmoore.co.uk ; Dounby ; ⏲lun-sam 9h-17h)

Atelier de Michael Sinclair

Voir p. 267 (☎07523-244119 ; michael-sinclair-woodturner.co.uk/visit-the-gallery ; Howar, Grimeston, Harray ; ⏲avril-sept sam 9h-17h, dim 12h-17h ; oct-mars lun-ven 11h-16h, sam 12h-16h)

Castaway Crafts

Voir p. 267 (☎01856-771376 ; www.castawaycrafts.co.uk/ ; Harris, ⏲lun-ven 11h-15h)

Fursbreck Pottery

Voir p. 267 (☎01856-771419 ; orkneypottery.co.uk ; www.facebook.com/potterharray ; Harray, Orkney)

Hoxa Tapestry Gallery

Voir p. 267 (☎01856-831395 ; www.hoxatapestrygallery.co.uk ; South Ronaldsay, Okney ; ⏲lun-ven 10h-17h30, dim 14h-18h)

North Ronaldsay Sheep Festival

Joignez-vous aux bénévoles pour remonter les murs en pierre sèche qui protègent les moutons mangeurs d'algues, endémiques de l'île. Ce chantier estival de deux semaines est complété par des événements dédiés à la culture locale. (www.nrsheepfestival.com)

Orkney Handcrafted Furniture

Voir p. 267 (☎07742-428727 ; www.orkneyhandcraftedfurniture.co.uk ; Dellovo, New Scapa Road, Kirkwall)

Orkney Folk Festival

Fin mai, les mélodies traditionnelles, chants, conversations et rires s'échappent des pubs et de divers lieux à Stromness et au-delà.

Italian Chapel

Les billets pour le festival et les hébergements doivent être réservés à l'avance. (www.orkneyfolkfestival.com)

Scapa Crafts

Voir p. 267 (☎01856-872517 ; www.scapacrafts.co.uk ; 12 Scapa Court, Orkney)

Sheila Fleet Kirk Gallery & Café

Voir p. 267 (☎café 01856-861758, galerie 01856-861203 ; www.sheilafleet.com ; Tankerness ; ⏲10h-17h lun-sam, 11h-17h dim)

St Magnus International Festival

Pendant une semaine, au milieu de l'été, le soleil se couche à peine et les îles accueillent un déferlement de musique, danse et théâtre. Gardez des forces pour la soirée du Festival Club, qui se poursuit jusqu'au bout de la nuit. (www.stmagnusfestival.com)

The Kirkwall Ba'

Les jours de Noël et du Nouvel An, des équipes rivales jouent un match de football géant dans les rues de la ville. Un spectacle un peu fou, sans règle établie, ni limite de temps. (www.orkneyjar.com/tradition/bagame)

ÎLES SHETLAND

NATURE BRUTE | INSPIRATION | ÉTENDUES SAUVAGES

LES SHETLAND
à la carte

Entre océan Atlantique et mer du Nord, la centaine d'îles qui composent l'archipel des Shetland correspond au point de rencontre entre l'Écosse et la Scandinavie. Plus proches du cercle arctique que de Londres, les paysages remarquables, parfois spectaculaires, façonnés par le feu et la glace, sont empreints d'une belle ambiance nordique.

Randonnez jusqu'au point le plus septentrional du Royaume-Uni : **Hermaness** (p. 294)
½ journée

Poursuivez après Ronas Hill pour découvrir la **plage secrète de Lang Ayre** (p. 293)
1 jour

Gravissez le flanc d'un volcan à **Eshaness** (p. 293)
½ journée

Embarquez pour aller observer les colonies d'oiseaux qui nichent sur les falaises et les îlots de **Noss** (p. 294)
½ journée

Participez à un atelier de joaillerie à **Red Houss**, sur East Burra (p. 295)
1 jour

Contemplez 5 000 ans d'histoire à **Jarlshof** (p. 294)
½ journée

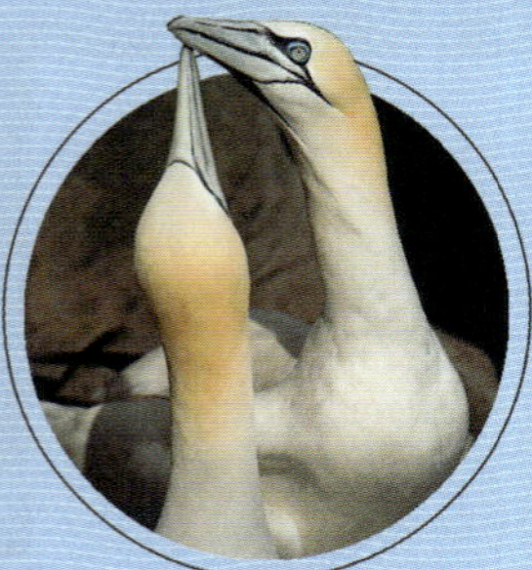

Informations pratiques

À L'ARRIVÉE

Aéroport de Sumburgh Situé à 39 km au sud de Lerwick ; vols réguliers depuis/vers Aberdeen, Édimbourg, Glasgow, Inverness et Kirkwall.

Terminal des ferries NorthLink À 3,2 km du centre de Lerwick ; les bateaux partent tous les jours depuis/vers Aberdeen.

S'ORIENTER

L'office du tourisme de Lerwick fournit cartes et conseils, et les habitants vous renseigneront volontiers.

ARGENT

Prévoyez des espèces – nombre de sites, les ferries et *honesty boxes* ne prennent pas la carte bancaire. DAB uniquement à Lerwick.

OÙ LOGER

Ville/village	Pour/contre
Lerwick	Pensions et B&B sont à privilégier pour un accueil chaleureux.
Scalloway	Petite ville pittoresque à l'ambiance chaleureuse.
North Isles	Ces îles étant loin de tout, profitez d'un hébergement indépendant à Unst, Yell ou Fetlar.

COMMENT CIRCULER

Voiture Le meilleur moyen pour atteindre les plus beaux coins des Shetland. Bus fréquents mais les itinéraires sont limités.

Ferries inter-îles Liaisons maritimes entre neuf des îles habitées de l'archipel des Shetland ; ferries de passagers ou de voitures.

Randonnée La meilleure façon de découvrir les paysages côtiers.

EN HAUT : FRANCESCO RICCIARDI EXP/SHUTTERSTOCK © EN BAS : SJ IMAGES / ALAMY STOCK PHOTO ©

SE RESTAURER ET PRENDRE UN VERRE

Viande des Shetland et produits de la mer Dégustez des moules de corde, des langoustes de Burra à The Dowry (p. 297) et de la soupe Cullen Skink au Peerie Shop Cafe (p. 295).

Sunday Teas Ces salons de thé éphémères, parfaits pour découvrir l'hospitalité locale, offrent d'innombrables délices, des *cupcakes* aux petits pains en passant par les œufs et confitures.

Déco scandinave
The Dowry (p. 297)

Boisson incontournable
Shetland Reel Gin

QUAND Y ALLER

JANV-MARS
Souvent les mois les plus froids. La fête d'Up Helly Aa, en janvier, est un temps fort.

AVR-JUIN
Les températures peuvent rester fraîches. En juin, il fait jour 19 heures sur 24.

JUIL-SEPT
En août, la température moyenne est de 15°C. La saison la plus fréquentée.

OCT-DÉC
Les tempêtes sont fréquentes. Période des aurores boréales.

Les grands classiques

Pour les infos pratiques de chaque site, reportez-vous au carnet d'adresses p. 294.

Festival viking "Up Helly Aa" à Lerwick

Les Shetlandais arborent casques à cornes et haches lors de cette spectaculaire reconstitution d'une fête viking. La procession aux flambeaux s'achève par l'incendie d'un drakkar. À Lerwick au moment du solstice d'hiver, le dernier mardi de janvier.

KONSTANTIN BELOVTOV/SHUTTERSTOCK ©

Sumburgh Head

À l'extrémité sud de Mainland, admirez depuis ces falaises d'immenses colonies d'oiseaux marins, et peut-être même des dauphins ou des baleines de Minke. Les bâtiments du phare abritent de très bonnes expositions.

TONY MILLS/SHUTTERSTOCK ©

La Hermaness National Nature Reserve

Sur la presqu'île de Hermaness, ce paradis ornithologique abrite fous de Bassan, fulmars, guillemots, labbes et macareux moines. On y aperçoit depuis les falaises le point le plus septentrional d'Écosse, les rochers d'Out Stack.

PHILIPPE CLEMENT/SHUTTERSTOCK ©

Île de Noss

Depuis Lerwick ou Bressay, un trajet en dinghy mène à la petite île de Noss (2,5 km de long). Ses falaises en bord de mer abritent une multitude de colonies d'oiseaux marins. Une balade à travers la lande permet d'observer grands labbes, macareux, guillemots ou encore fous de Bassan.

PHOTOVISIONS/SHUTTERSTOCK ©

STEFAN ML/SHUTTERSTOCK ©

Jarlshof

Ce fascinant site archéologique couvre 3 000 ans d'histoire, depuis le début du deuxième millénaire avant notre ère jusqu'au XVIIe siècle. Les vestiges des longues maisons rectangulaires des Vikings contrastent avec ceux des brochs et des constructions rondes qui les ont précédées.

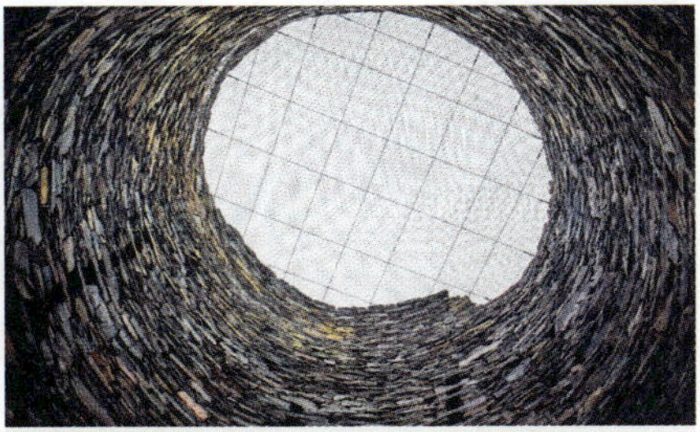

MARCIN KADZIOLKA/SHUTTERSTOCK ©

Mousa Broch

Sur l'île de Mousa, au large de Sandwick, cet imposant édifice de 13 m de hauteur est vieux de 2 000 ans. Il est doté de murs doubles et d'un escalier en colimaçon qui mène à un étage supérieur. Des sagas vikings en parlent comme d'un refuge pour les amoureux en fuite. Au crépuscule, admirez le spectacle des pétrels-tempête qui ont élu domicile entre ces murs et regagnent leur nid.

47 Explorer FAIR ISLE

TRICOT | OBSERVATION DES OISEAUX | ISOLEMENT

Isolé et rural, Fair Isle abrite une communauté dynamique et progressiste. L'île, longue d'à peine 5 km, doit en partie sa renommée à ses tricots aux motifs traditionnels colorés. Paradis des marcheurs et des ornithologues, elle est aussi une destination idéale si vous souhaitez ralentir le rythme et que vous rêvez d'espaces et d'horizons infinis.

CINDY HOPKINS/ALAMY STOCK PHOTO ©

En pratique

S'y rendre Deux options : ferry ou avion. Le ferry (cabine de 12 passagers) part de Grutness, près de l'aéroport de Sumburgh ; le trajet dure 2 heures 30. Les vols partent de l'aéroport de Tingwall, transportent un maximum de six passagers et durent 25 minutes. Réservez ; il n'y a que quelques traversées et vols chaque semaine.

Quand De mai à septembre pour la météo et l'observation des oiseaux marins.

À savoir Les traversées en bateau peuvent être agitées.

MARIANNE TAYLOR/SHUTTERSTOCK ©

AP PHOTO/ALAMY STOCK PHOTO ©

Tout à gauche Lainage de Fair Isle
En bas à gauche Grand labbe en vol
À gauche La falaise Sheep Craig

Paradis des tricoteurs et des ornithologues

À mi-chemin entre les Shetland et les Orcades, Fair Isle compte une quarantaine de résidents à l'année. En raison des Highland Clearances et de l'émigration, la population a fortement décliné au XIXe siècle. Le National Trust a acheté l'île en 1954 et depuis tente de favoriser le repeuplement.

Oiseaux L'**observatoire ornithologique** de Fair Isle, célèbre dans le monde entier, a été ravagé par un incendie en 2019. Grâce au soutien des habitants et de célébrités, des fonds ont été réunis et un projet de reconstruction est en cours.

Vêtements en laine Réputée pour ses lainages aux couleurs vives et aux motifs caractéristiques, l'île est le berceau de l'authentique style de tricot Fair Isle, mis à l'honneur chaque année lors de la **Shetland Wool Week**. Pour une expérience encore plus immersive, réservez un séjour dédié au tricot avec **Fair Isle with Marie** (p. 297) : vous apprendrez à maîtriser les motifs complexes de Fair Isle, les techniques, les fils et les couleurs, afin de créer une pièce unique à rapporter chez vous. Vous ferez aussi l'expérience de la vie quotidienne dans une ferme en activité.

Culture et randonnées Les falaises de **Sheep Craig** et **Malcolm's Head** promettent de superbes randonnées. Fair Isle se targue aussi d'une culture très riche : musique, pêche ou encore vannerie, avec des fauteuils typiques au dossier en paille, différents de ceux des Orcades (p. 266). L'héritage culturel de l'île est présenté en détail au petit **George Waterston Museum** (p. 294).

Séries télévisées aux Shetland

Ces dernières années, les îles Shetland sont devenues une destination de plus en plus prisée. L'archipel a joué un rôle de premier plan dans la série criminelle *Shetland*, une fiction basée sur les romans à succès d'Ann Cleeves, et s'est ainsi fait connaître dans le monde entier. Le personnage principal, l'inspecteur Jimmy Perez, est originaire de Fair Isle, où plusieurs épisodes ont été tournés, révélant le caractère et la beauté sauvage des Shetland. Le comédien Douglas Henshall, qui joue le rôle de Perez, est devenu un défenseur de l'île et a encouragé la collecte de fonds pour aider à la reconstruction de son observatoire ornithologique.

Terre de Vikings

SUR LA TRACE DES VIKINGS

À leur arrivée, les visiteurs sont frappés par la singularité des Shetland. Ici, les Vikings ont laissé une trace indélébile sur la culture, les sites et même les paysages. L'absence de haggis, de kilt et de cornemuse prouve que l'influence écossaise est moins prégnante dans l'archipel. La culture des Shetland tire ses racines des peuples scandinaves, comme en témoignent la toponymie, les dialectes norrois ou les traditions musicales.

À gauche Réplique d'une maison longue viking, Unst
Au centre Scalloway Castle
À droite Participants lors de la fête d'Up Helly Aa

Les Shetland des Vikings

De Jarlshof, au sud, jusqu'à Unst, au nord, de nombreux sites témoignent de l'occupation viking aux Shetland. Aucun secteur de l'archipel n'a échappé à l'assimilation de la Scandinavie qui débuta en 850 et donna lieu à six siècles de domination nordique. Le gouvernement viking effaça quasiment la culture pré-nordique dans les Shetland. Peu d'indications permettent d'imaginer à quoi ressemblaient la toponymie et la langue avant l'arrivée des Vikings, venus de l'ouest de la Norvège. La situation géographique des Shetland, au beau milieu de l'Atlantique Nord, en faisait le tremplin idéal pour une colonisation de l'ouest. Il y a encore une centaine d'années, la langue parlée dans l'archipel était une forme d'ancien norrois, le norne. À égale distance entre la Norvège et l'Écosse, les Shetland ont forgé leur singularité dans le creuset culturel de ces deux pays.

L'assimilation écossaise

L'occupation scandinave s'acheva en 1469, lorsque les îles Shetland et Orcades furent rendues à l'Écosse par le roi du Danemark. Elles font partie de la dot du mariage de sa fille, la princesse Marguerite, avec le futur roi Jacques III d'Écosse. Si l'archipel des Shetland était jadis au centre de l'univers des Vikings, il se situe aujourd'hui à la périphérie du Royaume-Uni. Après le long épisode scandinave, l'intégration des Shetland à l'Écosse au XVe siècle ne fut pas aisée. Nombre de propriétaires terriens venus d'ailleurs s'installèrent sur les îles dans l'idée d'accroître leur autorité sur l'archipel. Le Scalloway Castle (p. 295), construit en 1599 par comte Patrick Stewart, est le témoignage de cette époque conflictuelle.

YURIY CHERTOK/SHUTTERSTOCK ©

ANDREW J SHEARER//SHUTTERSTOCK ©

Up Helly Aa

Chaque année, entre janvier et mars, la fête du feu d'Up Helly Aa (p. 294) célèbre l'héritage scandinave. La plus grande des dix fêtes du feu d'inspiration viking organisée dans les Shetland a lieu à Lerwick le dernier mardi de janvier.

Attirant des milliers de visiteurs chaque année, la retraite aux flambeaux, menée par le *guizer* Jarl (chef viking), trace son chemin dans les rues de Lerwick, avec plus d'un millier de personnes. Après la procession, les *guizers* (participants) lancent leur torche sur une réplique de drakkar. Lumières de la rue éteintes, foule dense et bruyante, fumée de l'incendie… l'ambiance est particulièrement spectaculaire. Après cette commémoration, une nuit de célébration commence : des dizaines de stands accueillent les escadrons de *guizers* pour des sketchs ou des danses et les réjouissances se poursuivent jusqu'au bout de la nuit.

> L'intégration des Shetland à l'Écosse ne fut pas aisée…

En dépit de ce que l'on raconte souvent, Up Helly Aa n'est pas une fête héritée de l'époque nordique, mais une célébration dont les racines remontent à la période victorienne des Shetland.

Une tradition musicale

Le violon est l'instrument incontournable de la culture musicale des Shetland. Forts de leurs origines scandinaves, les habitants des Shetland sont réputés pour leur pratique musicale, mise à l'honneur lors du Shetland Folk Festival (p. 297), qui attire chaque année des milliers de musiciens.

Les noms vikings des lieux

Vers 870, l'explorateur viking Flóki Vilgerðarson, connu sous le nom de Hrafna Flóki (Raven Flóki), explora les Shetland avant de naviguer au nord-ouest pour découvrir l'Islande. Tandis qu'il préparait son départ, Flóki se rendit dans les collines pour capturer de jeunes corbeaux. Utilisés comme outils de navigation, ces oiseaux aidaient à repérer les terres. En son absence, sa fille Geirhildr, lors d'une promenade, passa à travers la glace du Girlsta Loch et se noya. Une légende locale raconte que son corps fut enterré sur l'île du loch. Girlsta est une variante de son nom, Geirhildr, qui vient de Geirhildarvatn (lac/eau de Geirhildr). Aux Shetland, environ 95 % des noms de lieux sont dérivés du vieux norrois.

48 Inoubliable UNST

AVIFAUNE | RANDONNÉE | ARCHÉOLOGIE

Cette excursion d'une journée jusqu'à l'île d'Unst, le point le plus septentrional du Royaume-Uni, vous laissera un souvenir inoubliable. Le matin, partez admirer des loutres en compagnie d'un guide, puis traversez les paysages sensationnels des Shetland à l'heure du coucher de soleil et observez les colonies de macareux et de fous de Bassan.

En pratique

S'y rendre Depuis Mainland, l'île principale des Shetland, il faut prendre deux ferries pour rejoindre Unst ; louez une voiture ou contractez les services d'un guide. Empruntez l'A970 de Lerwick jusqu'à Toft avant de grimper dans le ferry (15 min) jusqu'à Yell. Traversez Yell et roulez (29 km) jusqu'au ferry à Gutcher : la traversée jusqu'à Belmont, sur Unst prend 5 minutes. Réservations conseillées.

Circuits organisés Shetland Nature (p. 296) propose des circuits d'observation des loutres.

Observation de la faune Les loutres des Shetland (appelées *draatsi*) vivent sur les rivages marins. Unst est l'un des meilleurs endroits pour les observer dans un environnement préservé – en compagnie d'un guide local, cet animal sympathique étant difficile à repérer.

Randonnée Rejoignez la position la plus septentrionale du Royaume-Uni, la **Hermaness National Nature Reserve** (p. 294), pour une sensation de "bout du monde", et profitez de la vue sur le **phare de Muckle Flugga** et **Out Stack**.

Archéologie Unst est souvent considérée comme la première implantation des Vikings. Les 60 habitations mises au jour montrent qu'il

En haut à droite Loutre d'Europe
À droite Observation des oiseaux à la Hermaness National Nature Reserve

HUGH HARROP/ALAMY STOCK PHOTO ©

ARTERRA PICTURE LIBRARY/ALAMY STOCK PHOTO ©

Loutres d'Europe aux Shetland

Charismatique et populaire, ce mammifère semi-aquatique se nourrit principalement de poisson et son expression charme rapidement les visiteurs. Les loutres d'Europe vivent le long d'un littoral isolé, au rythme des marées des Shetland, et profitent de la profusion de l'alimentation dans les eaux côtières.

Brydon Thomason, *voyagiste chez Shetland Nature*

s'agissait d'une position d'envergure. Explorez la maison longue et le drakkar reconstruits à Haroldswick, au **Unst Heritage Centre & Unst Boat Haven** (p. 294). Ensuite, remontez le temps jusqu'à l'époque néolithique : la pierre levée de **Lund** est un impressionnant monolithe de 3,5 m de hauteur. Visitez les ruines de l'église **St Olaf** (p. 295) et découvrez des tombes de Vikings (IXe-XIe siècles) et celle du marchand hanséatique Segebad Detken (1573). Ouvrez grands les yeux pour repérer des phoques se prélassant sur la plage toute proche. Puis, suivez la trajectoire des Vikings et visitez le broch de l'âge de fer et la maison longue mise au jour à Underhoull.

FLORE ET FAUNE

01

04

05

02

03

06

01 Orques

On peut facilement observer des orques chasser le phoque à proximité du rivage. Cette espèce se déplace entre l'Islande, les Shetland et l'Écosse continentale.

02 Loutres

Elles se nourrissent généralement près du rivage, à marée moyenne ou intermédiaire.

03 Phoques

Présents en grand nombre aux Shetland, les phoques communs mettent bas en juin, les phoques gris en octobre.

04 Macareux moine

Les alcidés des Shetland – macareux, petits pingouins et guillemots à miroir – se retrouvent sur leur site de nidification au début du printemps.

05 Fous de Bassan

L'espèce, en augmentation ces dernières années sur l'île, est capable de parcourir jusqu'à 200 km pour se nourrir et plonger à plus de 6 m.

06 Phalaropes à bec étroit

Les mâles élèvent les poussins tandis que les femelles cherchent un nouveau partenaire pour la reproduction. Ces oiseaux passent l'hiver près des îles Galapagos.

07 Sternes arctiques

Célèbre pour sa migration, l'espèce est

07

08

09

10

11

12

13

menacée par l'élévation de la température de la mer.

08 Grands labbes

Les Shetland abritent 40 % de la population mondiale de cette espèce. Du fait de la raréfaction des lançons, ils se nourrissent désormais d'autres oiseaux de mer.

09 Fulmar

Présente aux Shetland depuis la fin du XIXe siècle seulement, cette espèce vole au ras des vagues et des falaises.

10 Flore endémique

La céraiste arctique, plante rare, s'épanouit sur la roche serpentine et dans la réserve naturelle Keen of Hamar.

11 Orchidées

Une profusion de fleurs, notamment d'orchidées, s'épanouit aux Shetland.

12 Courlis

L'agriculture étant moins intensive aux Shetland qu'ailleurs sur le continent, les populations de courlis, vanneaux et chevaliers gambettes sont stables.

13 Tourbière de couverture

Elles capturent et stockent le carbone, régulent l'eau et accueillent faune et flore.

49 Pétrels du MOUSA BROCH

OISEAUX | ARCHÉOLOGIE | SOLEIL DE MINUIT

Incroyable merveille minérale, ce broch (tour conique construite en pierres sèches) dressé sur le rivage, dont l'origine remonte à plus de 20 siècles, est l'un des mieux préservés au monde. Un soir d'été, au crépuscule, contemplez le ballet des pétrels-tempête, minuscules oiseaux de mer, qui ont élu domicile entre ces pierres.

DAVID TIPLING PHOTO LIBRARY/ALAMY STOCK PHOTO ©

En pratique

S'y rendre Le bateau (15 minutes) part de l'embarcadère de Sandsayre à Sandwick (sauf mention contraire) ; toutes les traversées sont dépendantes de la météo.

Quand Le Mousa Boat (p. 296) assure la traversée tous les jours d'avril à septembre, ainsi qu'en soirée (lundi, mercredi et samedi) de fin mai à mi-juillet.

Budget 30/10 £ par adulte/enfant pour la soirée. Les excursions en journée, sans l'expérience des pétrels, coûtent 16/7 £ par adulte/enfant (mousa.co.uk).

...ILIPPE/ ARTERRA PICTURE LIBRARY ...K PHOTO ©

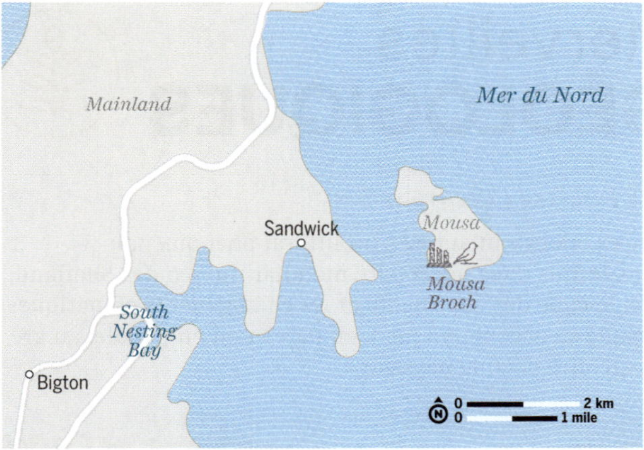

Mousa : faune et mystère archéologique

Inoubliables oiseaux Nichant dans les pierres millénaires, les minuscules et énigmatiques pétrels-tempête sont les stars de ce circuit en soirée. Les murs en pierre sèche de ce broch de l'âge de fer s'animent à chaque fois que les oiseaux de mer regagnent leur nid après leurs escapades en mer. Vous les reconnaîtrez à leur cri, un caquètement ou un grognement rauque (une "fée malade" prétend un ornithologue), et à leur époustouflant ballet nocturne.

60° nord Mousa est métaphoriquement coupé en deux par la ligne de latitude 60° nord qui traverse l'île. Les visiteurs peuvent se reposer un moment sur un banc en bois flotté qui marque ce point de repère. Un emplacement qui bénéficie de 19 heures de lumière quotidienne en été et 6 heures en hiver.

RSPB Nature Reserve Mousa abrite une faune riche et variée, avec des colonies de sternes arctiques bruyantes, tandis que le grand labbe, omniprésent, niche sur les étendues de lande. Parmi les autres espèces visibles, citons le cormoran huppé, le guillemot à miroir, le fulmar, le plongeon à gorge rouge et le troglodyte des Shetland. Cette dernière est une sous-espèce unique, légèrement plus grande et plus sombre, avec un chant moins mélodieux que celui de son homologue du Royaume-Uni continental. On peut aussi observer phoques communs et gris ; si vous êtes chanceux, vous verrez une loutre ou une baleine passant au large.

Ruines Les ruines de maisons en pierre sont les vestiges d'une communauté florissante du XIXᵉ siècle, composée de 11 familles.

En haut à gauche Pétrel-tempête curieux
En bas à gauche Broch de Mousa

Note sur les brochs

Présents uniquement dans le nord et l'ouest de l'Écosse et édifiés durant le milieu de l'âge de fer (2 000 ans), les brochs sont des énigmes archéologiques. Dans les Shetland, on en compte environ 120, en ruine pour la plupart. Ces structures rondes, en pierre, se composent de deux murs en pierre sèche – un mur intérieur, un mur extérieur – avec un escalier entre les deux pour atteindre le sommet. Les archéologues sont divisés sur leur fonction – défensive ou offensive ? S'agissait-il d'entrepôts ou d'habitations ? Nul ne le sait. Enveloppés de mystère, ils entretiennent la curiosité quant aux modes de vie et de travail des sociétés du passé.

50 Merveilles GÉOLOGIQUES

EXCURSIONS À LA JOURNÉE | VISITES | AVENTURE

Profitez de randonnées époustouflantes, d'un littoral phénoménal, de panoramas et d'horizons infinis dans le géoparc mondial Unesco des Shetland, façonné par le feu, la glace, le choc des continents et les changements climatiques. Cette riche histoire géologique se découvre à pied, en bateau ou en paddle, au gré des expériences nouvelles qu'offre chaque paysage.

ALANMORRIS/SHUTTERSTOCK ©

En pratique

Circuler Vous aurez besoin d'une voiture et des deux cartes Ordnance Survey (shop.ordnancesurvey.co.uk) pour découvrir l'ensemble de l'île.

Ralentir Explorez les quatre coins de Mainland ainsi que l'île d'Unst, afin de découvrir les plus fabuleux trésors géologiques. Voyagez à votre rythme et intégrez ces suggestions à votre itinéraire, afin de ne manquer aucun élément majeur.

Conseil itinéraire Cet itinéraire doit s'envisager sur une semaine, avec au moins une journée par secteur.

LIZ MILLER/SHUTTERSTOCK ©

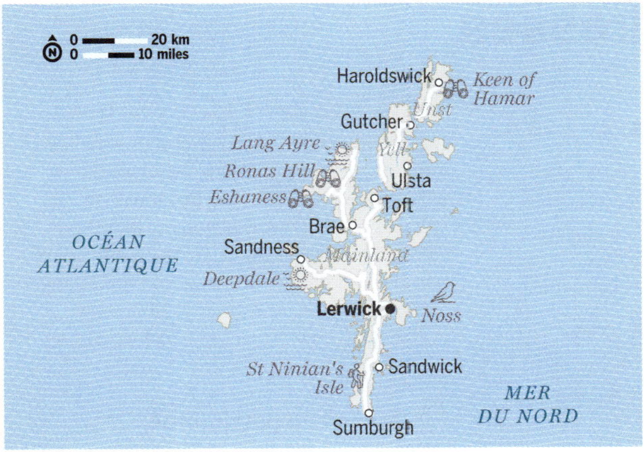

À gauche Formations rocheuses à Eshaness
En bas à gauche Céraiste artique

Northmavine Découvrez le caractère rude et âpre du nord, dont la roche métamorphique (gneiss) affiche un âge respectable, 3 milliards d'années, soit plus de la moitié de l'âge de la Terre. À **Eshaness**, familiarisez-vous avec le passé volcanique des Shetland et tenez-vous sur une magnifique coupe transversale d'un volcan. Explorez le paysage proche de la toundra de **Ronas Hill**, en repérant des plantes arctiques rares, puis marchez jusqu'à la vaste plage de **Lang Ayre**.

Unst Arpentez les collines rocailleuses du **Keen of Hamar**, qui n'a pas changé depuis l'ère glaciaire, et repérez la céraiste arctique, une variété de plante aux fleurs blanches délicates. La diversité géologique des Shetland a permis à de nombreuses espèces botaniques rares de s'épanouir.

Côte est Admirez à **Noss** d'impressionnantes falaises de grès rouge, culminant à plus de 180 m. Une sortie en bateau ou une randonnée sur l'île vous permettra d'observer les colonies d'oiseaux marins – macareux, guillemots et fous de Bassan.

Ouest de Mainland Marchez jusqu'à la fascinante plage de galets au pied de la vallée de **Deepdale**, formée par la fonte glaciaire, et profitez d'un paysage côtier inouï, ponctué de caps et d'éperons rocheux se dressant au large. Le mieux est de planifier cette randonnée, qui part de la plage Dale of Walls, de façon à coïncider avec le coucher du soleil sur la baie de Deepdale.

Sud de Mainland Suivez le tombolo (isthme sableux) de la **Saint Ninian's Isle** jusqu'au site d'une ancienne chapelle où un jeune garçon, en 1958, mit au jour un trésor des VIIIe-IXe siècles, aujourd'hui exposé au musée national de Scotland (p. 60).

Géoparc mondial Unesco des Shetland

Aux Shetland, les paysages marins et terrestres uniques, l'histoire naturelle et humaine découlent tous de la géologie du sous-sol. En termes de géologie, les Shetland sont une Écosse continentale en miniature. En une heure de voiture, on peut se tenir sur le lit d'un ancien lac asséché, surplomber la paroi d'un volcan érodé ou marcher sur les pentes d'un vaste massif montagneux ou sur la roche du manteau terrestre, à l'emplacement d'un océan désormais évaporé. Le paysage des Shetland est un mélange entre un "Waouh !" tous les deux pas et un "musée de pierres en plein air".

Par Allen Fraser, *géologue dont le travail a contribué à inscrire les Shetland sur la liste des géoparcs mondiaux de l'Unesco*

Carnet d'adresses

Les grands classiques (voir p. 280)

Festival viking "Up Helly Aa" à Lerwick

(www.uphellyaa.org ; Lerwick Information Centre ; 01595-693434 ; www.shetland.org ; angle Commercial St et Mounthooly St ; 9h-17h lun-sam et 10h-16h dim avr-sept, 10h-16h lun-sam oct-mars)

Hermaness National Nature Reserve

(phare de Muckle Flugga, Out Stack et Hermaness Visitor Centre ; 01595-711278 ; www.nnr.scot ; 9h-17h avr à début sept)

Île de Noss

(0800-107 7818 ; www.nature.scot ; bateau adulte/enfant 3/1,50 £ ; 10h-17h mar-mer et ven-dim mai-août)

Jarlshof Prehistoric & Norse Settlement

(01950-460112 ; www.historicenvironment.scot ; adulte/enfant 6/3,60 £ ; 9h30-17h30 avr-sept, 9h30-16h30 oct-mars)

Mousa Broch

(Mousa ; 24h/24)

Sumburgh Head Visitor Centre

(01595-694688 ; www.sumburghhead.com ; adulte/enfant 6/2 £ ; 11h-17h30 avr-sept)

Trésors préhistoriques

Culswick Broch

Randonnez le long d'une des plus belles côtes des Shetland jusqu'à cet impressionnant broch en granit rouge et appréciez le point de vue imprenable. Ce secteur sauvage de l'archipel mérite vraiment d'être exploré.

Stanydale Temple

Nichées au cœur des Shetland néolithiques, ces ruines archéologiques sont un havre de paix.

Unst Heritage Centre & Unst Boat Haven

Des répliques d'un drakkar et d'une maison longue typiques des Vikings sont visibles à Haroldswick, tandis que des maisons longues ont été mises au jour à Underhoull, Hamar et Belmont. Ainsi, Unst est considéré comme la première implantation des Vikings au Royaume-Uni. (01957-711809 ; www.unstheritage.com ; Haroldswich ; mai-sept lun-sam 11h-16h)

Joyaux du patrimoine

George Waterston Museum

Voir p. 283 (01595-760244 ; Aud Skoll, Utra, Fair Isle ; mai-oct lun 12h-14h, mer 10h30-12h, ven 14h-15h30)

Hoswick

Ce village à l'ambiance communautaire est à la fois inhabituel et inattendu aux Shetland. Le centre d'accueil des visiteurs présente l'art et l'artisanat de l'île ; également un salon de thé. Il y a de nombreux chemins, une plage, deux boutiques de lainages, un atelier de joaillerie, une aire de jeux et un distributeur de gâteaux. (1590-431406 ; hoswickvisitorcentre.com ; Sandwick)

Réplique d'un drakkar viking, Haroldswick

Old Haa Museum

Aménagé dans une maison de laird (lord écossais) du XVIIe siècle sur l'île de Yell, ce musée d'histoire locale abrite aussi une boutique, un salon de thé, un espace d'exposition et un impressionnant jardin clos. (☎01957-722339 ; www.oldhaa.com ; Burravoe ; gratuit ; 🕒10h-16h lun-jeu et sam, 14h-17h dim mi-avr à sept)

Scalloway Castle

Construit vers 1600 par le comte Patrick Stewart, c'est le site le plus remarquable de la ville. La maison forte, avec tourelles et poivrières, est plutôt bien préservée. Si l'endroit est fermé, récupérez les clés au Scalloway Museum. (www.historicenvironment.scot ; 🕒24h/24)

Shetland Museum & Archives

Ce musée niché sur le front de mer de Lerwick est un excellent point de départ pour comprendre l'histoire des Shetland. (☎01595-695057 ; www.shetlandmuseumandarchives.org.uk ; Hay's Dock ; gratuit ; 🕒10h-17h lun-sam et 12h-17h dim sept-avr, 10h-16h mar-sam oct-mars)

St Olaf Church

Voir p. 287 (www.unstheritage.com/web/unst-heritage-centre/religion ; Unst)

Trésor de St Ninian Isle

Voir p. 293 (Musée national d'Écosse à Édimbourg ; www.nms.ac.uk/explore-our-collections/stories/scottish-history-and-archaeology/st-ninians-isle-treasure/)

Voyage au fil des arts

Bonhoga Gallery

De l'art, de l'artisanat et un café fantastique, le tout dans un moulin historique : Bonhoga a un pied dans le passé et un autre fermement ancré dans le présent. (☎01595-745750 ; Weisdale Mill ; 🕒mer-dim 10h30-16h30)

JORGE TUTOR/ALAMY STOCK PHOTO ©

The Dowry, Lerwick

Red Houss Shetland

Un coffre à trésors de créativité ! On peut y acheter des aquarelles des fermes des Shetland et des bijoux en argent faits main. Des ateliers d'orfèvrerie et de peinture sont aussi organisés. (☎01595-859445 ; www.redhouss.co.uk ; Skeogarth, Houss)

The Craft Trail

Visitez les ateliers d'artisanat présents dans l'archipel. (☎07447-377856 ; www.shetlandartsandcrafts.co.uk)

The Shetland Gallery

À Yell, la galerie la plus septentrionale du Royaume-Uni expose des artistes contemporains dans ses locaux spacieux et modernes. (☎01957-744259 ; www.shetlandgallery.com ; Sellafirth, Yell ; 🕒Pâques-sept mar-sam 11h-17h, dim 14h-17h)

Adresses gourmandes à Lerwick

Fjara £

Au bord de l'eau à Breiwick, une adresse idéale pour observer les loutres et les phoques. (☎01595-697388 ; www.fjaracoffee.com ; Sea Rd ; plats 8-22 £; 🕒8h-22h mar-sam, 10h-18h dim, restauration 8h-20h ; 📶)

Peerie Shop Cafe £

Niché dans une ruelle historique de Lerwick, ce café propose des soupes du jour

ANDREW J SHEARER/SHUTTERSTOCK ©

Shetland Museum and Archives

goûteuses. Venez tôt le vendredi, car le stock de *Cullen Skink* (soupe à base de haddock, pommes de terre et oignons) est rapidement épuisé. (☎01595-692816 ; www.peerieshop.co.uk ; Esplanade ; en-cas 3-8 £ ; 8h-17h lun-sam ;)

Circuits organisés et grands sites

Adventure Shetland

L'archéologue Jon propose divers circuits sur mesure : héritage préhistorique de l'île, randonnées côtières et autres. (☎07827 324671 ; www.adventureshetland.com)

Discover Shetland

Circuits personnalisables dans les Shetland, menés par un guide connaisseur, expert sur les questions de nature et d'écologie dans l'archipel. (☎07387-167205 ; www.discovershetland.net)

Garths Croft

Sur l'île de Bressay, visitez cette ferme traditionnelle en activité. Vous pourrez nourrir des moutons natifs des Shetland et découvrir d'autres races anciennes. (☎07748-926454 ; garthscroftbressay.com)

Mousa Boat

Voir p. 290 (☎07901-872339 ; www.mousa.co.uk ; Sandwick ; avr-sept)

Oiseaux marins et phoques

Explorez le cœur d'une des principales colonies de fous de Bassan de l'archipel, dominée par les imposantes falaises de l'île de Noss. Court trajet en bateau depuis Lerwick. (Shetland Wildlife Boat Tours ; ☎07876-522292 ; www.thule-charters.co.uk ; adulte/enfant 50/40 £ ; avr-sept ; Shetland Seabird Tours ; ☎07767-872260 ; www.shetlandseabirdtours.com ; adulte/enfant 45/25 £ ; avr-oct)

Sea Kayak Shetland

Explorez la géologie des Shetland depuis la surface de l'eau – grottes, formations rocheuses et éperons marins : chaque centimètre du littoral vous tend les bras. Cette agence fiable, adaptée au niveau débutant comme expert, propose diverses excursions guidées. (☎01595-840272 ; www.seakayakshetland.co.uk ; initiation/demi-journée/journée 30/50/85 £)

Shetland Nature

Cette agence spécialisée dans l'observation des loutres propose aussi des excursions dans tout l'archipel pour en admirer les oiseaux ou les paysages. (☎01595-760333 ; www.shetlandnature.net)

GIEDRIIUS/SHUTTERSTOCK ©

Mouton des Shetland

The Dowry £

Une décoration de style scandinave et de délicieux produits, notamment de la langouste. The Dowry apporte une touche vraiment cosmopolite à la Commercial St de Lerwick. (01595-692373 ; www.thedowry.co.uk ; 98 Commercial St ; repas légers 6-13 £ ; 10h-22h lun et jeu, 10h-18h mar-mer, 10h-23h ven-sam)

Tricot et randonnée avec Shetland Wool Adventures

Si aiguilles à tricoter et chaussures de randonnée stimulent votre créativité, voici une combinaison parfaite entre exploration textile et balades hors des sentiers battus. (www.shetlandwooladventures.com)

Pulls et laines

Anderson & Co

Installé à Lerwick, Anderson & Co est l'adresse parfaite pour trouver des bonnets, gants, mitaines, pulls et gilets, avec des motifs typiques de Fair Isle.

Fair Isle with Marie

Voir p. 283 (07470-497893 ; fairislewithmarie.com ; Taft Cottage, Fair Isle)

Jamieson & Smith

À 1,6 km du centre de Lerwick, vous trouverez un large choix de pelotes, kits de tricot, livres et accessoires pour la maison fabriqués à partir de la laine des moutons des Shetland. (www.shetlandwoolbrokers.co.uk , North Road, Lerwick ; tte l'année lun-ven 9h-17h, sam 9h-13h juin-sept)

Jamieson's of Shetland

Le spécialiste de la laine des Shetland. Visitez la boutique à Lerwick (qui abrite un célèbre mur de pelotes !) ou le moulin à Sandness. (01595-693114 ; www.jamiesonsofshetland.co.uk ; 93-95 Commercial Street, Lerwick)

Joueurs de cornemuse à Lerwick, en janvier 2020

Shetland Textile Museum

À 3,2 km du centre-ville, des tricoteurs et fileurs présentent les techniques locales dans un *böd* (cabane) de pêcheur du XVIIIe siècle, restauré. Les expositions sont consacrées à la dentelle, au tweed et à Fair Isle. (Böd of Gremista ; 01595-694386 ; www.shetlandtextilemuseum.com ; Gremista Rd ; adulte/enfant 3 £/gratuit ; 12h-16h mar-sam)

Shetland Wool Week

Voir p. 283 (www.shetlandwoolweek.com)

Voyage musical

Mareel

Musique, cinéma et centre d'arts créatifs à Lerwick. Des concerts sont organisés, avec musiciens locaux et étrangers. (01595-745500 ; www.shetlandarts.org ; Hay's Dock)

Shetland Folk Festival

Voir p. 285 (www.shetlandfolkfestival.com ; fin avr ou début mai)

The Lounge Bar

Niché dans l'une des pittoresques ruelles historiques de Lerwick, The Lounge Bar organise chaque semaine des concerts ainsi que des sessions impromptues. (1595-692231 ; 4 Mounthooly St ; tlj 11h-1h)

Carnet pratique

À droite Randonneur dominant le paysage d'Assynt

ARRIVER EN ÉCOSSE

Édimbourg est le premier point d'entrée en Écosse pour la plupart des visiteurs, puisqu'on y trouve le plus grand aéroport international du pays. Situé 12,8 km à l'ouest du centre-ville, l'aéroport possède un seul terminal ; : on s'y repère facilement. Vous y trouverez pubs, restaurants, boutiques, DAB et agences de location de voitures.

AUTRES POINTS D'ENTRÉE

L'**aéroport de Glasgow** se situe à 14,5 km à l'ouest de la ville. Les taxis attendent à l'extérieur du hall des arrivées. Prévoyez environ 20 £ et environ 20-30 minutes. Le Glasgow Airport Express n°500 circule 24h/24 et 7 jours/7 depuis/vers la gare routière de Buchanan. Le billet coûte 9/5 £ par adulte/enfant.

L'**aéroport d'Aberdeen** se trouve à 9,6 km au nord-ouest du centre-ville d'Aberdeen. Le trajet jusqu'à la gare routière d'Union Square dure 20 minutes. Il existe différentes liaisons, dont First Bus X27, Jet Service 72 et Jet Service 747.

L'**aéroport d'Inverness** est situé à 14,5 km au nord-ouest du centre-ville d'Inverness. Le trajet dure environ 15 minutes. La ligne n°11 relie directement l'aéroport et le centre-ville. Achetez les billets au conducteur ou en ligne, à l'avance.

Train Se rendre en Écosse en train est plus rapide et plus confortable qu'en bus, mais plus coûteux. En partant de Paris, il vous faudra changer à Londres (trajet minimum de 7 heures 05). Eurostar met la gare de St Pancras, à Londres, à moins de 2 heures 30 de Paris et à 2 heures de Bruxelles. Des départs sont possibles de Lille, Calais et Lyon.

Voiture Il est assez simple de venir en Écosse avec un véhicule immatriculé dans l'Union européenne pour une période n'excédant pas 6 mois, mais renseignez-avant de partir. Le trajet Paris-Édimbourg via le tunnel sous la Manche fait 1 025 km (dont 750 km pour la section Calais-Édimbourg). En voiture, il se parcourt en 12 heures environ.

Ferries La vue sur la côte anglaise depuis le bateau garde son charme. Les ferries (Brittany Ferries et DFDS Seaways en France ; P&O en Belgique, pour la liaison Zeebruges-Hull ou Rotterdam-Hull) et l'Eurostar se livrent une concurrence acharnée pour la traversée de la Manche, et leurs tarifs sont similaires.

FORMALITÉS D'ARRIVÉE ET DE DÉPART

Arrivée Ayez bien votre passeport et les documents requis (visas et carte de débarquement ; vérifiez sur le site du gouvernement https://www.diplomatie.gouv.fr/fr/conseils-aux-voyageurs/conseils-par-pays-destination/royaume-uni/).

Départ Préparez votre départ en vous renseignant sur ce que vous avez le droit ou non d'emporter. Si vous rapportez du whisky par exemple, il faudra le déclarer à la douane et la quantité ne devra pas être supérieure à 1 litre.

À L'AÉROPORT D'ÉDIMBOURG

Cartes SIM Des cartes prépayées (n'oubliez pas de faire débloquer votre téléphone avant de partir) sont vendues dans les quatre boutiques WHSmith de l'aéroport. Les horaires des boutiques sont basés sur les horaires quotidiens des vols.

Change d'espèces Des bureaux de change (International Currency Exchange, ICE) sont installés au milieu du hall des départs, après les contrôles de sécurité et au niveau des arrivées internationales. Les heures d'ouverture coïncident avec les départs et arrivées des vols. Les taux sont plus intéressants dans les banques de la ville.

WI-FI Une connexion Wi-Fi gratuite (2 heures seulement) est disponible pour tous les passagers et clients de l'aéroport international d'Édimbourg.

DAB Plusieurs distributeurs automatiques sont installés dans l'aéroport – n'oubliez pas qu'ils délivrent des livres écossaises (£).

Stations de charge De nombreuses stations multiprises sont disséminées dans le terminal.

REJOINDRE LE CENTRE D'ÉDIMBOURG

Tram d'Édimbourg Un trajet très facile part du hall des arrivées et rallie la St Andrew Sq, dans le centre-ville, en 35 minutes (15 arrêts). Les principaux arrêts sont Haymarket, West End et Princes St. Achetez les billets au conducteur ou à l'automate.

Airlink 100 Départs toutes les 30 minutes (de 4h30 à 0h30) du lundi au dimanche, juste devant le hall des arrivées ; le trajet direct jusqu'à St Andrew Sq dure 25 minutes. Parmi les autres liaisons figurent Skylink 200 jusqu'à Ocean Terminal, Skylink 300 jusqu'à Surgeons' Hall et Skylink 400 jusqu'à Fort Kinnaird. Payez en espèces ou avec une carte bancaire, sans contact.

À vélo Le terminal d'Édimbourg est relié au réseau de pistes cyclables par Eastfield Rd. De là, on peut suivre des pistes cyclables et des routes tranquilles sur presque tout le parcours jusqu'au centre-ville.

BUDGET

Taxi
20 £
20 min

Bus
4,50 £
25 min

Tram
6,50 £
35 min

Taxi
Les taxis noirs d'Édimbourg constituent le moyen le plus rapide de gagner le centre-ville. Le trajet dure en moyenne 20 à 30 minutes. La zone de prise en charge/dépose Uber se situe sur le parking devant le hall des arrivées.

Planifier son trajet
Téléchargez l'application Traveline Scotland pour trouver la manière la plus pratique de vous rendre où que ce soit en ville ou dans les environs.

Carte de transport
Achetez une Ridacard pour des voyages illimités à bord de tous les trams (toutes zones), les bus Lothian, les NightBus (bus nocturnes) et les bus pour l'aéroport. Un pass d'une semaine coûte 20/17/10 £ pour un adulte/étudiant/enfant (5-15 ans). Le pass journée, hors Airlink, coûte 4,50/2,20 £ pour un adulte/enfant.

CONSEILS PRATIQUES POUR CIRCULER

Rien n'est plus pratique qu'une voiture pour explorer les villes, glens et îles lointaines. Les locations se font sans difficulté ; parcourir les routes à sens unique au nord de la Central Belt fait partie de l'aventure. Les transports publics minimisent l'empreinte carbone mais, en dehors des centres urbains, les services sont parfois rudimentaires.

LOCATION DE VOITURES

On peut louer une voiture partout dans le pays, les tarifs augmentant au fur et à mesure que l'on gagne le nord. Un voyage en camping-car, très populaire, est idéal pour explorer les Highlands et les îles. Sachez que les habitants entretiennent une relation d'amour-haine avec ce type de véhicules.

ASSOCIATIONS AUTOMOBILES

La AA, la RAC et Green Flag proposent une assurance sur la route partout en Écosse. Ils sont aussi de bonnes sources d'information et proposent des outils de voyage en ligne, notamment des planificateurs d'itinéraires et des alertes sur la circulation.

LOCATION DE VOITURE PAR JOUR

à partir de 16 £

Essence environ 1,23 £/litre

À partir de 18 £

TRANSPORTS VERTS

L'Écosse se tourne vers des transports de plus en plus respectueux de l'environnement. Le nombre de véhicules électriques et de points de charge augmente de manière exponentielle, en particulier dans les Orcades. Le réseau de pistes cyclables est en expansion, avec par exemple le Great North Trail qui relie les Borders à John O'Groats et Cape Wrath.

VÉLO

La taille relativement réduite de l'Écosse permet d'y circuler à vélo sans problème particulier. Il constitue la meilleure option pour les îles, pas très grandes, et où la vie s'écoule à un rythme plus tranquille.

BUS

Un vaste réseau de bus couvre la majeure partie de l'Écosse. Scottish Citylink (www.citylink.co.uk) est un réseau national de bus fiables et confortables à destination des principales villes. First (www.firstgroup.com) et Stagecoach (www.stagecoachbus.com) assurent de nombreuses liaisons locales.

CODE DE LA ROUTE

On roule du côté gauche de la chaussée ; le volant est à droite.

Single track road

Sur les routes à voie unique, utilisez les “passing places” (voir p. 13).

60

La vitesse est limitée à 60 miles/h (98 km/h) ou 30 miles/h (48 km/h) en ville.

Tolérance zéro alcool au volant. La limite est fixée à 0,05% d'alcool dans le sang (0% pour les moins de 20 ans).

Attention à la présence de cervidés, en particulier le soir.

AVION

En Écosse, la plupart des lignes intérieures sont conçues pour une clientèle d'affaires ou pour le ravitaillement des îles isolées. L'avion est donc peu rentable sur ces courtes distances ; à envisager surtout si le temps vous manque et si vous souhaitez visiter les Hébrides, les Orcades ou les Shetland.

TRAIN Le réseau ferroviaire écossais s'étend à toutes les villes, mais présente des lacunes dans les Highlands et les Southern Uplands. La ligne West Highland, qui relie Glasgow à Fort William et à Mallaig, et la ligne Inverness-Kyle of Lochalsh traversent des paysages splendides.

FERRY Caledonian MacBrayne (www.calmac.co.uk) dessert la côte et les îles occidentales, tandis que Northlink Ferries (www.northlinkferries.co.uk) relie Aberdeen et Scrabster (près de Thurso) aux Orcades, les Orcades aux Shetland et Aberdeen aux Shetland.

CALCULEZ VOTRE EMPREINTE CARBONE

Pour chaque passager, un trajet entre Édimbourg et Inverness produit 43,6 kg de carbone en voiture et 21,8 kg à moto. Le même trajet en train produit 13,8 kg, pour 7,7 kg en bus. Divers calculateurs en ligne vous permettront d'estimer la quantité de carbone générée par votre trajet.

DISTANCES ROUTIÈRES (EN KM)

	Édimbourg	Glasgow	Aberdeen	Dundee	Perth	St Andrews	Inverness	Dumfries	Portree	Fort William
Édimbourg	–									
Glasgow	67	–								
Aberdeen	203	234	–							
Dundee	91	130	88	–						
Perth	70	101	139	35	–					
St Andrews	83	117	128	22	54	–				
Inverness	251	270	166	219	179	235	–			
Dumfries	117	122	336	232	197	219	371	–		
Portree	378	346	344	346	307	352	182	461	–	
Fort William	234	176	246	207	163	224	107	288	173	–

SÉCURITÉ

Une bonne préparation est nécessaire avant de partir dans la nature en Écosse. Le taux de criminalité dans les grandes villes n'est pas plus élevé que dans les autres, mais comme toujours le bon sens est de rigueur et il convient de traiter les personnes et les lieux avec le même respect que partout ailleurs.

MONTAGNES

En montagne, les conditions météo sont très changeantes : un soleil brûlant peut vite céder la place à de la neige ou à un vent violent. Confiez votre itinéraire à quelqu'un avant de partir, prévoyez un équipement adapté et ne dépassez pas vos limites. En cas d'accident, appelez le 999 ou le 112 et demandez les secours en montagne (Scottish Mountain Rescue).

MERS ET RIVIÈRES

Les superbes baies, rivières et eaux cristallines font très envie, mais méfiez-vous de la houle imprévisible et des forts courants de l'Atlantique Nord, très fréquents. Consultez les horaires des marées et la météo et renseignez-vous auprès des habitants avant de tenter un plongeon.

ROUTES

En Écosse, les imprévus sont nombreux sur la route, qu'il s'agisse d'un troupeau de moutons, d'un chevreuil franchissant une clôture ou d'un cerf. Mieux vaut rouler lentement et éviter l'aube et le crépuscule, quand les animaux sont les plus actifs.

Des **vols et agressions** se produisent parfois dans les grandes villes comme Glasgow, Édimbourg et Aberdeen, en particulier tard les vendredis et samedis soir ; le plus souvent, l'alcool et la drogue font partie de l'équation. En cas d'urgence, composez le 999.

EDINBURGHCITYMOM/SHUTTERSTOCK ©

ARTVELL/SHUTTERSTOCK ©

ARGENT Dans les villes, la plupart des paiements se font par carte bancaire sans contact. Les îles isolées et les villages n'en sont pas encore là – prévoyez des espèces pour ne pas vous retrouver bloqué.

PIQÛRES ET MORSURES

Couvrez-vous pour éviter les piqûres de *midges*, taons et fourmis. Et retirez rapidement les tiques, présentes dans les zones boisées, la lande et les herbes hautes, et qui peuvent transmettre la maladie de Lyme.

COVID-19

En raison de la pandémie de coronavirus, les voyageurs doivent respecter diverses conditions pour entrer en Écosse. Si vous vous sentez malade ou avez besoin de conseils, consultez gov.scot/publications/coronavirus-covid-19-getting-tested

CONSEILS POUR VOUS AIDER À GÉRER VOTRE BUDGET

CARTES BANCAIRES (Visa, MasterCard)
Elles sont acceptées quasiment partout et sont obligatoires pour louer une voiture. Vous pouvez retirer des espèces dans les banques ou les DAB, mais cela implique souvent des commissions élevées. En raison de la pandémie de coronavirus, beaucoup de commerces, cafés et restaurants acceptent uniquement les cartes bancaires.

DAB
Il y a des DAB dans tout le pays, mais de plus en plus d'agences bancaires ferment leurs portes au profit des services en ligne. Les paiements sans contact sont possibles presque partout.

BILLETS DE BANQUE
La variété des billets de banque britanniques peut être déroutante. Les billets de livre sterling (£) imprimés en Écosse sont valables dans tout le Royaume-Uni.

BUDGET

Livre sterling £

COMBIEN ÇA COÛTE ?

Café 2,50 £

Dram de whisky 4 £

Dîner pour deux 40 £

BUDGET
Prévoyez 80 £ pour une nuit d'hôtel, 20 £ pour un billet de train, 30 £ pour la nourriture et 10 £ pour des consommations au pub : vous arriverez à un budget quotidien de 150 £. Loger en auberge de jeunesse ou en camping permet de limiter les frais à 70-100 £ par jour.

EAU POTABLE
L'Écosse s'enorgueillit d'une des eaux les plus pures de la planète. Prévoyez une gourde : vous limiterez ainsi votre consommation de plastique tout en faisant des économies.

TAXES ET REMBOURSEMENTS
Depuis le Brexit, la Grande-Bretagne n'est plus membre de l'UE et le remboursement de la TVA payée par les voyageurs n'est plus en vigueur.

RÉDUCTIONS ET BONS PLANS
Beaucoup de sites, d'activités et de moyens de transport proposent des réductions pour les seniors, les étudiants et les familles avec enfants.

Sites Historic Scotland propose l'Explorer Pass, qui donne accès à plus de 70 lieux.

Train Les tarifs sont moins élevés durant les périodes moins fréquentées.

Ferries La compagnie CalMac propose 30 billets différents permettant d'aller d'île en île, valables un mois.

POURBOIRE
Il n'y a pas de règles fixes, mais la plupart des serveurs espèrent un pourboire de 10% à 15%, en particulier dans les grandes villes. Souvent, le service est inclus dans l'addition, mais vous n'êtes pas dans l'obligation de le payer. Pour les taxis, la plupart des clients arrondissent la course à la livre supérieure.

VOYAGE RESPONSABLE

Conseils pour alléger votre empreinte écologique, soutenir la vie locale et avoir un impact positif.

SUR LA ROUTE

Repérez le logo Thistle, un chardon attribué à certains hébergements par Visit Scotland pour souligner leur excellence.

Respectez le code écossais d'accès à la nature (outdooraccess-scotland.scot). Un guide pour explorer les grands espaces de manière sûre et responsable.

Passez à l'électrique. Profitez des plus de 1 500 chargeurs (chargeplacescotland.org/live-map) que compte l'Écosse.

Évitez les endroits bondés. Restez sur les routes, chemins et sentiers balisés, et ne laissez que vos empreintes.

Soyez prudent à la plage. Les mers écossaises sont imprévisibles, avec des températures basses et de puissants courants, même en plein été. Consultez le site de la RNLI (rnli.org) pour plus de détails.

Participez à la restauration de l'habitat, ou devenez bénévole pour aider les écureuils roux d'Écosse. Liste des programmes de bénévolat sur National Trust for Scotland (www.nts.org.uk).

CHRISTIAN MUELLER/SHUTTERSTOCK ©

CONTRIBUER

Consommez local sur les marchés de producteurs et dans les boutiques des fermes pour acheter des produits frais et soutenir les entreprises écossaises tout au long de l'année.

Favorisez les sites, activités et distilleries respectant des pratiques durables et une forme de tourisme responsable. Bonne source d'information : Visit Scotland (visitscotland.org).

Explorez les deux fabuleux parcs nationaux d'Écosse – parc national des Cairngorms et parc national du Loch Lomond et des Trossachs – de manière responsable. Vous aurez besoin d'un permis si vous souhaitez faire du camping sauvage ; dans certains secteurs, les feux sont interdits.

Plantez un arbre. Joignez-vous à Trees for Life et plantez un arbre endémique pour restaurer la forêt calédonienne dans les Highlands (treesforlife.org.uk).

PAS D'IMPAIRS !

"Fàilte" ("accueillez") et respectez la langue gaélique.

L'eau du robinet est potable. L'eau des rivières et cours d'eau est pure et non filtrée.

Faites une bonne action avec Social Bite (social-bite.co.uk). Les cafés et restaurants de ce réseau présent à Édimbourg, Glasgow et Aberdeen soutiennent les sans-abri en Écosse.

ALLÉGEZ VOTRE EMPREINTE CARBONE

Passez plus de temps dans un même secteur. Voyagez lentement pour diminuer la pression sur les destinations les plus célèbres du pays et évitez les sites très fréquentés. Vous vous épargnerez du stress et vous connaîtrez plus intimement ce beau pays.

Utilisez les toilettes et évacuez les produits chimiques et les eaux usées de votre camping-car de manière appropriée. Sachez que dans les Highlands du Nord-Ouest, les infrastructures sont assez limitées.

#TakItHame. Prévoyez un sac vide pour ramasser et emporter les déchets que vous serez susceptible de trouver en pratiquant la randonnée ou l'escalade.

LEONARD ZHUKOVSKY/SHUTTERSTOCK ©

SOUTENEZ LA VIE LOCALE

Mangez local ! Du pain à la bière en passant par le poisson et les fruits frais, faites vos courses chez les producteurs locaux partout dans le pays (foodanddrink.scot/support-local).

Achetez des souvenirs uniques, comme le tweed Harris et l'artisanat des Orcades, directement chez les artisans. Des plateformes solidaires comme **Buy Social Scotland** (buysocialscotland.com) et **Love Local Scotland** (lovelocal.scot) publient des listes d'artisans recommandés.

VOYAGES ET CHANGEMENT CLIMATIQUE

Tous les moyens de transport fonctionnant à l'énergie fossile génèrent du CO_2 – la principale cause du changement climatique induit par l'homme. L'industrie du voyage est aujourd'hui dépendante des avions. Si ceux-ci ne consomment pas nécessairement plus de carburant par kilomètre et par personne que la plupart des voitures, ils parcourent en revanche des distances bien plus grandes et relâchent quantité de particules et de gaz à effet de serre dans les couches supérieures de l'atmosphère. De nombreux sites Internet utilisent des "compteurs de carbone" permettant aux voyageurs de compenser le niveau des gaz à effet de serre dont ils sont responsables par une contribution financière à des projets respectueux de l'environnement. Lonely Planet "compense" les émissions de tout son personnel et de ses auteurs.

RESSOURCES

visitscotland.com
outdooraccess-scotland.scot
johnmuirtrust.org
keepscotlandbeautiful.org

HÉBERGEMENTS TYPIQUES ET INSOLITES

Dormez dans une maison médiévale ou campez à la belle étoile sur une plage, sans débourser un centime – l'Écosse dispose d'hébergements pour tous les goûts et tous les budgets. Beaucoup d'hôtels et de pensions sont aménagés dans des édifices historiques : des châteaux aux relais de poste, ces établissements ont un charme fou. Pour une expérience on ne peut plus authentique, tentez un refuge perdu loin de tout.

BUDGET POUR UNE NUIT

Refuge gratuit

Camping à partir de 12 £ l'emplacement

Hôtel en centre-ville 80 £

MARK CANNING/SHUTTERSTOCK ©

CAMPING SAUVAGE

Le camping sauvage est autorisé partout en Écosse : un accès inégalable aux différents paysages et saisons du pays. Il existe des exceptions à cette règle : dans les secteurs très prisés des Cairngorms (photo ci-dessus) et du Loch Lomond et des Trossachs, le camping sauvage est limité à certains emplacements avec permis et des lois interdisant le camping et les feux de camp sont appliquées.

AUBERGES DE JEUNESSE

La chaîne à but non lucratif Hostelling Scotland possède plus de 60 établissements répartis dans le pays. Vous trouverez de bonnes adresses en bordure de loch ou de chemin de randonnée, sur le West Highland Way et le North Coast 500. Véritable bijou, le Loch Ossian Youth Hostel, à Corrour, dans un secteur isolé de Rannoch Moor, est accessible uniquement à pied.

NINA ALIZADA/SHUTTERSTOCK ©

BLACKHOUSES

Jadis utilisées pour héberger les fermiers et leur bétail, les *blackhouses* ("maisons noires") sont des constructions aux toits de chaume figées dans le temps, typiques des Hébrides extérieures. À l'intérieur, elles dégagent une atmosphère rurale-chic. Lewis, en particulier, compte plusieurs adresses pour passer la nuit. Location indépendante possible également, par exemple Gearrannan (en photo ; gearrannan.com), sur la côte atlantique fouettée par le vent.

DAVE A BENNETT/SHUTTERSTOCK ©

BOTHIES (REFUGES)

Ces refuges rustiques, typiquement écossais, sont l'occasion de découvrir les paysages sous leur forme la plus brute et sauvage. Beaucoup sont des secrets plutôt bien gardés, en dehors des sentiers battus, et il faut parfois de longues marches ou trajets à vélo pour les atteindre. Certains sont cachés dans des cols isolés, sans indication, et ne disposent que d'un confort très rudimentaire.

En général, ces refuges sont gratuits, à condition de respecter l'esprit *bothy*. Vous devrez donc adopter un rythme lent, apporter tout le nécessaire (nourriture, sac de couchage et bougies), récupérer de l'eau dans un cours d'eau proche et partager le lieu avec quiconque se présentera pour la nuit. En raison de leur popularité, certains sont équipés de réchauds et de couchettes, mais la plupart sont des refuges de bergers de deux pièces, sans autre équipement qu'une cheminée poussiéreuse. Sachez aussi qu'il n'y a pas de système de réservation. Mais quelle aventure ! Une nuit face à une plage déserte ou un glen pittoresque ? C'est le rêve de tout voyageur.

La Mountain Bothies Association (mountainbothies.org.uk) est une excellente source d'information.

RÉSERVATIONS

Fort de son réseau de 26 iCentres répartis dans tout le pays, VisitScotland peut vous aider à réserver des hébergements, des circuits ou des billets de transports publics. Réservez bien à l'avance pour la haute saison touristique, de juin à août. Édimbourg connaît son pic de fréquentation durant le Fringe Festival en août et pendant Hogmanay en décembre.

The Camping and Caravanning Club (campingandcaravanningclub.co.uk). Adhérez à cette association pour profiter d'une large sélection d'excellentes adresses.

Hidden Scotland (hiddenscotland.co/accommodation). Réservations de logements en tout genre, des lodges aux cabanes en rondins, avec des bonus comme les bains nordiques ou les lieux acceptant les chiens.

Scotland's Best B&Bs (scotlandsbestbandbs.co.uk). Seule association du pays regroupant les B&B de 4 et 5 étoiles. Excellente sélection d'adresses fiables.

Scottish Cottages (scottish-cottages.co.uk). Liste de locations saisonnières avec plus de 1 500 cottages pour tous les budgets et configurations de familles. Beaucoup d'adresses respectueuses de l'environnement.

VisitScotland (visitscotland.com/accommodation). Réservations d'hébergements en ligne, particulièrement recommandé pour les adresses insolites, le glamping et les pensions.

★★★★

VisitScotland atteste de la qualité : tous ceux ayant reçu une étoile ont été visités et inspectés. Une manière de garantir aux voyageurs une expérience de grande qualité, du début à la fin.

BOÎTE À OUTILS

ALCOOL
Le whisky est le sang qui coule dans les veines de l'Écosse, et "prendre un verre" est fortement inscrit dans la mentalité nationale, pour le meilleur et pour le pire.

POURBOIRE
Le pourboire n'est pas systématique en Écosse, mais il est courant dans les restaurants et les taxis.

TABAC
Il est illégal de fumer dans les pubs, restaurants, discothèques et hôtels, sauf dans les espaces extérieurs prévus à cet effet.

INFOS UTILES

Heure locale
GMT+1

Indicatif pays
+353

Électricité
230 V/50 Hz

À SAVOIR

Les citoyens de 139 pays reçoivent automatiquement un visa temporaire à l'arrivée, valable 90 jours.

Les billets de banque écossais sont différents de ceux qui circulent en Angleterre.

Arrêtez-vous sur les espaces aménagés sur le bas-côté pour laisser passer les véhicules venant d'en face.

L'âge légal pour consommer de l'alcool en Écosse est de 18 ans.

Le réseau de téléphonie mobile peut être très capricieux – même à proximité d'une grande ville.

VOYAGEURS HANDICAPÉS

La plupart des hôtels disposent de chambres adaptées aux fauteuils roulants. Descriptifs d'hôtels rédigés par des voyageurs handicapés à lire sur euansguide.com

À l'heure des repas, l'accessibilité varie du tout au tout. Réservez pour éviter les mauvaises surprises.

En matière de transports en commun, les gares sont équipées d'ascenseurs.

Demandez une rampe provisoire au guichet pour aider à la montée ou à la descente du train.

Les musées et sites disposent souvent d'entrées distinctes, mais le degré d'accessibilité est variable (accessibletravel.scot).

Les fauteuils roulants et autres équipements peuvent être réservés pour une courte durée auprès de la Croix-Rouge britannique (redcross.org.uk).

HIVER
Beaucoup de sites, musées, pensions et hôtels ferment en hiver (en général de novembre à mars).

BREXIT
Depuis le 1er octobre 2021, un passeport valide (et non plus une simple carte d'identité) est requis pour entrer au Royaume-Uni.

FOOTBALL
Le sport national peut être un sujet clivant et sensible, en particulier à Glasgow, qui compte deux clubs, les Rangers et les Celtic.

Les **pubs,** en plus d'être des lieux de dégustation de bières, ales et whiskies de renommée mondiale, organisent des concerts, quiz et autres événements ; ils servent aussi de source d'informations sur ce qui se passe dans les environs. Les repas (petit-déjeuner, déjeuner et dîner généralement servis) y sont beaucoup moins chers que dans un restaurant.

EN FAMILLE

Licences Après une certaine heure, les moins de 14 ans ne peuvent plus accéder aux pubs servant des repas.

L'**entrée** des châteaux, musées, galeries d'art est souvent gratuite pour les enfants de tous âges.

Restaurants Les chaises hautes et les menus enfants sont courants.

Train Le week-end, l'aller-retour coûte 1 £ par enfant (jusqu'à 4 enfants par adulte payant). Voir scotrail.co.uk.

L'**allaitement** dans les lieux publics est largement accepté.

Siège-auto Non fourni dans les taxis.

KILTS

Les étrangers sont vivement encouragés à porter et acheter des kilts – cet acte est considéré comme un hommage sincère et non comme une attitude d'appropriation culturelle. Il n'y a pas de véritable règle : la tenue peut être décontractée ou plus chic, avec une veste ou sans. La liberté est de mise. Les sous-vêtements sont facultatifs, mais selon la tradition le kilt se porte sans rien dessous.

THIRDFLOORDRAFT/SHUTTERSTOCK ©

VOYAGEURS LGBTIQ+

La discrimination est rare et le gouvernement écossais mène des campagnes actives en faveur de l'inclusion en matière de sexe et de genre. Cependant, des voyageurs ont rapporté des incidents isolés, notamment des refus d'enregistrement dans des hôtels en zones rurales.

The Rainbow Index classe l'Écosse dans les quatre premiers pays d'Europe en matière de respect des droits des LGBTQI+.

À **Glasgow et Édimbourg**, les communautés gays et lesbiennes sont importantes et dynamiques, organisant des événements et parades annuels.

Suivez **Pink Saltire** pour vous tenir au courant de l'actualité.

LANGUE

Les Écossais parlent anglais avec un accent dont l'intensité varie selon les régions ; à Glasgow et à Aberdeen il peut être très difficile à comprendre. Étonnamment, c'est souvent dans les régions de langue gaélique que l'accent est le moins fort. Pour réserver une chambre, commander un plat ou engager la conversation, voici des phrases essentielles qui vous aideront à ne pas rester muet, en toutes circonstances !

PRÉSENTATIONS

Bonjour.	*Hello.*
Au revoir.	*Goodbye.*
Comment allez-vous ?	*How are you?*
Bien, merci. Et vous ?	*Fine thanks, and you?*
Je m'appelle...	*My name is...*
Enchanté(e).	*Pleased to meet you.*
Voici mon compagnon/ ma compagne.	*This is my partner.*
D'où venez-vous ?	*Where are you from?*
Je viens de...	*I'm from...*
Je suis marié(e).	*I'm married.*
Je suis célibataire.	*I'm single.*
Quel est votre numéro de téléphone ?	*What's your phone number?*
Quelle est votre adresse e-mail ?	*What's your email address?*
Quel est votre métier ?	*What's your occupation?*
Quel âge avez-vous ?	*How old are you?*
J'ai (25) ans.	*I'm (twenty-five) years old.*
Aimez-vous l'art ?	*Do you like art?*
Aimez-vous le sport ?	*Do you like sport?*
Aimez-vous lire ?	*Do you like reading?*
Aimez-vous danser ?	*Do you like to dance?*
Aimez-vous voyager ?	*Do you like travelling?*

HÉBERGEMENT

Pouvez-vous me conseiller un logement pas cher ?	*Can you recommend somewhere cheap?*
Pouvez-vous me conseiller un bon logement ?	*Can you recommend somewhere good?*
Quel est le prix par nuit ?	*How much is it per night?*
Je voudrais réserver une chambre, s'il vous plaît.	*I'd like to book a room, please.*

URGENCES

Au secours !	*Help!*
J'ai besoin d'un médecin qui parle français.	*I need a doctor who speaks French.*
Est-ce que je peux voir une femme médecin ?	*Could I see a female doctor?*
Je n'ai plus de médicaments.	*I've run out of my medication.*
Où y a-t-il un dentiste par ici ?	*Where's the nearest dentist?*
Où est l'hôpital le plus proche ?	*Where's the nearest hospital?*
Où y a-t-il une pharmacie de garde ?	*Where's a night pharmacy?*

TRANSPORTS

Est-ce le bus (pour...) ?	*Is this the bus (to...)?*
Est-ce l'avion (pour...) ?	*Is this the plane (to...)?*
Est-ce le train (pour...) ?	*Is this the train (to...)?*
C'est combien pour aller à... ?	*How much is it to go to...?*
Ce taxi est-il libre ?	*Is this taxi available?*
À quelle heure part-il ?	*What time does it leave?*
Où puis-je trouver un hôtel ?	*Where's a hotel?*
Où se tient le marché ?	*Where's a market?*

VISITES

Quand a lieu la prochaine excursion à la journée ?
When's the next day trip?
Combien de temps dure l'excursion ?
How long is the tour?
L'entrée est-elle comprise ?
Is the admission charge included?
À quelle heure... doit-on rentrer ?
What time ... should we be back?

SORTIR

J'aimerais aller au cinéma.	*I feel like going to the movies.*
J'aimerais aller au théâtre.	*I feel like going to the theatre.*
J'aimerais aller à un concert.	*I feel like going to a concert.*
Où y a-t-il des clubs ?	*Where can I find clubs?*
Où y a-t-il des boîtes gays ?	*Where can I find gay venues?*
Où y a-t-il des pubs ?	*Where can I find pubs?*

SE RESTAURER ET PRENDRE UN VERRE

Pouvez-vous me conseiller un restaurant ?
Can you recommend a restaurant?
Pouvez-vous me conseiller un café ?
Can you recommend a cafe?
Servez-vous des plats végétariens ?
Do you have vegetarian food?
Je voudrais une table pour (5) personnes, s'il vous plaît.
I'd like a table for (five), please.
Y a-t-il un espace fumeur ?
Is there a smoking area?
Pouvez-vous me conseiller un pub ?
Can you recommend a pub?
Puis-je avoir le menu, s'il vous plaît ?
I'd like the menu, please.
Je vous offre un verre.
I'll buy you a drink.

SHOPPING

Où est le supermarché ?	*Where's the supermarket?*
Où puis-je trouver une banque ?	*Where's a bank?*
Où puis-je acheter... ?	*Where can I buy ...?*
Est-ce que je peux le voir ?	*Can I look at it?*
Quel est votre meilleur prix ?	*What's your lowest price?*
Pouvez-vous écrire le prix ?	*Can you write down the price?*

Pourrais-je avoir un reçu ?
I'd like a receipt, please.

Combien coûte (un kilo) ?	*How much is (a kilo)?*
J'en voudrais (200) g.	*I'd like (two hundred) grams.*
J'en voudrais (6) tranches.	*I'd like (six) slices.*
Quelle est la spécialité ?	*What's the speciality?*

Index

000 Référence des cartes

NEIL ROBERTSON

Neil explore son pays natal de long en large depuis 2012 en tant qu'écrivain de voyages et bloggeur (*Travels with a Kilt*). Enfant de Glasgow dans l'âme, il est récemment devenu un Highlander en s'installant sur la côte de Lochaber.

@travelswithakilt

Mon expérience favorite est une balade décontractée sur les berges de la Kelvin, entre Kelvingrove Park et le jardin botanique, à travers le cœur du West End de la ville.

NEIL WILSON

Basé à Perthshire, Neil écrit à temps plein depuis 1988 ; il a travaillé sur plus de 80 guides pour divers éditeurs, dont le guide Écosse de Lonely Planet. En outre, il pratique activement la randonnée en montagne, le VTT, la voile, le snowboard et l'escalade.

@neil3965

Mon expérience favorite est l'ascension du Schiehallion, avec, au sommet, la vue sur les pics du Glen Coe scintillant par-delà Rannoch Moor.

À PROPOS DE CET OUVRAGE

Traduction
Jeanne Robert et Pauline Tardieu-Collinet

Direction éditoriale
Didier Ferat

Responsable éditorial
Dominique Bovet

Responsable prépresse
Jean-Noël Doan

Coordination éditoriale et adaptation française
Charlotte Fontanella

Maquette
Alexandre Marchand

Cartographie
Eduardo Yanes-Blanch

Couverture
Laure Wilmot

Remerciements à
Rose-Hélène Lempereur pour sa précieuse contribution au texte. Merci à Jacqueline Menanteau et à Christophe Corbel pour leur relecture attentive et à Hugo Gadroy pour son travail de référencement. Un grand merci, enfin, à Dominique Spaety et à toute l'équipe Lonely Planet de Paris, ainsi qu'à Luan Angel et Nigel Longuet à Londres, et à Jean-Pierre Masclef à Melbourne.

KAY GILLESPIE

Basée à Édimbourg, Kay Gillespie voyage en Écosse et partage ses expériences en ligne sous le nom de The Chaotic Scot. Elle met l'accent sur les séjours insolites, la cuisine locale et les transports doux, et a visité plus de 60 îles écossaises à ce jour.

@thechaoticscot

Mon expérience favorite est une croisière avec Staffa Tours jusqu'aux eaux turquoise de Lunga, pour observer des milliers de macareux : un souvenir inoubliable.

LAURIE GOODLAD

Autrice et guide touristique, Laurie est native des Shetland et sa passion pour son île n'a jamais faibli. Conservatrice de formation et férue d'écriture, elle tient un blog de voyages et travaille actuellement sur un livre dédié à l'histoire des Shetland.

@shetlandwithlaurie

Mon expérience favorite est le spectacle des pétrels-tempêtes regagnant le broch de Mousa en plein été. Ce mariage entre nature et archéologie est époustouflant.

MIKE MACEACHERAN

Lauréat de nombreux prix, Mike MacEacheran est journaliste de voyages basé à Édimbourg. Il a contribué à de nombreux titres pour Lonely Planet et il écrit pour *National Geographic*, le *Times* et le *Telegraph*, s'inspirant de ses séjours dans 115 pays.

@MikeMacEacheran

Mon expérience favorite est le ski à Glencoe. Par une belle journée d'hiver, avec une neige de bonne qualité, il n'y a pas meilleur endroit sur Terre.

JOSEPH REANEY

Journaliste de voyages et éditeur, Joseph Reaney partage son temps entre Édimbourg et Prague. Outre son travail pour les Rough Guides, *National Geographic* et Forbes Travel Guide, il gère une agence de rédaction spécialisée dans le voyage, World Words.

josephreaney.com

Mon expérience favorite est Saint Kilda. Si l'idée est de sortir des sentiers battus en Écosse, on peut difficilement faire mieux que ce bel archipel isolé.

Nos auteurs

SUSANNE ARBUCKLE

Née à Glasgow et résidant dans les Orcades, Susanne est la fondatrice du blog de voyages *Adventures Around Scotland*. Ses articles mettant à l'honneur des destinations écossaises insolites ont été publiés dans divers organes de presse, traditionnelle ou en ligne.

@ScotAdventures

Mon expérience favorite est l'Aberdeenshire Coastal Trail, car cet itinéraire embrasse une diversité exceptionnelle sur une distance relativement courte.

COLIN BAIRD

Colin vit à Édimbourg et rédige des articles de blog consacré au vélo et aux voyages en Écosse. Son but : explorer la totalité du pays en pédalant. Il a parcouru une sacrée quantité de kilomètres et rempli ses carnets d'expériences qu'il partage avec ses abonnés.

@cyclingscot

Mon expérience favorite est la Far North Line. J'adore contempler l'évolution du paysage et descendre dans les gares perdues en pleine campagne pour explorer à vélo.

Les meilleures expériences de l'Écosse
1re édition
Traduit et adapté de l'ouvrage *Experience Scotland, 1st edition, March 2022*

92 avenue de France - 75013 Paris

Dépôt légal Mai 2022
ISBN 978-2-81619-582-8

Imprimé par ESTIMPRIM, Autechaux, France

En Voyage Éditions | un département édi8